Dora Kunz

Die Aura

Farben und Symbole des menschlichen Energiefeldes

Dora Kunz
Die Aura
Farben und Symbole des menschlichen Energiefeldes

Aquamarin Verlag

Titel der englischen Originalausgabe:
»The Personal Aura«
© Dora Kunz
The Theosophical Publishing House
P.O Box 270
Wheaton, IL 60189-0270
Deutsche Übersetzung: Karl Friedrich Hörner
2. Auflage 1994
© Aquamarin Verlag
Voglherd 1 · D-85567 Grafing
Herstellung: P & P Lichtsatz GmbH, Grafing
ISBN 3-89427-023-3

Inhalt

Vorwort von Renée Weber 9
Kap. 1 Die Vorgeschichte dieses Buches 19

Teil I
Struktur und Dynamik des menschlichen Energiefeldes

Kap. 2 Die Dimension des Bewußtseins 27
Kap. 3 Das Emotionalfeld 37
Kap. 4 Die Anatomie der Aura 47

Teil II
Der Zyklus des Lebens

Kap. 5 Die Entwicklung des Individuums 71
    1. Eine Mutter und ihr ungeborenes Kind 77
    2. Ein siebenmonatiges Baby 83
    3. Ein vierjähriges Mädchen 87
    4. Ein siebenjähriger Knabe 92
    5. Ein heranwachsendes Mädchen 95
    6. Reife: Künstlerin in den Dreißigern 99
    7. Mann in den Vierzigern 103
    8. Alter: Frau in den Neunzigern 108
Kap. 6 Das Leben als Dienst 113
    9. Ein Pianist und Komponist 114
    10. Ein Konzertpianist 119
    11. Ein Gesellschafts-/Umwelt-Reformer 122
    12. Eine Malerin 127
    13. Ein Designer/Architekt 132
    14. Eine jugendliche Idealistin 136
    14.a Sechsundfünfzig Jahre später 141

Kap. 7	Die Auswirkungen von Krankheit	145
	15. Kinderlähmung	146
	16. Down-Syndrom (»Mongolismus«)	150
	17. Zustand akuter Angst	154
	18. Die Auswirkungen der Meditation bei einem chronischen Herzleiden	157

Teil III
Möglichkeiten für Veränderung und Wachstum

Kap. 8	Heilen und die Übung der Visualisierung	165
Kap. 9	Verändern von Gefühlsmustern	173
Kap. 10	Meditation und das Wachsen der Intuition	186

Für Emily Sellon
in Dankbarkeit für unsere lange Freundschaft
und für ihr großes Engagement bei der
Herausgabe dieses Buches.

VORWORT

Renée Weber, Ph.D.
Professorin der Philosophie Rutgers University

Dieses Buch ist ein eigentümlich ätherisches und doch zugleich auch ganz und gar praktisches, sachliches Werk; die Tragweite seiner Aussage reicht weit in den Bereich der Philosophie hinein. Die hier dargestellten Gedanken können unser Selbstbild verwandeln; sie erweitern das Wissen über unsere Natur, unsere Kräfte und Anlagen, und damit auch über unsere Verantwortung. Dora Kunz zeigt, daß wir auf bislang weitgehend unbekannte Weisen mit dem Universum und vor allem mit anderen Menschen verbunden sind. Mit diesen teilen wir ungeahnte Möglichkeiten faszinierend machtvoller Einflußnahme.

Das vorliegende Buch von Dora Kunz beschreibt den Menschen als ein in Energiefelder eingetauchtes Wesen, die den aus der Physik bekannten zwar sehr ähnlich sind, aber doch auf vielerlei Weise anders: subtiler nämlich und charakterisiert durch qualitative Merkmale, die zwar erfahrbar und für die Unterscheidung spezifisch genug sind, sich jedoch der quantitativen Erfassung durch die heutigen wissenschaftlichen Methoden entziehen. Für den Philosophen ist die hier vermittelte Sichtweise höchst interessant. Sie bezieht sich auf viele jener Fragen, über die wir seit Pythagoras, seit der griechischen Antike schon spekulieren, auf Fragen, die im Grunde bis heute unbeantwortet blieben. Für mich ist dieses Werk besonders interessant, weil es darüber hinaus mit einer Reihe von Aussagen der indischen Philosophie übereinstimmt, auf ich mein eigenes Arbeitsgebiet spezialisiert habe. Viele der von Dora Kunz in modernen Worten und oft klinischer Terminologie vorgestellten Gedanken finden sich auch in hinduistischen und buddhistischen Werken der Metaphysik, Physiologie, Psychologie und Ethik.

Dora Kunz' Buch stellt viele aufrüttelnde Fragen. Die entscheidendste ist das Problem, wie wir – die wir ihre Beobachtungen weder unmittelbar bestätigen noch widerlegen können – ihr Werk betrachten sollten. Obwohl dies eine schwierige Angelegenheit ist, bieten sich gewisse grundsätzliche Gedanken zur Beurteilung der Gültigkeit ihrer Aussagen an.
Erstens: Jeder mit der indischen Philosophie Vertraute wird erkennen, daß die von Dora Kunz beschriebenen Felder mit den hinduistischen und bud-

dhistischen Lehren übereinstimmen. Was wir als Feldtheorie bezeichnen, ist ein zentrales Thema in Weltbild, Metaphysik, Ethik und Psychologie Indiens – besonders in Yoga und Meditation. Trotz der wichtigen Rolle, die Felder in ihren Theorien spielen, bietet die indische Philosophie keine für westliche Ansprüche befriedigende Dokumentation dieser Ideen. Ihre Existenz wird bejaht und angenommen, aber es gibt keine Argumente, die sie beweisen. Deshalb ist es für den Philosophen wichtig, jemanden zu finden, der das Thema empirisch statt nur theoretisch behandelt.

Die indischen Denker, denen diese subtilen Felder eine Selbstverständlichkeit waren, entdeckten sie durch Meditations- und Yoga-Übungen. Patanjali beispielsweise beschreibt sie in medizinischen und psychologischen, aber auch in spirituellen Begriffen. Aber die von Dora Kunz aufgezeigten Möglichkeiten, sie in der Praxis der modernen Arbeit zu berücksichtigen, bieten ein neues Spektrum von praktischem Wert für das menschliche Leben in der heutigen Zeit. Dies gilt selbst dann, wenn man sie nur als fruchtbare Arbeitshypothesen behandelt, deren Wirkungen und Nutzen in unserem Leben zu prüfen sind.

In diesem kurzen Vorwort kann ich nur einige wenige Vorstellungen aus dem indischen Denken zitieren, die Parallelen im vorliegenden Buch finden: die Chakren; Prana, subtile Materie-/Energie-Systeme; Bewußtsein verwandelt Materie; die Einheit allen Seins; die Idee eines universellen Feldes, in das wir eingetaucht sind (Dharmakaya im Buddhismus, Brahman im Hinduismus); ein spirituelles Universum ohne die Notwendigkeit eines personalen Gottes; die Realität der Fernwirkung; die Kraft der Meditation; die Rolles des Raumes (oder des multidimensionalen Raumes *Akasha)* bei der »Wahrnehmung« von allem, was in sämtlichen fein- oder grobstofflichen Dimensionen geschieht; ein psychosomatischer Grund menschlicher Funktionen in Gesundheit und Krankheit; die Existenz von Hellsehen und intuitiven Bewußtseinszuständen; Karma (das Gesetz universeller Verursachung); Leben nach dem Tode und Reinkarnation.

Einige dieser Ideen kommen auf ganz eigene Weise in Doras Beschreibungen der Energiefelder (Auren) und in deren bildhafter Darstellung in Form der Farbtafeln zum Vorschein. Die vermutlich problematischste unter den vielen Fragen, die hier entstehen, ist der Komplex Willensfreiheit/Determinismus, der Philosophen und Theologen schon seit Jahrtausenden beschäftigt. Sind die Möglichkeiten und »karmischen Zeichen«, die Dora beim Kleinkind und Kind wahrnimmt, ein Beweis für den Determinismus, wie großzügig man ihn auch auslegt? Wie ist unsere Freiheit, diese »Tendenzen« auszuleben (eine Freiheit, auf der Dora beharrt), mit eben diesen »Zeichen« zu vereinen? Ihr Vorhandensein bedeutet, daß wir mit einem bestimmten Charakter (Wesenskern) auf die Welt kommen und gewiß nicht als »unbeschriebene Blätter«, als die Locke, Skinner und zeitgenössische Behavioristen uns ausgeben. Diese und andere Fragen sind philosophisch von höchster Bedeutung, und deshalb wird man sich mit besonderem Interesse Doras Fallbeispielen widmen, die einiges von der Entwicklung des Individuums in der Zeit wiedergeben.

Zweitens: Die Energiefelder, mit denen Dora Kunz arbeitet, hängen ebenso verblüffend zusammen wie die von der Wissenschaft beschriebenen. Ihre Beobachtungen entsprechen der Theorie der impliziten Ordnung des Physikers David Bohm und deren Aussage, daß Materie das Spektrum der dichten, sichtbaren und physischen Substanz über verschiedene Stadien abnehmender Dichte (in der impliziten Ordnung) bis hin zu Zuständen solcher Feinheit abdeckt, in denen sie als »Materie« überhaupt nicht mehr vorstellbar ist, sondern eher als Geist oder Bewußtsein. Wie Dora Kunz sagt auch Bohm, daß subtile Materie die dichtstoffliche machtvoll beeinflußt, und – obwohl es immer einige Gegenseitigkeit gibt – daß die subtile mehr Ganzheit und damit mehr Macht besitzt als die dichte. So gesehen, handelt es sich um eine asymmetrische Beziehung, die dem Bewußtsein oder Denken eine primäre Rolle in Gesundheit und Wohlbefinden zuspricht. Bohm und Dora Kunz glauben beide an eine universelle Energie, an der alles teilhat. Unabhängig voneinander beschreiben sie diese mit ähnlichen Begriffen: für Bohm sind ihre Eigenschaften Intelligenz und Mitgefühl, für Dora Kunz sind es Ordnung und Mitgefühl.

Dora Kunz' Werk und viele ihrer Aussagen in diesem Buch verbinden sie auch mit der Theorie der Nicht-Örtlichkeit von John Stewart Bell. Der Kern dieser höchst technischen Arbeit lautet: Die Quantenmechanik zeigt, daß sämtliche Materieteilchen im Universum irgendwie miteinander verbunden sind und Einfluß aufeinander ausüben, selbst wenn sie durch gewaltige Entfernungen voneinander getrennt sind. David Bohm geht sogar noch weiter und sagt: So wie jedes Teilchen eine Aufzeichnung von allem ist, das im Universum geschieht, besitzen auch wir auf irgendeiner Ebene unseres Wesens jene Information. Wie nahe dieses Bild dem kommt, was Dora Kunz in ihrem Buch beschreibt, mag der Leser selbst entscheiden.

Drittens: Obwohl wir die physischen Felder der Wissenschaft nur an ihren Wirkungen erkennen, akzeptieren wir als Laien ihre Existenz, weil wir den Experten, vor allem den Physikern, vertrauen. Ich erwähne dies, weil ich – außer der Analogie – keinen Weg weiß, die Realität oder auch nur die Glaubhaftigkeit dieser immens subtilen Energiefelder festzustellen, die unser Leben so machtvoll beeinflussen sollen.

Doch die Idee eines menschlichen Energiefeldes muß für mich eine –

wenn auch starke – Hypothese bleiben. Für Dora Kunz ist es eine Realität. Sie selbst wird deshalb in weitem Maße zum entscheidenden Faktor bei unserer Beurteilung ihrer Ideen. Wenn man sich für ihre Arbeit interessiert, muß man – zumindest vorläufig – ihr und ihrer Behauptung vertrauen, daß diese Felder existieren, und daß sie selbst in der Lage ist, sie zu sehen und korrekt zu deuten.

Mehrere Analogien bieten sich an: Geübte Radiologen können lesen und korrekt deuten, was sie sehen, und damit erklären, was im Innern des Körpers geschieht; Teilchen-Physiker wie Astrophysiker arbeiten mit Folgerungen aus Daten, die ebenfalls interpretiert werden müssen. Es gibt natürlich Unterschiede, denn Radiologie und Physik spielen sich in der Öffentlichkeit ab, in der Zeitgenossen ihre Deutungen gegenseitig beurteilen können.

Die öffentliche Beobachtung der menschlichen Aura ist schwieriger. Die Zahl der Menschen, denen man die Fähigkeit nachsagt, das Energiefeld des Menschen wahrzunehmen, ist winzig. Jene unter ihnen, die im Stande sind, das Geschaute unter medizinischen und psychologischen Gesichtspunkten zu deuten, ist vermutlich verschwindend klein. Deshalb richtet sich die Aufmerksamkeit auf diesem Gebiet unvermeidbar auf die Befähigung und Zuverlässigkeit des Beobachtenden und Deutenden.

Wer ist diese Dora Kunz, die darangeht, das Territorium der menschlichen Psyche auf eine neuartige Weise zu kartographieren? Da so viel von ihrer Geschicklichkeit, Klarheit und Integrität abhängig ist, bleibt sie in vieler Hinsicht ein Geheimnis. Ich kann einen Eindruck von ihr vermitteln, der jedoch nur einen Blickwinkel wiedergibt und durch mein eigenes Erleben gefiltert ist.

Gleichermaßen gewandt im Umgang mit Wissenschaftlern, Medizinern und Laien, zeigt Dora Kunz eine ungewöhnliche Kombination von Charakterzügen. Ihr Ruf als Hellsichtige läßt viele Menschen an ein quasi außerirdisches Wesen denken, das seine geheimnisumwobene Kunst in edelsten Atmosphären ausübt – aber Dora Kunz entspricht nicht solchen Klischees. Sie hat beispielsweise ein Familienleben. Doras fünfundvierzig Ehejahre mit Fritz Kunz – einem brillanten Intellektuellen, der in den Bereichen Mathematik, Wissenschaft und Philosophie tätig war – waren außerordentlich glücklich und dauerten bis zu seinem Tode im Jahre 1972. Ihr Sohn, Harvard-Absolvent, ist Computer-Experte; ihr Enkel ist Mathematiker, ebenfalls von der Universität Harvard; ihre Enkelin absolvierte vor kurzem ihr Studium am Whitman College. Dora und ihr Mann unterstützten einander mit ganzem Herzen bei ihrer (sehr unterschiedlichen) Arbeit und Aufgabe. Sie waren, jeder auf seine eigene Weise, starke Persönlichkeiten.

Über diese Fakten von Doras normalem (im Gegensatz zu ihrem »paranormalen«) Leben hinaus besaß und besitzt sie nach wie vor einen großen Kreis von Freunden aus allen Bereichen des Lebens. Sie ist keine Primadonna und scheut sich nicht vor gewöhnlichen, praktischen Aufgaben: für eine große Gruppe zu kochen, Seminare und Konferenzen zu organisieren, Nachschub einzukaufen, im Garten zu arbeiten usw. Sie käme nie auf den Gedanken, solche Tätigkeiten für unter ihrer Würde zu halten.

Man meint zuweilen, daß derart paranormal begabte Menschen keine gewöhnlichen Talente hätten. Das trifft natürlich nicht zu. Dora Kunz ist intelligent, rasch und präzise in ihrem Urteil, praktisch und sehr belesen. Wer sie kennt, ist verblüfft über ihre scheinbar unerschöpfliche Energie. Ihre Interessen reichen von Medizin und Psychologie bis hin zum Weltgeschehen und der nationalen Politik, und sie pflegt den Gedankenaustausch mit einem vielfältigen Kreis von Menschen. Ich habe erlebt, wie Fremde binnen Minuten von ihr eingenommen waren. Dieses Einfühlungsvermögen ist zweifellos begründet in ihrer Fähigkeit, sich auf Menschen »einzustellen« und sie auf einer Ebene des Bewußtseins zu erreichen, die anders ist als die gewöhnliche. Dies muß die Ursache sein, daß ein »Interview« mit Dora ein Empfinden zurückläßt, daß tiefste Wesensaspekte verstanden wurden, von ihr wie von einem selbst. Ein Bekannter von mir – ein erfolgreicher und erfahrener Psychiater, der bereits eine Analyse hinter sich hatte – konsultierte eines Tages Dora Kunz, als er vor einer wichtigen Entscheidung stand. »Mein ganzes Leben wußte ich mich nie von jemandem so tief verstanden«, berichtete er mir später. »Es war, als könne sie bis auf den Grund meines Wesens blicken. Die Nuancen ihrer Wahrnehmung sind mit nichts zu vergleichen, was ich bisher erlebt habe.« Als komplexer, skeptischer und kritischer Mann äußerte er, daß er zwar nicht an das Hellsehen an sich glaube, jedoch davon überzeugt sei, daß Dora tatsächlich hellsah.

Eine zweite, sogar noch wichtigere Eigenschaft ist Doras unerschütterliche Integrität, auf die die Menschen mit Vertrauen und Offenheit ansprechen. Ihr Leben war geprägt vom Mitgefühl für Leidende, und sie stellt ihr Talent zum »Sehen« und zum Beraten freizügig jedermann völlig unentgeltlich zur Verfügung, der sie darum bittet. Mit anderen Worten: Sie ist ein Altruist.

Um sie und damit dieses Buch überhaupt zu verstehen, muß man sich vor Augen halten, daß Dora Kunz von Kindheit an ihre Fähigkeiten als ein anvertrautes Gut betrachtet zu haben scheint. Dies sind natürlich meine Worte, nicht ihre, denn Doras eigene Haltung zu ihrer Begabung ist gänzlich unsentimental und sachlich. Gleichwohl ist man verblüfft von der Tatsache, daß sie von ihrer Hellsichtigkeit niemals Gebrauch macht für triviale, sensationelle Ziele, um Neugier zu befriedigen oder persönlichen Gewinn,

Macht oder Einfluß zu erzielen, oder aus irgendeinem unethischen Grunde. Ich erwähne dies, weil ihre Arbeit mit so großer Verantwortung verbunden ist, daß die Frage nach Motivation und Integrität entscheidend wichtig wird.

Bei einer Schilderung von Doras Persönlichkeit dürfen ihre geistige Unabhängigkeit, ihr starker Wille, ihr Selbstvertrauen, aber auch ihre Offenheit, ihre Abneigung gegen Detailkrämerei (abgesehen von der Präzision ihrer eigenen Arbeit) und ihr wacher Sinn für Humor nicht unerwähnt bleiben. Diese Züge wurden vermutlich von ihrem Vater unterstützt und geschärft, der sie schon früh nach der sokratischen Methode geschult zu haben scheint – der meines Wissens beste Prüfstein zur Ausbildung einer starken Haltung gegenüber Ideen.

Dora Kunz ist keine Missionarin, die für ihre Gedanken hausieren geht. Im Zweifelsfalle gibt sie selbst nach. Ihre distanzierte und eher beiläufige Haltung gegenüber der Einschätzung ihrer Hellsichtigkeit durch andere zeigt sich oft in einer Zurückhaltung, die jene verunsichert, wenn nicht wütend macht, die an ihrer sorgfältigen Genauigkeit wirklich interessiert sind. Ich war Zeugin einer Reihe solcher Begegnungen mit Menschen, die enttäuscht waren über Doras (in meinen Augen) unerklärliche Entschlossenheit zu schweigen. Obwohl sie in den vergangenen zwei Jahrzehnten offener geworden ist, zeigt sie immer noch weniger Neigung, zu Laien über ihre Arbeit zu sprechen, als zu Krankenschwestern, Ärzten und anderen in der Gesundheitspflege Tätigen – das heißt jenen, die Doras Entdeckungen bei ihrer Arbeit prüfen oder anwenden können. Diese Zurückhaltung mag der Grund sein für den langen zeitlichen Abstand zwischen ihrer Forschung und der Veröffentlichung dieses Buches. Ihr Entschluß, es zu publizieren, ist deshalb umso willkommener. Da das Material zu diesem Buch bei Doras »Interviews« mit Menschen gesammelt wurde, mag es hier angebracht sein festzustellen, daß diese therapeutischen Beratungen eine ihrer größten altruistischen Leistungen darstellen.

Ich weiß aus eigener Erfahrung ebenso wie aus den Berichten anderer, daß Menschen nach solchen Interviews von der Überzeugung erfüllt sind, daß sie sich verändern können. Die Freude darauf, Doras verschiedene Vorschläge, wie sehr sie sich von dem bisherigen Verhalten des einzelnen auch unterscheiden mögen, in die Tat umzusetzen, verleiht dem Klienten Optimismus und das Empfinden: »Ich kann das tun, ich kann mich ändern.«

Die Freude auf persönliche Erneuerung spiegelt Doras tiefen Glauben wider, daß Veränderung das Gesetz des Lebens ist, und daß es weniger von Bedeutung ist, was wir letztes Jahr waren, als was wir morgen aus uns machen. Dieser Optimismus mag eines ihrer größten Geschenke bei der Arbeit mit Menschen sein. Während dieser Interviews spürt man überzeugend die Wahrheit dessen, was sie in ihrer offenen und unprätentiösen Weise sagt, und man fühlt sich bewegt, danach zu handeln.

Dieses Buch zeigt deutlich, daß in jedem die potentielle Einsicht und Stärke sowie der Wille zur echten Veränderung liegen. Dora Kunz investiert viel Zeit und Energie, andere von der Tatsache zu überzeugen, daß das Festhalten an Vergangenem schädlich ist, und um ihnen einen Weg finden zu helfen, es loszulassen. Diese Haltung stimmt mit den großen spirituellen Traditionen überein, die lehren, daß das Leben in der Gegenwart der Schlüssel zum spirituellen Leben ist und – besonders im Buddhismus – zu einem gesunden und ganz wachen Leben.

Schließlich ist der Leser aufgefordert, die Wirklichkeit dieser Energiefelder in der Praxis zu prüfen. Die Feldtheorie hat einen direkten Bezug zu unserem persönlichen und gesellschaftlichen Leben. Die bloße Bemühung, sie im täglichen Leben zu prüfen, macht uns empfänglicher für die subtilen Wirklichkeiten, und überzeugt uns davon, daß wir von den Emotionen und Stimmungen anderer tatsächlich machtvoll beeinflußt werden. Dieses Verständnis kann größere Klarheit und Einsicht in unser Gefühlsleben bringen.

An der Schwelle zum einundzwanzigsten Jahrhundert leben wir mit zwei verschiedenen Bildern von Mensch und Natur, die beide ihre Beziehung zu diesem Buch haben. Eines ist das materialistische, reduktionistische Modell, das versucht, die Natur und uns Menschen mit Maschinen und mechanischen Abläufen zu vergleichen. Demnach seien Menschen wie hochkomplizierte Supercomputer, die sich mit anderen Supercomputern austauschten. Diese Sicht ist weiterhin die vorherrschende, vor allem in der Philosophie, aber auch in der Psychologie. Neben ihr – und mit ständig wachsender Anhängerschar – steht das ganzheitliche, integrative Modell. Es bedeutet eine philosophische Revolution, einen Paradigmenwechsel, der mit seinen Aussagen über Materie, Energie, Leben, Bewußtsein und den menschlichen Geist ein neues Bild von Mensch und Universum zeigt. Es sieht die gegenseitige Verbundenheit aller Wesen und postuliert die Existenz noch unerforschter, machtvoller Kräfte in Natur und Mensch, die wir zu nutzen lernen können, um unser Leben zu verändern. Die vielen Aspekte des ganzheitlichen Modells sind verbunden durch eine gemeinsame Annahme, die ihnen einen zusammenhängenden und glaubhaften philosophischen Rahmen liefert.

Die ganzheitliche Sicht betrachtet das Universum als ein lebendiges, dynamisches und geordnetes, von Bewußtsein durchdrungenes Reich. Sie postuliert die bereits genannten subtilen Zustände der Materie, die eher zur Domäne von Psychologie und Bewußtsein gehören. Sie handeln von inneren Zuständen, die dem gewöhnlichen Denken nicht zugänglich sind. Wie der multidimensionale Raum der Mathematiker und Kosmologen haben sie einen Grundzug gemein: Sie alle bestätigen, daß gewisse Aspekte der Realität innerhalb unserer alten Annahmen und klassischen Rahmen nicht zu verstehen sind.

Da die subtileren Dimensionen des Bewußtseins für die Sinne nicht erfahrbar sind, lassen sie sich durch physische Mittel nicht beweisen. Doch die Realität des multidimensionalen Raumes ist ein Postulat, das den meisten hier vorgestellten Konzepten zugrundeliegt, auch der Meditation, dem Heilen und der sehr realen Wirkung unserer Gedanken und Gefühle auf andere. Selbst der konservative Denker muß zu dem Schluß gelangen, daß diese neue Sicht der Wirklichkeit von einer fruchtbaren Arbeitshypothese zu einer verheißungsvollen Aussage für die Zukunft wird. Sie ist in der Tat ein Paradigma, das sich bereits entfaltet und zu ernsthafter Erforschung ermutigt. (Ein Beispiel ist der Status des Therapeutic Touch, einer Frucht dieses Weltbildes, die in der Krankenpflege bereits sehr viel zum Einsatz kommt.)

Der neueste Zug dieser Hypothese ist die Macht, die sie der Intention des Menschen zuschreibt. In der heutigen Wissenschaft gibt es nichts ebenso Durchsichtiges (»Zweifelhaftes«, wie die Kritiker es nennen würden) außer den Zweideutigkeiten und befremdlichen Paradoxa der Quantenmechanik. Wenn jedoch die neue Physik den menschlichen Beobachter ins Zentrum der experimentellen Situation stellt, gewinnt solche Subjektivität Ansehen und kann in der »neuen Psychologie« gewiß toleriert werden. Wenn aber der Betrachter den Gegenstand der Betrachtung beeinflussen kann, so vermag, allgemeiner formuliert, menschliches Bewußtsein Einfluß auf die Materie auszuüben.

Wir leben mitten in einer wissenschaftlichen Revolution, deren Auswirkungen auf philosophische und spirituelle Sinnfragen noch weitgehend im Ungewissen liegen. Klar ist jedoch, daß gewaltige Veränderungen für unser Leben bevorstehen. Selbst jetzt schon scheinen zwei Folgerungen gesichert: 1. Die Wissenschaft des zwanzigsten Jahrhunderts und die nur schwer erkennbaren Wege ihrer künftigen Entwicklungen (zum Beispiel bei Bohm und Penrose) lassen sich weitaus besser mit diesen Ideen vereinbaren als die Wissenschaft früherer Jahrhunderte. 2. So wie Schwerkraft, Elektromagnetismus und die starken und schwachen nuklearen Kräfte die Bausteine der Naturwissenschaft sind, so bilden die menschlichen Absichten und die Macht des Geistes die Bausteine für das hier vorgestellte Werk. Die Annahme, daß unsere Gedanken und Gefühle andere beeinflussen, bildet die Grundhypothese von Doras Buch.

Solche Annahmen haben freilich keinen Raum in der mechanistischen kartesianischen Weltanschauung, in der wir aufgewachsen sind und die wir nur selten in Frage stellen. Die ganzheitliche Sicht liefert das überaus wichtige fehlende Element: den menschlichen Faktor. In bezug auf das Heilen zum Beispiel sind Fürsorgen, Einfühlen und Mitfühlen subjektiv insofern, als sie im Ausübenden entspringen, objektiv aber in zweifacher Hinsicht: 1. haben sie Konsequenzen für einen selbst und für den anderen; und 2. ist der Ursprung ihrer Kraft jenseits des Ausübenden, in den geordneten Prozessen eines unendlichen Universums.

Die umwälzenden Annahmen, die ich hier vorgestellt habe, gehen von einer spirituellen (wenn auch nicht zwangsläufig religiösen) Dimension der Wirklichkeit aus. Die Versuchung ist groß, daraus zu folgern, daß die von Dora Kunz wahrgenommenen Felder vielleicht die unfaßbare, lange gesuchte Brücke zwischen Physik und Bewußtsein bilden, die in den Spekulationen großer Denker wie Planck, Wheeler, Wigner, Wald, Bohm, Penrose, Bell und anderen auftauchen, die den philosophischen und menschlichen Sinn ihres eigenen Werkes zu verstehen trachten.

Wenn wir die Bedeutungen von »Heilen« und »Heiler« im weiteren (statt nur im engeren, medizinischen) Sinne verwenden, so sind wir alle potentielle Heiler. Dieses Buch zeigt uns, daß es nur dann möglich ist, friedliche Gedanken zu anderen zu senden, wenn wir selbst im Zustand des Friedens sind. Wir wachsen spirituell bereits bei dem Versuch, anderen zu helfen. Daraus folgt aber auch, daß eine negative Haltung unsere Fähigkeit stört, harmonische Energien auszustrahlen. Emotionen wie Angst, Furcht, Eifersucht, Neid, Groll, Wut, Haß, Selbstmitleid und das »Opfer-Syndrom«, wie Dora Kunz es nennt – kurzum, eine pessimistische Sicht von uns selbst, anderen und dem Universum –, wird unsere Fähigkeit behindern, positiv mit anderen zu interagieren. Negativität ist in unserer heutigen, zersplitterten Kultur leider weit verbreitet. Sie vermittelt uns das Gefühl der Hilflosigkeit gegenüber dem, was im kleinen oder im größeren geschieht. Doras Buch wirkt gegen diese Hilflosigkeit, denn sie zeigt, daß es nicht so sein muß.

Dora Kunz zeigt den Weg, auf dem wir zu Zentren des Fürsorgens, des Einfühlens, des Mitfühlens und der Harmonie werden, selbst inmitten von Chaos und Leiden unserer Zeit. Sie ermutigt uns, Vertrauen zu haben in unsere Fähigkeit zur positiven Veränderung, die uns und anderen wohltun wird. Zu meditieren und Mitgefühl zum Wohle anderer auszustrahlen, ist weder Narzißmus noch Weltflucht, was spirituellen Praktiken zuweilen kritisch vorgeworfen wird. Marx' berühmte Ablehnung der Religion als »Opium des Volkes« betrifft nicht den Begriff des Heilers, der Energien und

Gedanken gebraucht, um dazu beizutragen, Schmerz und Leid in der Welt zu lindern. Der Einsatz zur Steigerung von Selbständigkeit und Selbstvertrauen anderer beschränkt sich nicht auf den medizinischen Aspekt des Heilens. Er ist eine konstruktive Leistung, die jeder von uns geben kann.

Wir können eine Gegenkraft bilden zur Gleichgültigkeit, Isolation und Aufgabe anderer, die in industrialisierten ebenso wie in unterentwickelten Gesellschaften allzu verbreitet sind. Die Macht des Mitgefühls auszustrahlen in eine Welt, die sich windet in Konflikten und erbittertem Haß, überzeugt mich als ein unerreichbares Ideal. Damit ist die ethische Bedeutung dieses bemerkenswerten Buches kaum zu überschätzen.

Kapitel 1

Die Vorgeschichte dieses Buches

Die Reihe von Aura-Portraits, die einen zentralen Teil des vorliegenden Buches bilden, entstand auf spontane, unvorhergesehene Weise, mehr als Folge von Umständen als aufgrund irgendeiner Absicht oder Planung meinerseits.

Ich hatte schon einige Zeit mit meiner Freundin, Dr. Otelia Bengtsson, zusammengearbeitet, einer Ärztin, die in New York eine private Praxis mit den Schwerpunkten Allergologie und Immunologie unterhielt. Da Probleme in diesen Bereichen häufig auch psychosomatische Aspekte haben, dachte sie, meine Hellsichtigkeit könnte in einigen Fällen von Nutzen sein, die sich einer Diagnose entzogen oder der Behandlung widersetzten. Da Dr. Bengtsson zu den selbstlosesten und mutigsten Ärzten gehört, die ich je kennengelernt habe, hatte sie keinerlei Bedenken, ihre Patienten zu bitten, mich aufzusuchen, obwohl derart unorthodoxes Verhalten seinerzeit (Anfang der dreißiger Jahre) bei einem Arzt noch weitaus ungewöhnlicher war als heutzutage.

Über die Einzelheiten der Fälle erfuhr ich grundsätzlich nichts, obwohl ich natürlich von der Spezialisierung Dr. Bengtssons wußte und die Patienten immer in ihrem Beisein sah. Ich teilte ihr mit, was ich für die körperlichen Probleme hielt, erklärte ihr, welche Rolle die Emotionen des Patienten im Krankheitsprozeß spielten, und empfahl Möglichkeiten, wie diese sich selbst helfen konnten.

Schon in jugendlichem Alter war ich gebeten worden, Menschen zu helfen, die unter Schmerzen oder Störungen litten, und auf diese Weise hatte ich gelernt, Gefühlsmuster zu beobachten und zu deuten, was ich sah. Aber meine Arbeit mit Dr. Bengtsson lehrte mich, sehr sorgfältig zu beobachten, und bot mir die Gelegenheit, die Beziehungen zwischen Gefühlsmustern und körperlicher Krankheit eingehend zu studieren – eine Aufgabe, der ich mich im Laufe der Jahre weiterhin widmete. Dr. Bengtssons Vertrauen in mich war überaus hilfreich, da ich ohne ihre Kooperation nicht die Möglichkeit gehabt hätte, den Krankheitsprozeß und seine psychologischen Zusammenhänge und Entsprechungen über einen langen Zeitraum hinweg zu studieren. Seit jener Zeit, als die Bilder in diesem Buch angefertigt wurden, habe ich Hunderte, ja Tausende von Menschen gesehen, die zu mir um Hilfe kamen, und empfinde diese Begegnungen und Kontakte als fortwährende Chance hinzuzulernen.

Die Bilder kamen zustande, weil ich mich vor vielen Jahren mit Juanita Donahoo anfreundete, einer begabten Künstlerin, die sich sehr für meine Beschreibungen menschlicher Auren interessierte und versuchen wollte, sie bildlich darzustellen. Sie hatte bereits begonnen, mit dem Airbrush zu experimentieren und hielt die Sprühtechnik für eine gute Methode, um einen Eindruck von den feinen, ineinanderfließenden, dunstartigen und sich ständig wandelnden Tönungen und Schattierungen der Aura zu vermitteln. Sie war interessiert, eifrig und sehr bereitwillig, mit verschiedenen Dingen zu experimentieren, um ihre Technik dem anzupassen, was ich sah.

Ich muß sagen, es war ein sehr ermüdender Vorgang. Juanita hatte eine umfangreiche Farbpalette, und wenn ich meine Wahrnehmungen von der Aura der vor uns sitzenden Person beschrieb, fertigte Juanita eine grobe Skizze der Aura an. Sie berücksichtigte die speziellen Eigenheiten, markierte die Bereiche einzelner Farben und wählte diese so passend wie möglich aus dem ihr zur Verfügung stehenden Spektrum aus. Ich fürchte, ich war nicht immer leicht zufriedenzustellen, weil die in der Malerei verwendeten Pigmentfarben, so fein sie auch waren, doch unendlich gröber und dumpfer wirken als die Farben in der Astralwelt. Doch Juanita war die Geduld in Person. Gleichwohl muß ich gestehen, daß diese Bilder nur eine schwache Annäherung an die Wirklichkeit sind, obwohl die Anstrengungen der Künstlerin kaum zu übertreffen wären, denn Juanita war sehr sensitiv und empfänglich für die Eindrücke, die ich ihr zu übermitteln versuchte.

Diese Aura-Gemälde bilden eine Serie von Portraits von Menschen, denen ich begegnete oder die mir von anderen zugeführt wurden; sie zeigen diese, wie sie zu jenem Zeitpunkt waren (oder wie ich sie wahrnahm). Diese Tatsache möchte ich hervorheben. Es sind Portraits von Menschen – manche von ihnen berühmt, andere unbekannt, manche älter, andere jünger –, und natürlich keine Abbildungen von Antlitz oder Gestalt, sondern von ihrer Persönlichkeit und Charakter, wie sie sich in jenem Augenblick ihres Lebens zeigten. Es sind Aufzeichnungen ihrer Interessen, ihrer Arbeit, Empfindungen, Bestrebungen, Talente und Möglichkeiten, aber auch ihrer Probleme, Schwierigkeiten und emotionellen Gewohnheitsmuster.

Jeder von ihnen kam und war bereit, zwei oder drei Stunden Modell zu sitzen; was manche als recht langweilig empfanden. Ich entsinne mich besonders eines sehr bekannten Musikers, der noch vor der Hälfte der Zeit sehr unruhig wurde. Glücklicherweise hatte seine Tochter eine Partitur mitgebracht, und nachdem sie ihm diese überreichte, vertiefte er sich so in die Noten, daß er das weitere Verstreichen der Zeit nicht mehr wahrnahm.

Andere Personen waren fasziniert von dem Gedanken, daß ihre Aura aufgezeichnet wurde, und wollten wissen, was die verschiedenen Farben bedeuteten. Besonders ein Mann sprach auf ganz eigene Weise auf diese Information an. Als er erfuhr, daß der orange Streifen in seiner Aura ein Zeichen von Stolz und Selbstbewußtsein war, bemerkte er: »Das mag ich nicht, und ich bin entschlossen, es zu ändern.« Kinder hingegen sprangen umher oder spielten; manche machten auch ein Schläfchen. Solche Aktivitäten störten uns nicht im geringsten, da uns diese normalen Verhaltensweisen zeigten, daß die Kinder entspannt waren.

Die Bilder in diesem Buch sind also Portraits von Individuen, nicht Verallgemeinerungen oder zusammengesetzte Illustrationen, wie man sie in anderen Büchern über die menschliche Aura findet, zum Beispiel in Leadbeaters *Der sichtbare und der unsichtbare Mensch*. Es handelt sich um reale Personen mit großen Unterschieden der Persönlichkeit. Ich werde in den folgenden Kapiteln über das Wesen der Aura sprechen, möchte aber schon jetzt betonen, daß die Portraits in diesem Buch wie eine Standbild aus einem Kinofilm sind, das heißt Augenblicksaufnahmen mitten aus dem Leben. Wir alle haben wechselnde Stimmungen, die sich auch in der Aura widerspiegeln und die dauerhaften Züge überlagern. Deshalb fangen die Aura-Bilder das Wesentliche der porträtierten Personen ein, wie diese sich zur Zeit der Entstehung des Bildes fühlten.

Die dargestellten Personen

Noch einen weiteren Punkt muß ich erwähnen. Die Portraits in diesem Buch stellen nicht einen repräsentativen Querschnitt durch die Gesellschaft dar, vielleicht noch nicht einmal eine typische Gruppe, obwohl wir beispielsweise die verschiedensten Altersstufen antreffen. Wir haben eine gleiche Anzahl weiblicher und männlicher Personen, aber das ist eher dem Zufall als einer Absicht zu verdanken. Mörder, Verbrecher oder Psychotiker sind nicht darunter. Die meisten der porträtierten Menschen kommen aus der mittleren Gesellschaftsschicht; keiner von ihnen ist ein Muster an Habsucht, Gier, Wut, Grausamkeit, Gewalt oder anderem Zwangsverhalten. Manche sind ziemlich durchschnittlich, wenige aber außergewöhnlich begabt, und ein ansehnlicher Teil hat philosophische, humanitäre und spirituelle Interessen. Damit fehlt uns der Kontrast, den die Abbildung einiger anti-sozialer Personen geboten hätte.

Der Grund für diesen Mangel an Vielfalt ist, daß wir das ganze Unterfangen nie als eine klinisch-psychologische Studie betrachteten. Es handelte sich schlicht und einfach um eine Untersuchung der Aura. Damals hatte eine Reihe von Menschen ihr Interesse an meinen hellseherischen Beobachtungen geäußert, die präziser schienen als andere, die seinerzeit zur Verfügung standen. Man wollte sehen, wie eine Aura aussieht und wie Persönlichkeits-Unterschiede sich darin zeigten. So fingen wir an und bildeten Menschen ab, die leicht zu erreichen und bereit waren, uns Modell zu sitzen. Wir versuchten nicht, einen Bevölkerungsquerschnitt mit Vertretern unterschiedlicher ethnischer, kultureller oder religiöser Herkunft oder Bildung zu finden.

Nähme ich heute ein solches Projekt in Angriff, würde ich ganz anders vorgehen. Die vorliegenden Studien entstanden vor etwa fünfundfünfzig Jahren, damals war ich noch recht jung. Obgleich sich meine hellseherischen Fähigkeiten nicht verändert haben, lernte ich inzwischen doch sehr viel mehr über das menschliche Verhalten. Die Aura-Bilder und -Beschreibungen in diesem Buch sind Ergebnis meiner frühen Beobachtungen, doch ich habe mich bemüht, sie in den übrigen Kapiteln durch zusätzliches Material zu ergänzen, das eher wiedergibt, was ich in den inzwischen verflossenen Jahren gelernt habe.

Manche Leser mögen sich wundern, warum wir mit der Veröffentlichung dieses Werkes so lange gewartet haben. Einer der Gründe liegt in dem gerade Gesagten: Ich fühlte mich außerstande, eine allgemeine Abhandlung über die menschliche Aura anhand dieser wenigen Beispiele anzufertigen. Der zweite, wichtigere Grund ist, daß das intellektuelle Klima jener Zeit keiner ernsthaften Beschäftigung mit den unserer Thematik zugrundeliegenden Ideen aufgeschlossen oder gar förderlich war.

Erst in den vergangenen Jahrzehnten haben Fortschritte in Wissenschaft, Medizin und Psychologie einen Wandel herbeigeführt in der Wahrnehmung der Rolle, die das Bewußtsein im Leben des Menschen spielt. Heute werden die Idee eines Zusammenhangs zwischen Körper und Geist sowie psychosomatische Ursachen von Krankheit viel leichter angenommen und auch die Bedeutung von Denken und Einstellung im menschlichen Verhalten akzeptiert. Folglich bietet sich heute ein Kontext, in dem das, was ich zu sagen habe, nicht so fremdartig anmutet.

Als wir vor kurzem die Aura-Bilder durchsahen, fiel uns auf, daß sie sich nach gewissen Mustern oder Gruppierungen ordnen lassen, die wiederum Charakteristika zeigten, die mit Ruhm oder Unbekanntheit der Person nur wenig zu tun haben. Die meisten Menschen haben bestimmte emotionelle Grundzüge gemein: Liebe und Mitgefühl, intellektuelle Kapazität – die Fähigkeit zu lernen, sich Ausdruck zu geben und eine sinnvolle Arbeit zu leisten. Der Leser wird es, wie ich hoffe, interessant finden, diesen angeborenen menschlichen Fähigkeiten bei den recht unterschiedlichen Individuen nachzuspüren, die hier abgebildet sind, und sich vielleicht selbst mehr oder weniger deutlich wiederfinden.

Schließlich hat der Leser vielleicht den Wunsch, etwas über meine Vorgeschichte zu erfahren, die es mir ermöglichte, die Aura oder (wie ich es gerne nenne) das Emotionalfeld eines Menschen wahrzunehmen.

Die persönliche Vorgeschichte

Ich wurde in eine holländische Familie geboren, die auf einer großen Plantage auf Java lebte; mein Vater war Geschäftsführer einer Zuckerfabrik. Meine Mutter und meine Großmutter besaßen paranormale Fähigkeiten, die man jedoch keinesfalls als ererbt bezeichnen kann. Falls hier tatsächlich genetische Faktoren beteiligt waren, so verliehen sie vermutlich eine angeborene Sensitivität und die Fähigkeit, intuitiv auf unvorhergesehene Situationen und Ereignisse zu reagieren. Bei meiner Geburt war ich in eine sogenannte Glückshaube (Eihaut) völlig eingehüllt – sie gilt als Anzeichen für das zweite Gesicht –, die ich mit der Faust durchstoßen haben soll, um mich selbst zu befreien.

Meine Mutter war vom Wert der Meditation sehr überzeugt und hatte immer ein Zimmer, das für keinen anderen Zweck genutzt wurde. Als ich etwa fünf Jahre alt war, führte sie mich in die Meditation ein. Zuerst gab sie mir ganz einfache Themen; später forderte sie mich auf, über abstrakte Fragen zu meditieren. Beide Eltern erwarteten von mir einen Bericht über die Gedanken, die mir durch die Meditation gekommen waren.

Ich meine, daß ich mir im Alter von rund sechs oder sieben Jahren meiner Hellsichtigkeit allmählich bewußt wurde und sie zu entfalten begann. Etwa um jene Zeit besuchte uns Charles W. Leadbeater (ein berühmter Hellsichtiger und theosophischer Schriftsteller), der ein starkes Interesse an mir bekundete und an dem, was ich sah. Später, als ich etwa zwölf Jahre war, zogen wir nach Australien um, wo ich etliche Jahre täglich mit Leadbeater in Verbindung war. Ich kann nicht sagen, daß er mich je im Umgang mit meiner Hellsichtigkeit trainierte, aber er stellte mir spezifische Aufgaben – manche davon waren für ein schüchternes junges Mädchen sehr schwierig –, und durch das Bemühen, diese Aufgaben zu erfüllen, lernte ich, zu mir selbst mehr Vertrauen zu haben.

Aber die für mich nützlichste frühe Schulung war, wie mein Vater darauf beharrte, daß ich mir meine eigenen Gedanken machte und lernte, an meinen Ideen auch gegen Widerstände festzuhalten. Mein Vater liebte die verbale Auseinandersetzung, und er lehrte mich, meine Position zu verteidigen. Ich erfuhr dabei, daß ich nichts als erwiesen betrachten konnte.

So lernte ich bereits in früher Jugend, nicht zu erwarten, daß die Menschen unbedingt mit mir übereinstimmen würden. Dies kam mir bei meiner Arbeit mit Medizinern gut zustatten, denn wenn ich einmal mit Ärzten zusammenkam, die meiner Hellsichtigkeit sehr skeptisch gegenüberstanden, erschien mir ihre Einstellung nicht als unvernünftig und mindert niemals meine Bereitschaft, mit ihnen zusammenzuarbeiten. Mit anderen Worten: Die Tatsache, daß andere die Hellsichtigkeit für Unsinn halten könnten, macht mir nichts aus, weil ich jeder Person das Recht zugestehe, die Behauptungen anderer erst dann anzunehmen, wenn sie für ihn oder sie sinnvoll erscheinen.

Aus dieser Sicht biete ich die folgenden Beschreibungen und Besprechungen des Emotionalfeldes. Meiner Meinung nach resultieren Gefühlsmuster aus vielen Faktoren und unterschiedlichen Lebenserfahrungen, aus guten und leidvollen, aus negativen und konstruktiven. Wenn wir uns dieser Muster nicht bewußt sind, können sie uns auf vielerlei Weise behindern und sogar an den Beginn des Krankheitsprozesses führen. Doch Emotionen sind nicht nur unbeständig, sondern auch energiegeladen, und deshalb können sie sich wandeln und tun dies auch. Darüber hinaus unterliegt die Richtung ihrer Veränderung unserer eigenen Absicht, sobald diese uns klar wird.

Beim Schreiben dieses Buches hege ich die Hoffnung, es möge dem Leser helfen, seine eigenen Gefühlsmuster deutlicher zu erkennen und damit die Möglichkeiten für Wandlung und Wachstum verstehen zu lernen, die in uns allen liegen.

Teil I

Struktur und Dynamik des menschlichen Energiefeldes

Kapitel 2

Die Dimensionen des Bewußtseins

Das Leben selbst des gewöhnlichsten Menschen ist, auch wenn es sehr ereignislos anmutet, in Wirklichkeit erfüllt von Erlebnissen auf vielen Ebenen. Während wir uns dem täglichen Geschäft des Lebens widmen, sind wir zugleich beteiligt an einem ganzen Komplex von Beziehungen zwischen körperlichen Prozessen, Empfindungen und Gedanken. Auch wenn wir diesen Vorgängen nicht viel Aufmerksamkeit schenken, beeinflussen sie doch ständig unser Verhalten und unser Befinden.

In diesem Buch möchte ich Ihnen einiges von dem vermitteln, was ich wahrnehme, und Ihnen eine Aufgeschlossenheit für die verborgenen Dimensionen des Bewußtseins nahebringen, die in unserem Inneren existieren, so daß Sie sich dieser Aspekte Ihres eigenen Lebens sowie Ihrer Fähigkeit, Veränderungen herbeizuführen, bewußter werden können.

Meine Aufmerksamkeit gilt dabei in erster Linie Ihren Gefühlen, denn die Aura – das Kleid aus lichten Farben, das jeden von uns umgibt – ist das persönliche Emotionalfeld. Aber unsere Gefühle sind Teil eines größeren Ganzen, das wir den Menschen nennen, und deshalb sind sie nicht zu trennen von allem anderen, was in uns vorgeht. Die Interaktionen zwischen Denken, Fühlen und körperlichen Energien sind so rasch und so konstant, daß sich diese Unterscheidungen verwischen, deshalb bemerken wir sie meist nur, wenn sie zusammenbrechen. Um das Wesen der Emotionen zu verstehen und die Rolle, die sie spielen, müssen wir sie deshalb aus der Perspektive der ganzen Person betrachten – und dazu gehören nicht nur Körper, Denken und Fühlen, sondern auch noch höhere Dimensionen des Bewußtseins.

Höhere Dimensionen des Bewußtseins

Die theosophische, indische und auch andere Literatur hat die Wesensart dieser höheren Bewußtseinszustände identifiziert und diesen verschiedene Namen gegeben. Grundsätzlich empfehle ich jedermann, sich selbst mit dieser Literatur zu befassen, um sich ein eigenes Urteil zu bilden, doch möchte ich zum Zwecke dieses Buches einfach meine eigenen Beschreibungen anbieten und meine eigenen Begriffe verwenden, die ich hoffentlich so einfach und klar wie möglich halten werde.

Aus vielen Gründen stelle ich mir die verschiedenen Bewußtseinszustände nicht gerne als »Ebenen« vor, als die sie in früheren Darstellungen beschrieben wurden, sondern als Dimensionen oder Felder. Diese beiden Begriffe lassen sowohl die Möglichkeit der Bewegung in einem offenen, dynamischen Raum zu als auch eine fast endlose Ausdehnung in höhere Bereiche des Bewußtseins. Beide implizieren die Existenz eines größeren Ganzen, von dem die Dimensionen oder Felder Aspekte sind und in dem sie ständig interagieren. Wenn ich über die Energiefelder des Menschen spreche, bemühe ich mich immer, hervorzuheben, daß alles — auch wir selbst — in bezug auf dieses größere Ganze, das Universum, existiert. Alle Dimensionen des Bewußtseins sind überall und in allem, und sei es auch nur in rudimentärem Zustand.

Bewußtsein

Bewußtsein nimmt viele Formen an und reicht viel weiter als das, was wir uns gemeinhin unter Bewußtsein vorstellen. Das Spektrum der verschiedenen Bewußtseinszustände beginnt bei dem primitiven Körperbewußtsein und dehnt sich bis in die höchsten Bereiche spiritueller Erkenntnis aus. So entsteht ein hierarchisches System, da die mit den verschiedenen Bewußtseinszuständen verbundenen Energien zunehmend feiner werden, je höhere Dimensionen sie erreichen. Doch dies bedeutet nicht, daß auch nur einer dieser Zustände vernachlässigt oder übersehen werden dürfte oder weniger wichtig sei als die übrigen. Wenn wir versuchen, alle Dimensionen in bezug auf das Ganze zu betrachten, dessen Teile sie sind, so erkennen wir, daß jeder eine einzigartige Aufgabe im umfassenden Spektrum des Bewußtseins zu erfüllen hat.

Lama Govinda hat dies sehr gut beschrieben: »Das Bewußtsein einer höheren Dimension besteht in der koordinierten und simultanen Wahrnehmung mehrerer Beziehungssysteme oder Bewegungsrichtungen in einer größeren, umfassenderen Einheit, ohne daß die individuellen Charakteristika der integrierten niederen Dimensionen zerstört werden. Die Wirklichkeit einer niederen Dimension wird deshalb durch eine höhere nicht ausgelöscht, sondern lediglich ... in einen anderen Bezugsrahmen gestellt.«

Wenn ich von »höheren Dimensionen« oder »höheren Ebenen« spreche, möchte ich damit keine Werturteile verbinden, sondern nur das »Beziehungssystem« beschreiben, das Govinda meint. Werturteile sind denn auch in der Tat nicht angebracht, wenn wir das Wesen der verschiedenen Bewußtseinsdimensionen verstehen wollen. Es gilt vielmehr, ihre Funktionen und Eigenschaften zu studieren und sich ihres speziellen Beitrages – aber auch ihrer jeweiligen Grenzen – bewußt zu werden in bezug auf jene weitaus größere Wirklichkeit, die das Ganze des menschlichen Wesens bildet.

So gesehen, sind Bewußtseinszustände tatsächliche Gegebenheiten, die zwar *verschieden*, aber nicht *getrennt* sind – sei es von einander oder vom Körper. Die subtilen Felder koexistieren innerhalb desselben Raumes und beeinflussen einander. Ihre Verschiedenartigkeit beruht auf der Tatsache, daß jedes seine eigene Art von Energie und Schwingungsfrequenz besitzt. Dies ermöglicht den verschiedenen Feldern, ihre jeweiligen Einflüsse auszuüben und zugleich die anderen Felder zu durchdringen und sich untereinander auszutauschen, ohne einander zu stören.

Es ist schwierig, für dieses Phänomen eine genaue Analogie aus dem Bereich des täglichen Erlebens zu finden. Vielleicht ist der Vergleich mit dem Klang von der Saite eines Musikinstrumentes zulässig, der aus der Kombination verschiedener Töne gebildet wird, die ein geübtes Ohr wahrnehmen und unterscheiden kann. Das Erleben von Musik ist die beste Analogie, die ich mir vorstellen kann, weil die Unterschiede zwischen den subtilen Feldern ihrem Wesen nach grundsätzlich *harmonisch* sind. Jede Bewußtseinsdimension besitzt ihren eigenen Abschnitt des Frequenzspektrums und spielt eine bestimmte Rolle im großen Orchester des Menschenwesens.

Strahlende Energien

Da ich keine Wissenschaftlerin bin, kann ich nur vermuten, wie es wohl möglich ist, die subtilen Felder wahrzunehmen. Wir wissen, daß Licht und Ton Formen strahlender Energie unterschiedlicher Wellenlänge sind, und daß uns viele Phänomene außerhalb des Bereichs unserer sinnlichen Wahrnehmung – zum Beispiel das ultraviolette Licht – nur zugänglich werden, wenn wir Instrumente haben, mit deren Hilfe wir sie aufspüren können. Für mich sind die höheren Dimensionen Formen strahlender Licht-Energie. Wie sich das Sonnenlicht in die Spektralfarben brechen läßt, die uns im Regenbogen sichtbar werden, offenbaren sich auch die höheren Energien durch ihre charakteristischen Farben. Diese Farben nehme ich wahr. Deshalb mag das Hellsehen ein Instrument sein, das ansonsten unsichtbare Wellenlängen und Frequenzen in den Bereich der menschlichen Sinneswahrnehmung rückt.

Wenn Fragen über das Hellsehen gestellt werden, stolpern die meisten Menschen über die Tatsache, daß die Fähigkeit zur Wahrnehmung subtilerer

Dimensionen nur wenigen Personen vorbehalten zu sein scheint. Ich kann dies zwar nicht begründen, möchte jedoch darauf hinweisen, daß es bis in die jüngste Zeit unmöglich war, Viren zu sehen, Ultraschallwellen festzustellen oder genetisches Material im Mikroskop zu untersuchen. Und doch existierten alle diese Dinge schon vor der Erfindung von Instrumenten, die ihre Beobachtung ermöglichen. Es mag durchaus sein, daß man in der Zukunft den Vorgang des Hellsehens untersuchen und verstehen wird. Was das Heute angeht, so kann ich nur sagen, daß ich den Zustand des Hellsehens durch eine Verschiebung des visuellen Brennpunktes erreiche. Das tue ich bewußt, aber nur dann, wenn ich es selbst wünsche. Ich verwende hier das Wort »visuell«, weil es sich um eine Art von Sehen handelt, obwohl die eigentlichen Augen nicht daran beteiligt sind. Es ist eher eine Konzentration der Aufmerksamkeit. Ich setze meine Hellsichtigkeit hauptsächlich bei meiner Arbeit ein, und mein gewöhnliches Sehvermögen ist genauso wie das jedes anderen.

Vitalität, Fühlen und Denken sind für mich Formen von Energie. Obgleich die meisten dies anders empfinden, bestätigte eine Reihe von Wissenschaftlern, mit denen ich sprach, daß es legitim sei, das Wort »Energie« in Verbindung mit den Gefühlen zu verwenden, denn Energie bedeutet »das Vermögen, zu handeln oder eine Wirkung hervorzurufen«. Physikalische Felder wie die Schwerkraft akzeptieren wir als »real«; wir können sie zwar nie sehen, aber wir erleben ihre Auswirkung unmittelbar. Aufgrund unseres Mangels an weiteren Informationen können wir über das Wesen der subtilen Felder zur Zeit nur Vermutungen anstellen aufgrund der Art und Weise, wie sie uns beeinflussen. Ich versuche immer zu betonen, daß Empfindungen nicht nur subjektive psychologische Zustände sind; sie haben reale physische Konsequenzen und beeinflussen unsere Gesundheit auf mannigfache Weise. Ich spreche dabei aus persönlicher Erfahrung, denn auf diesem Gebiet habe ich zeit meines Lebens Beobachtungen angestellt und gearbeitet.

Das Spektrum des Bewußtseins

Betrachtet man sie als Energien, sind Gefühle und Gedanken einander auf eine Weise verwandt, die der Beziehung zwischen Ton und Licht entspricht. Am einen Ende des Bewußtseinsspektrums liegt der Bereich, der dem physischen Körper am nächsten ist. Man nennt es ätherisch, und seine charakteristische Energieform wird im indischen Denken als *Prana* bezeichnet, das heißt Lebensenergie oder Vitalität. Alles Lebende wird von dieser Energie ernährt und erhalten. Bei der Diagnose von Krankheit sind

Farbe und Strahlung des Prana eines Menschen für mich wichtige Anzeichen für seinen Gesundheitszustand. Der Grund, warum die Gefühle eine solche Wirkung auf unsere Gesundheit ausüben, liegt darin, daß das ätherische dem Emotionalfeld sehr eng verbunden ist; zwischen beiden Energien findet ein ständiger Austausch statt.

Dies ist übrigens aufgrund seiner Komplexität der schwierigste Aspekt der hellsichtigen Untersuchung. Der Ätherleib ist so etwas wie der Prototyp für den physischen Körper und ein Doppel von dessen Vorgängen und Funktionen. Auf der Suche nach Spuren von Krankheit muß man deshalb Abweichungen von Farbe, Beschaffenheit, Grad und Art der Bewegung sowie viele weitere Faktoren im Ätherleib beachten. Bei der Ausübung von Heilmethoden wie Therapeutic Touch verfolgen wir primär das Ziel, Hindernisse im Fluß der ätherischen Energie zu entdecken und zu beseitigen, wobei wir uns immer die Person als ganz und heil vorstellen. Eine Abhandlung über den Ätherleib und seine Funktionen ist hier nicht am Platze. Leser, die eine umfassende Darstellung wünschen, mögen sich für das Buch *Die Chakren und die feinstofflichen Körper des Menschen* interessieren, daß ich gemeinsam mit Dr. Shafica Karagulla veröffentlichte.

Als nächstes in der nach Feinstofflichkeit und Bewegungsgeschwindigkeit geordneten Reihe folgt das Astral- oder Emotionalfeld, darauf das Mentalfeld, dessen Energie das Denken ist. Jenseits dieser Sphären liegen das Intuitionsfeld und noch subtilere Ebenen. Diese Dimensionen sind in ihrer Beschaffenheit zunehmend feiner und lichter; die Bewegung wird rascher und die Schwingungsfrequenz höher. Sie sind geistigen Einflüssen geöffnet und damit machtvoller; sie sind auch stabiler, da sie von den Turbulenzen und Belastungen des physischen Lebens weniger betroffen sind.

Wie bereits erwähnt, neigen wir dazu, »höhere« Dinge für »besser« zu halten, aber das gilt für den Zusammenhang zwischen Denken und Fühlen nicht unbedingt. Auf der Ebene alltäglicher Aktivität arbeiten diese beiden Aspekte normalerweise eng zusammen. Sobald wir etwas fühlen, versuchen wir, es gedanklich zu erfassen und in den Zusammenhang unserer bisherigen Erfahrung zu stellen; dabei sind unser Fühlen und Denken in ständigem Austausch begriffen.

Das Denken

Das Denken kann die Gefühle sehr stark beeinflussen, weil es jener Teil von uns ist, der sich von unseren Gefühlen distanzieren und ihre Auswirkungen beobachten kann: »Ich fühle mich glücklich; ich fühle mich verärgert.« So kann das Denken unseren Gefühlen größere Objektivität verleihen, indem es die Richtung anzeigt, in die sie uns führen, und damit Ordnung und Zusammenhang in unserem Leben herstellt. Aber das Denken kann auch verschroben werden und eine egoistische, negative und schädliche Wirkung auf das Gefühlsleben ausüben. Es kann unsere Vorurteile rechtfertigen und die Wahrheit verkehren, und damit, wie Helena Blavatsky es formulierte, zum »Mörder des Realen« werden.

Doch der Einfluß des Denkens ist wesentlich für die persönliche Integration und Ausgeglichenheit, aber auch als Orientierung. Es ist das Denken, was Ziele setzt, Strategien plant, Probleme formuliert und sie Schritt für Schritt löst. Der Verstand bietet Geleit, gibt unseren umherschweifenden Gedanken Gestalt und Zusammenhang, er erlaubt Selbstkritik. Dies alles sind die positiven Aspekte des Denkens im täglichen Leben.

Es gibt auch eine Ebene des Denkens, das sich mit abstrakten Ideen beschäftigt, zum Beispiel mit Mathematik, Philosophie oder Wissenschaft; ihr direkter Einfluß auf unser Fühlen ist nicht so stark. Doch Mathematiker und Wissenschaftler würden ihrem Tun nicht nachgehen, wenn es nicht ihr Interesse angesprochen hätte. Das ist nötig, um den emotionellen Antrieb zu wecken, die Aufmerksamkeit auszurichten und die Begeisterung für ein abstraktes Unterfangen aufzubringen. Manche Menschen haben eine echte Leidenschaft für abstrakte Ideen und können ganz in ihnen aufgehen; solches Interesse ist weit mehr als rein akademisch. In diesem Falle arbeiten emotionale und mentale Energien eng zusammen – eines der Anzeichen einer integrierten Persönlichkeit.

Aber nur zu oft gibt es eine Kluft, einen Mangel an Übereinstimmung zwischen dem Verstand, der bemüht ist, eine Situation zu verstehen, und den Gefühlen, die uns handeln lassen. Häufig beachtet der Mensch die dargebotene Information nicht, sondern lebt augenblicklich aus, was seine Gefühle ihm gerade diktieren. Dann können die emotionalen Impulse ihn zu einem Verhalten bewegen, das nicht mit seiner Absicht oder gar Erfahrung übereinstimmt. Wir sagen in solchen Fällen, daß eine Person impulsiv ist – vielleicht sogar außer Kontrolle.

Solche Spaltungen in der Psyche zeigen sich deutlich in der Aura des Individuums. Das Mentalfeld kann sowohl für die Intuition offen sein als auch klar und konzentriert bleiben, aber der Mensch ist möglicherweise auf der Gefühlsebene nicht ausgeglichen. In solchen Fällen bleibt eine fruchtbare Ideenfülle ohne die Fähigkeit zur Umsetzung ins praktische Handeln nutzlos.

Es gibt viele Arten solcher Funktionsstörungen zwischen den Feldern. Doch außer im Falle sehr kranker oder behinderter Menschen arbeiten

Emotional- und Mentalfeld recht gut zusammen, denn das Denken ist von Natur aus immer mit mehr oder weniger Gefühl verbunden. Sei es Interesse oder Langeweile, Zuneigung, Abneigung oder Gleichgültigkeit: selbst wenn wir sie unterdrücken, gibt es immer eine Gefühlskomponente in unserem Denken.

Die Intuition

Unsere Empfindungen gegenüber Natur oder Schönheit oder Weltfrieden sind ebenfalls Gefühle, aber von anderer Art. Sie reichen über die rein persönlichen Emotionen hinaus und sind mit jenem Aspekt unseres Wesens verbunden, den wir Intuition nennen wollen. Hierbei handelt es sich um eine Ebene des Bewußtseins, die über das Denken hinausgeht – oder tiefer in unserem Innern liegt – und uns Einblicke ermöglicht, die unser Wissen übersteigen. Viele Menschen haben schon so intensiv eine plötzliche Erfahrung der Einheit oder Verbundenheit mit der Natur – oder mit der spirituellen Komponente der Welt – erlebt, daß sie augenblicklich alle Schranken niederriß, die uns voneinander trennen. Ein solches Erlebnis des Einsseins übersteigt Denken und Fühlen und durchtränkt diese Aspekte so machtvoll mit Energien aus höheren Ebenen, daß es zu einer völlig neuen Sicht des Lebens führen kann.

In einem anderen Falle ist Einsicht – der Blick auf das Ganze einer Beziehung oder die Wahrheit einer Idee – auch ein Aspekt des Intuitionsfeldes, denn sie geschieht plötzlicher und unmittelbarer als unser gewöhnliches Ursache-und-Wirkungs-Denken. Sie schenkt uns die Möglichkeit, in vertrauten Situationen neue Wahrheiten zu erkennen, schöpferische Lösungen für unzugängliche Probleme zu finden und plötzliche Quantensprünge im Verstehen zu machen.

Das Erleben der Zeit

Im Zusammenhang der subtilen Felder ist noch ein weiterer Punkt zu erwähnen, der anzuzeigen scheint, daß sie tatsächlich räumliche Dimensionen sind: Das Erleben der Zeit ist in diesen höheren Dimensionen anders. Ich verstehe nicht, wie oder warum dies so ist, aber wir alle wissen, daß Zeit sich relativ zu Bewegung verhält. Da die Dynamik der subtilen Felder anders ist als jene in der physischen Welt, sind auch die Zeitwerte auf jenen Ebenen viel flexibler. Vergangenheit und Gegenwart, wie wir sie kennen, verlieren viel von ihrer Unterschiedlichkeit und werden Teil eines einzigen Zeit-Kontinuums. Beide werden in gewissem Maße im Hier und Jetzt des Emotional- und des Mentalfeldes dargestellt. Aus diesem Grunde ist es möglich, Spuren der fernen Vergangenheit in der Aura des Menschen zu entdecken und Tendenzen zu erkennen, die zukünftige Entwicklungen erahnen lassen. Wie dieser Zeitfaktor zum Teil der Psyche des einzelnen wird, werden wir bei der Beschreibung der Auren von Babys und Kindern besprechen.

Obwohl wir uns der verschiedenen Zustände von Bewußtsein und Energie in uns vielleicht nicht gewahr sind, können wir von ihnen so leicht Gebrauch machen wie von der Luft, die wir atmen, denn sie sind ein Teil unserer natürlichen Welt. Aber was ermöglicht uns, alle diese Energien anzunehmen, ohne uns ihrer bewußt zu sein? Welches ist das integrierende Prinzip, das alle physischen, vitalen, emotionalen und mentalen Dimensionen in uns koordiniert?

Das zeitlose Selbst

Ich glaube, dieser integrierende Faktor ist das »zeitlose Selbst«, wie ich es nenne, ein Wesensprinzip, das die Kontinuität während des Lebens gewährleistet und nach dem Tode weiter besteht. Diese Vorstellung findet sich vor allem im Hinduismus (wo sie mit der Reinkarnation assoziiert wird), obwohl es mit dem Begriff der Seele aus dem Christentum verwandt ist. Wie auch immer man es definieren mag, ist dieses Selbst aus meiner Sicht eine Widerspiegelung des höchsten Wesensaspektes. Es wurzelt in einer zeitlosen geistigen Wirklichkeit, die alle Dimensionen des Bewußtseins übersteigt und in sich umfaßt.

Wie die Aura-Bilder – besonders jene von Kindern – zeigen, wird jeder Mensch mit einer Verbindung zu dieser spirituellen Wirklichkeit geboren, gleichgültig ob diese Verbindung im Laufe des Lebens je erkannt wird oder nicht. Das Selbst (das man nicht mit dem Ego oder dem Egoismus verwechseln sollte) ist nicht nur das Band, das uns mit der Wirklichkeit verbindet, sondern gibt darüber hinaus unserem Erleben höchste Form, Sinn und Wert. Die Kraft des zeitlosen Selbst in uns ermöglicht es dem Menschen, die größten Hindernisse zu überwinden. Selbst schwer behinderte Personen können sich auf diese innere Stärke beziehen. Dadurch können sie ihre eigene Kreativität entfalten und eine Möglichkeit finden, ihren individuellen Beitrag zu leisten – vielleicht nicht durch körperlichen Einsatz, aber auf der Ebene zwischenmenschlicher Beziehungen.

Ich habe eine liebe Freundin, die dies auf bemerkenswerte Weise illustriert. Als Kleinkind bekam sie Kinderlähmung und ist seitdem schwer behindert. Sie ist an einen Rollstuhl gefesselt, kann einen Arm nicht rühren und ist neurologisch in vielerlei Hinsicht beeinträchtigt. Trotz all dieser Widrigkeiten war sie nie ohne das Vertrauen, in der Welt agieren zu können.

Obwohl ihr Gesundheitszustand immer heikel ist, haben es ihr Mut und ihre schöpferische Begabung möglich gemacht, daß sie viele Hindernisse überwand, die einem normalen, erfüllten Leben im Wege standen. Sie konnte malen lernen und entfaltete ihre künstlerische Begabung so weit, daß sie damit zumindest einen Teil ihres Lebensunterhaltes selbst verdienen konnte. Obwohl sie ununterbrochen Schmerzen hat, beklagt sie sich nie und ist immer interessiert am Leben anderer. Infolge dessen hat sie einen großen Freundeskreis. Die Erkenntnis, daß sie imstande ist, trotz aller ihrer Schwierigkeiten etwas für andere zu tun, hat ihren Mut zeitlebens aufrechterhalten.

Diese Geschichte illustriert etwas, das ich in diesem Buch immer wieder zeigen möchte. Mit Entschlossenheit und dem Selbstvertrauen, das sie anregt, können wir aus einem fast grenzenlosen Potential höherer Energien in unserem Inneren schöpfen, das uns befähigt, Ziele zu erreichen, die unser Können ansonsten weit zu übersteigen scheinen.

Die Auswirkungen des Karmas

Schließlich stellt sich die Frage nach der persönlichen Eigenart. Wir alle werden mit einem emotionalen Grundmuster geboren oder mit der Möglichkeit, gewisse emotionale Eigenschaften zu entfalten, wie ich es bei der Besprechung der Aura-Bilder von Kindern zu zeigen versuchen werde. In diesem Zusammenhang kann man unmöglich die Frage nach dem Karma (den Auswirkungen früheren Handelns) außer acht lassen, die die Grenzen und Umstände des Menschenlebens bestimmen. Doch diese Gegebenheiten sind nicht absolut unumstößlich, gewissermaßen in Beton gegossen, denn das Karma kann sich auf vielerlei Weisen und auf vielen verschiedenen Ebenen erschöpfen. Gleichwohl bedingt es gewisse Dispositionen, mit denen der Mensch im Laufe seines Lebens auskommen muß, und die sich auf der Ebene der Gefühle deutlich darstellen.

Wir haben uns an die Vorstellung gewöhnt, daß wir mit bestimmten genetischen Mustern geboren wurden, die unser körperliches Aussehen festlegen und auch unsere Denkvorgänge und Gefühlsreaktionen beherrschen. Das gilt in gewissem Maße, doch unser Wissen über die Gene verrät uns noch nichts darüber, wie mentale und emotionale Merkmale gebildet werden oder sich entwickeln. Die Medizin ist dabei, Methoden zu entdecken, um genetische Muster zu verändern und vielleicht auch Erbschäden zu eliminieren – aber werden solche Veränderungen die Menschen menschlicher, freundlicher, mitfühlender machen? Die meisten akzeptieren die Tatsache, daß Krankheit den Zustand unseres Denkens und Fühlens beeinflußt, aber nicht, daß auch das Gegenteil zutrifft.

Die Menschen bergen viel gewaltigere Tiefen, als man meinen mag. Wie ich zu Beginn dieses Kapitels bemerkte, sind die subtilen Dimensionen des Bewußtseins in vieler Hinsicht weitaus machtvoller als unsere körperlichen Attribute.

Wir alle haben Zugang zu diesen inneren Ressourcen. Sie sind nicht nur wenigen Privilegierten oder besonders Begabten vorbehalten, denn sie gehören zu unserem gemeinsamen menschlichen Erbe. Selbst wenn diese Quellen unerschlossen bleiben, sind sie vorhanden und stehen immer zur Verfügung, wenn wir den Willen und die Motivation aufbringen, von ihnen Gebrauch zu machen.

Kapitel 3

Das Emotionalfeld

Kein Menschenwesen ist ohne Gefühle. Vom ersten Schrei des Neugeborenen bis hin zum letzten Blick des Sterbenden auf Freunde und Familie ist unser Verhalten zur Welt um uns mit Gefühl verbunden. Ob diese Welt uns freundlich oder entsetzlich erscheint, schön oder häßlich, angenehm oder unannehmbar, bestimmt, wie wir auf andere zugehen, und beeinflußt buchstäblich alles, was wir tun. Ich glaube nicht, daß solche Gefühle in uns einzig und allein durch äußere Umstände oder genetische Faktoren bedingt werden, so wichtig diese beiden Aspekte auch sein mögen. Mitglieder derselben Familie reagieren sogar in vergleichbaren oder identischen Situationen ganz unterschiedlich. Unsere Gefühle sind eine bewußte Antwort auf unser Erleben, aber sie sind selbsterzeugt und zeigen etwas Wichtiges über unseren Charakter.

Ich empfinde Emotionen insofern als »real«, als ich sie objektiv wahrnehmen kann als leuchtende Atmosphäre, die jedes Lebewesen umgibt. Aufgrund ihrer Art zu leuchten wurden diese Gegebenheiten in der theosophischen Literatur traditionell als »astral«, das heißt »sternartig strahlend«, bezeichnet.

Jedesmal, wenn wir eine Emotion fühlen, findet im Emotionalfeld eine mehr oder weniger starke Energie-Entladung statt, die eine charakteristische Schwingung und eine Farbe hervorbringt – gewissermaßen ihren spezifischen »Fingerabdruck«.

Aus Erfahrung habe ich gelernt, die Grund-Schattierungen und Farbtönungen zu identifizieren, die die verschiedenen Gefühle hervorbringen, obwohl die subtilen Variationen fast grenzenlos sind. Da wir zeitlebens eine ununterbrochene Folge wechselnder Gefühle empfinden, sind diese Farben manchmal flüchtig und ziehen wie getönte Wolken durch die Aura – unser persönliches Feld oder Atmosphäre – oder durchfluten sie plötzlich mit kräftiger Farbigkeit. Andere Gefühle sind wesentlich dauerhafter und können zu einem mehr oder weniger permanenten Merkmal der Aura werden.

Im vorausgegangenen Kapitel sprach ich über die Tatsache, daß es vielen oft schwerfällt, Gefühle als eine Form von Energie zu akzeptieren, die man beobachten und sogar messen kann. Ich möchte es wiederholen: Falls Gefühle bestimmte Auswirkungen auf unsere körperliche und seelische Gesundheit haben, müssen sie irgendeine Kraft oder Energie besitzen. Da Energie in unserem Universum immer mit Materie verbunden ist, müssen die Emotionen auf irgendeine Weise materiell sein oder sich auf materielle Phänomene beziehen. Selbst wenn die Materie des Emotionalfeldes feiner und dünner ist als jede andere, die die Wissenschaft bisher untersucht hat, heißt dies nicht, daß sie »übernatürlich« ist (ein Wort, das ich entschieden ablehne). Das Emotionalfeld ist – wie die physische Welt mit allen ihren subtilen Aspekten – Teil der sichtbaren und unsichtbaren Struktur des Universums und, wie ich glaube, den gleichen Naturgesetzen unterworfen.

Obwohl sich das Emotionalfeld noch der physischen Beobachtung entzieht, ist es in gewissem Sinne doch »materiell«. Lama Anagarika Govinda erwähnte die »individuellen Charakteristika« der niederen Dimensionen des Bewußtseins. Über diese besonderen Eigenheiten des Emotionalfeldes will ich sprechen, weil wir bei der Betrachtung der menschlichen Aura nie vergessen dürfen, daß sie Teil eines viel größeren Feldes ist, der Aura des Planeten Erde. Von diesem größeren Ganzen sind wir nie getrennt.

Das Emotionalfeld besteht offenbar aus einem durchscheinenden, halb durchsichtigen Medium. Es wird dadurch einmalig, daß das Licht, das durch es scheint, in tausend verschiedenen Tönungen gebrochen wird. Die Quelle dieses Lichtes ist jedoch nicht im Außen zu finden, denn es wird von dem Medium selbst hervorgebracht. Das Emotionalfeld ist also selbstleuchtend.

Das »Gewebe« des Emotionalfeldes ist ebenfalls durchlässig, denn es wird sowohl von den der Physik bekannten als auch von subtileren Feldern durchdrungen. Doch – ich sagte es bereits – aufgrund ihrer unterschiedlichen Schwingungsfrequenzen verschmelzen die Felder nicht und fließen nicht zusammen, sondern behalten ihre eigene Integrität.

Jeden Menschen umgibt ein Äther-»Leib«, der den physischen Körper durchdringt und sich etwa sieben bis zwölf Zentimeter über dessen Oberfläche hinaus ausdehnt. Die Aura – das Emotionalfeld – durchzieht den Ätherleib, reicht aber noch weiter in den Raum hinaus. Mental- und Intuitionalfeld durchdringen einander ebenfalls und erstrecken sich sogar über das Emotionalfeld hinaus. Somit ähneln die persönlichen Felder konzentrischen Kugeln oder Sphären. Gleichzeitig aber ist jedes dieser persönlichen Felder Teil eines universellen Feldes, das alles umfaßt und mit der Erde verbunden ist.

Gefühle und Gedankenbilder kann man sich also als verfeinerte Zustände der Materie vorstellen, die mit ihren jeweils entsprechenden Arten von Energie verbunden sind. Ich kann sie wahrnehmen. Aber auf den nichtphysischen Ebenen geht es nicht nur darum, Farben und Muster zu sehen;

die Wahrnehmung ist sehr eng verknüpft mit einer anderen Fähigkeit, die man Empathie, das heißt Einfühlung, nennen mag. Diese Fähigkeit erlaubt es dem Betrachter, den Gegenstand seiner Betrachtung zu verstehen. Zur Betrachtung gehört gleichzeitig der Akt des Sehens und die harmonische Verbindung mit dem Geschauten. Ohne diese Fähigkeit des Einfühlens hätten die Formen und Farben nur sehr wenig Bedeutung. Tatsächlich ist die Fähigkeit, astrale Farben wahrzunehmen, nicht ungewöhnlich, aber die Fähigkeit, ihren Sinn zu deuten, ist leider nicht weit entwickelt.

Die Gefühle sind zeitlebens eng mit dem physischen Körper verbunden, das Astralfeld hingegen ist nicht auf die Zeitspanne des Erdenlebens beschränkt. Eine Diskussion über die nachtodlichen Zustände ist nicht Zweck dieses Buches, wenn man jedoch das Wesen der Gefühle und des Astralfeldes im allgemeinen verstehen will, muß man sie sich als einen bestimmten Bewußtseinszustand vorstellen – nicht nur als ein Attribut des physischen Lebens oder als Auswirkung einer Gehirnfunktion. Sie sind ein wesentlicher Ausdruck des Selbst. Im vorangegangenen Kapitel habe ich erwähnt, daß ich mir das Selbst als den Punkt oder das integrierende Prinzip im Menschen vorstelle. Um einen solchen Punkt ordnen sich mentale und emotionale Konfigurationen an und gewinnen dadurch für uns an Bedeutung und Nutzen in unserem Erleben.

Das Selbst als Integrationsprinzip

Wir können uns also das Selbst als etwas über den physischen Körper Hinausgehendes vorstellen, das dauerhafter ist als unser emotionaler und mentaler Aspekt, die sich, wie wir wissen, von Zeit zu Zeit verändern. Diese Vorstellung vom Selbst oder der Selbstheit als einem Integrationsprinzip gebrauchten einige Wissenschaftler, um den Ausgangspunkt bei einem jedem Lernprozeß zu bezeichnen – das heißt an welcher Stelle, nicht zu welcher Zeit, ein Lernvorgang beginnt. Erich Jantsch hält sogar die Selbstorganisation für eine Eigenschaft des Universums und meint, daß »Evolution, zumindest im Bereich des Lebendigen, vor allem ein Lernprozeß ist«.

Wir können nun fragen, wer oder was es ist, das lernt – das heißt etwas aufnimmt und dann die Früchte der Erfahrung anwendet? Ich kann gewiß nicht akzeptieren, daß es sich dabei bloß um eine mechanische Funktion des Gehirns handelt, denn für mich besitzt jeder Berg, Fluß und Baum, jede Pflanze und jedes Tier einen Grad von Bewußtsein und Persönlichkeit oder »Selbstheit«. Aus diesem Grunde fühlen wir eine Vertrautheit mit bestimmten Orten; sie haben ihren eigenen, einzigartigen Charakter, der uns anzieht. Unsere gewöhnliche, lineare Zeitwahrnehmung, die im täglichen Leben so wichtig ist, regiert nicht diesen Lernprozeß. Einerseits ist das Sammeln von Erfahrung eine fortwährende Angelegenheit – sie bleibt nie stehen –, und außerdem ist das Lernen ein Erfahren in der Tiefe, das sich auf das Wesen unseres Selbst bezieht. Erinnerungen, Assoziationen, Erkenntnisse, Ideale, schöpferische Ideen, selbstlose Liebe – sie alle existieren noch lange nach der Tatsache und lassen ihre Essenz langsam in die Tiefen unseres Bewußtseins einfließen. Damit werden sie zu einem unauslöschlichen Teil unseres Wesens und tragen zu unserem persönlichen Wachstum und unserer Weiterentwicklung bei.

Die Astralwelt

Wie die Atmosphäre der Erde ist auch das Emotionalfeld immer gegenwärtig und spielt zeitlebens eine wichtige Rolle. Man kann es durchaus als Astral-»Welt« bezeichnen, weil es auf ganz eigene Weise die Züge der physischen Welt im Doppel wiedergibt. Soweit ich weiß, gibt es ein emotionales Gegenstück von allem, was in der physischen Welt existiert (Menschen, Tiere, Pflanzen, Steine, sogar Moleküle). Es existiert gewissermaßen auch eine astrale Landschaft. Da Gefühle nicht so stabil sind wie grobstoffliche Dinge, hat diese astrale Landschaft manche Züge einer Traumwelt. Aber gibt es nicht auch in der physischen Welt verschiedene Stufen der Stabilität? Stabilität ist also relativ und hängt oft von unserem Blickwinkel ab. Wer seine Aufmerksamkeit auf die Astralwelt richtet, nimmt die Züge und Einzelheiten dieser Welt als ebenso normal und tatsächlich wahr, wie uns die physisch-stoffliche Natur um uns erscheint.

Ich weiß, daß man in der Natur oft zwischen Lebendigem und Nichtlebendigem unterscheidet, aber ich vermag diese Unterschiede nicht wahrzunehmen. Da Gefühl ein Merkmal des Lebens ist, muß alles, was im Emotionalfeld wahrzunehmen ist, ein gewisses Maß an Leben besitzen – oder eine Verbindung mit Lebendigem. Alle Organismen interagieren mit ihrer Umgebung durch einen Austausch von Prana oder Lebensenergie im Ätherfeld, aber sie interagieren auch sehr stark durch Fühlen. Gewiß findet auch unser Austausch, unsere Kommunikation mit Tieren vor allem auf diese Weise statt. Bei einfacheren Lebensformen nimmt das Fühlen vielleicht die Züge von Begierde, Anziehung, Angst etc. an, aber selbst hier gibt es ein vages Empfinden von Zuneigung, das bei höheren Tieren zu Fürsorge und Verbundenheit erblüht. Ich möchte damit zeigen, daß alle lebenden Geschöpfe – da sie mehr oder weniger Bewußtsein besitzen – mehr oder weniger am Emotionalfeld teilhaben.

Dynamik

Wie ich sagte, sollte man sich die Felder als miteinander verbundene Zustände von Bewußtsein und Energie vorstellen, die ihre eigenen, unterscheidbaren Charakteristika tragen. Im Falle des Emotionalfeldes läßt sich dieser Charakter am besten mit dem Begriff *Dynamik* beschreiben. Gefühle sind sehr machtvoll und zugleich sehr flüchtig. Sie kommen und gehen wie Wolken, die über den Himmel ziehen, und doch sind sie – wie die Wolken – ein konstantes Merkmal unserer Welt. Sie sind dynamische Muster oder Konfigurationen, in denen ständig Veränderung stattfindet.

Solange man die Grund-Dynamik des Emotionalfeldes nicht begreift, könnte man die in diesem Buch beschriebenen Aura-Bilder mißverstehen. Vielen Menschen fällt es schwer, die grundsätzliche Ungewißheit des Lebens zu akzeptieren und zu erkennen, daß Veränderung und Wandel so konstant wie unausweichlich sind. Nichts ist statisch; alles ist ständig dabei, sich in etwas anderes zu verwandeln. Alles in der Natur ist durchdrungen von diesem steten Wandel, den wir als Evolutionsprozeß auf allen Ebenen erkennen. Dies bedeutet nicht, daß das Leben zwangsläufig gefährlich und unsicher wird, oder daß wir in einem unkontrollierbaren Chaos leben. Das Gegenteil ist der Fall. Wenn wir erfassen, daß das Prinzip des *geordneten* Wandels das Gesetz des Universums ist, können wir es akzeptieren und mit ihm zusammenarbeiten, wie die Taoisten empfehlen.

Bei den in der Natur ablaufenden Vorgängen sehen wir gewaltige Unterschiede, angefangen bei der Langsamkeit geologischer Veränderungen über die sich beschleunigenden Zyklen des Lebens bis hin zur Lichtgeschwindigkeit. Gase sind flüchtiger als Wasser, und Wasser ist beweglicher als Stein. Es sollte nicht überraschen, daß die höheren Dimensionen viel bewegter sind als jeder physisch-materielle Zustand. Im Emotionalfeld ziehen Gefühle oft spontan und rasch über uns hinweg und tränken alles mit einer Welle von Freude, Kummer, Wut oder Liebe. Die stärksten Merkmale des emotionalen Austausches sind Veränderlichkeit und Fluidität. Alles jedoch durchzieht das Band unserer Selbstbewußtheit. Mit anderen Worten: Sie sind Sie selbst, ob Kind, jugendlich oder erwachsen, ob krank oder gesund, ob glücklich oder traurig. Die eigene Identität ist die eine Konstante in einer Welt der Veränderung.

Teilhaben am Emotionalfeld

Die Aura, die im nächsten Kapitel beschrieben werden soll, ist das individuelle Emotionalfeld einer Person. Wir müssen uns jedoch darüber im klaren sein, daß wir unsere so überaus persönlichen Gefühle mit allen Lebewesen gemein haben. Sie sind eine natürliche Komponente oder Eigenschaft des Lebens. Wir sind niemals isoliert, solange wir uns nicht bewußt isolieren; wir können über unsere Gefühle jederzeit eine andere Person erreichen, selbst dann, wenn Worte für unsere Kommunikation zwecklos wären. Diese Art des gemeinsamen Teilens ist möglich, weil unser persönliches Feld in sympathischer Resonanz steht mit den Feldern anderer. Alles und jeder hat Teil an dem universellen Emotionalfeld.

Wie jedoch verkehren unsere eigenen Gefühle, die wir als äußerst persönliche erleben, mit diesem größeren Emotionalfeld? Unsere Gefühle sind so sehr Teil unseres Wesens, daß wir kaum erkennen können, daß sie nicht nur das Leben der Menschen in unserer Umgebung beeinflussen, sondern auch das Emotionalfeld als ganzes unmerklich verändern. Doch wenn wir über unsere eigenen zwischenmenschlichen Beziehungen nachdenken – nicht nur innerhalb der Familie, sondern auch im gesellschaftlichen und beruflichen Leben –, erkennen wir, wie dieser Einfluß zunehmen kann.

Unser Verhalten gegenüber Menschen, die wir instinktiv mögen – aber auch zu jenen, die wir nicht mögen –, beruht häufig auf unserem Verhalten auf emotionaler Ebene. Die Aura jedes Menschen ist zusammengesetzt aus den emotionalen Eigenheiten, mit denen unsere eigenen Gefühle in Resonanz treten. Natürlich irren wir uns oft bei solchen raschen Einschätzungen, weil emotionale Reaktionen mehr unter dem Gesichtspunkt der Verträglichkeit als auf einer Beurteilung des Charakters beruhen, aber die Stärke der Interaktion ist eine Realität.

Da das Emotionalfeld ein offenes System ist, kann es jederzeit, mehr oder weniger intensiv, mit den Feldern in unserer Umgebung in Austausch treten. Mehr oder weniger sage ich deshalb, weil manche empfindlicher sind als andere.

Sensitive Menschen nehmen etwas von der emotionalen Energie auf, die ein anderer fühlt, und so kann der Austausch auf emotionaler Ebene stattfinden, ohne daß ein Wort gesprochen wird. Manche Menschen jedoch spüren die Emotion eines anderen, ohne sie klar deuten zu können, und verstehen ihren Ursprung deshalb möglicherweise falsch. Wir sind beispielsweise in Kontakt mit einer Person, die aus irgendeinem Grund verstört ist, der nichts mit uns zu tun hat; doch wir spüren die Auswirkungen der Störung. Menschen fühlen sich häufig verletzt oder erzürnt aufgrund solcher Mißdeutungen. Wenn dieser Zustand anhält, führt er zu Angst vor dem Austausch mit anderen.

Zwischenmenschliche Beziehungen

Diese Beobachtung gilt auch für familiäre und andere enge Beziehungen, ja für alle zwischenmenschlichen Kontakte. In vieler Hinsicht können zwischenmenschliche Beziehungen zu den schmerzlichsten Erfahrungen in unserem Leben werden – aber auch zu den hilfreichsten und lohnendsten. Im großen und ganzen aber sind wir uns des Grades nicht bewußt, in dem unsere Gefühlsreaktionen die Menschen unserer Umgebung beeinflussen. Alle zwischenmenschlichen Beziehungen sind durch einen heftigen emotionalen Schlagabtausch verletzbar; die Menschen scheinen diese Tatsache erst zu begreifen, wenn der Schaden schließlich eingetreten ist. Keiner kann sich den Einwirkungen seines mentalen und emotionalen Umfeldes ganz entziehen, auch wenn wir nicht bewußt erkennen, was geschieht. Die Atmosphäre der Orte oder Situationen, an oder in denen wir uns befinden, kann uns anregen oder niedergeschlagen machen, friedlich stimmen oder aufregen. Dies gilt besonders für Kinder, die häufig empfindlicher als Erwachsene auf die emotionale Atmosphäre ansprechen.

In der Welt von heute, die charakterisiert wird durch so viele zerbrochene Familien, fühlen sich Kinder – abgesehen von den Beziehungen zu Gleichaltrigen – sehr oft allein und verlassen, weil zwischen den Eltern keine emotionale Vertrauensbasis existiert. Wenn die Kinder allein gelassen werden, gehen sie ihre eigenen Wege und geraten leicht an Drogen. Kinder brauchen dauerhafte Beziehungen und eine Atmosphäre der Geborgenheit. Finden sie diese nicht zu Hause, suchen sie sie bei anderen Kindern auf der Straße.

Der Zustand unseres emotionalen Umfeldes steht möglicherweise in keinem Verhältnis zu dem Maß an Komfort und Schönheit – oder ihrem Mangel –, das wir im Äußeren besitzen. Darüber hinaus gibt es die weitere Umgebung, bestehend aus den Einstellungen und Gefühlen unserer nationalen wie internationalen Kultur.

Die persönliche Aura kann man sich recht leicht vorstellen, und die Abbildungen in diesem Buch vermitteln Ihnen einen Eindruck. Doch es ist schwieriger, sich den uns umgebenden Raum als eine Sammlung emotionaler Energien vorzustellen. Dennoch ist diese Vorstellung wichtig, denn sie hilft uns zu verstehen, wie die Energien des ganzen Feldes ständig auf uns einwirken.

Diese Beeinflussung vollzieht sich nicht nur in einer Richtung. Das Feld beeinflußt uns, und wir beeinflussen das Feld, wenn auch in anderem Maße. Wir alle tragen mit unseren Gedanken und Gefühlen zu dem bei, was wir die emotionale Komponente der Welt nennen wollen, und dieser Beitrag ist nicht zu unterschätzen. Es handelt sich tatsächlich um eine Kraft zur evolutionären Wandlung im Sinne menschlichen Wachsens und Reifens.

Resonanz

Ich sagte, daß der Austausch zwischen den Feldern auf einem Resonanzprinzip beruht, das ich nicht verstehe, obwohl ich seine Auswirkungen beobachte. Im Bereich der Gefühle bedeutet dies, daß jeder, der eine Neigung zu einer bestimmten Art emotionaler Energie besitzt, auf deren Vorhandensein mit Resonanz anspricht. Wenn zum Beispiel jemand eine starke Gefühlserregung hat – etwa Wut –, entlädt sich diese Energie in das Emotionalfeld, wo sie die bereits vorhandene Wut verstärkt. Die Folge ist, daß jeder, der ebenfalls leicht in Wut gerät, eine Intensivierung seiner Neigung spürt, und sein Gefühl wird verstärkt wie eine stehende Welle.

Kriege, Naturkatastrophen und selbst Ereignisse wie ein Börsenkrach verursachen Angst, die sich weit ausbreitet und wie ein Steppenbrand um die Welt geht, wobei sie mehr und mehr Menschen infiziert, die die Ansteckungsgefahr wiederum vergrößern. Wenn Menschen von einer plötzlichen Angst oder Wut ergriffen werden, sind sie sehr anfällig für solche Verstärkungen des Emotionalfeldes; unter solchen Bedingungen können Stürme im Emotionalfeld Panik oder Gewalt auslösen. Wir alle kennen die Bilder von Menschenmengen, die unter dem Einfluß solcher Massen-Emotionen außer Kontrolle geraten sind.

Doch wir brauchen uns nicht von der Ansteckung durch negative Emotionen überwältigen zu lassen. Es ist möglich, ruhig zubleiben, selbst wenn wir von Gewalt umgeben sind; und diese innere Ruhe kann die um uns vorherrschende Wut abschwächen und zerstreuen. Selbst angesichts starker Wut brauchen wir keine Resonanz in uns zuzulassen. Das Gegenmittel sind positive Gefühle wie Frieden, Mitgefühl und Sympathie, denn diese sind stärker als die negativen Emotionen; sie geben uns Kraft, diese abzuweisen.

Die heilenden Energien der Natur

Aus diesem Grunde fühlen die Menschen sich erquickt, wenn sie die Stadt hinter sich lassen – so anregend sie auch wirken mag –, um den Frieden der ländlichen Umgebung zu suchen. Die Natur hat einen starken Einfluß auf uns, weil sie von Energien erfüllt ist, die direkt auf uns einwirken können. In dieser Zeit, da der Druck des alltäglichen Lebens von Tag zu Tag größer wird und die Menschen in immer größeren Massen zusammengeballt sind, wird es immer notwendiger, etwas Ruhe in unserem Inneren zu finden. Die Natur schenkt uns ein Gefühl der Harmonie und des Friedens, weil sie, auch wenn sie den Turbulenzen von Wind und Sturm ausgesetzt sein mag, doch gänzlich ohne emotionale Konflikte ist.

In der Natur sind die geistigen, das Leben erhaltenden Elemente immer gegenwärtig. Mit dem Land, den Bergen oder dem Meer in Kontakt zu sein, kann unsere Fähigkeit steigern, den Stürmen im Persönlichen – und selbst der Feindseligkeit und Gewalt anderer – mit Stärke und Festigkeit standzuhalten. Wenn uns dies gelingt, brauchen wir negativen Gefühlen nicht mehr zu unterliegen, selbst wenn wir damit bombardiert werden. Darüber hinaus leisten wir einen Beitrag zum Weltfrieden, weil wir das Emotionalfeld als ganzes beeinflussen und verändern, anstatt nur darauf zu reagieren.

Mehr und mehr Menschen setzen sich heute für die Umwelt ein und versuchen, die Wunden zu heilen, die menschliche Dummheit und Gier der Erde geschlagen haben. Diese Bestrebungen können eine tiefgreifende Wirkung haben im Sinne einer Wiedergutmachung nach der Ausbeutung des Planeten durch Menschenhand. Der nächste Schritt im Rehabilitationsprozeß besteht darin, daß der Mensch erkennt, daß seine eigene Einstellung, seine Gedanken und Gefühle einen ebenso starken Einfluß auf den Zustand der Spannung und Gewalt auf der Welt haben können. Wir können unsere gemeinsame emotionale Atmosphäre im positiven Sinne verändern und damit einen Beitrag zum Wohlbefinden jedes einzelnen leisten.

Kapitel 4

Die Anatomie der Aura

Viel wurde schon geschrieben über die Aura und die Astralwelt im allgemeinen. Es könnte für den Leser zwar nützlich sein, sich mit dieser Literatur etwas zu beschäftigen, doch möchte ich betonen, daß die Beschreibungen und Informationen im vorliegenden Buch Früchte meiner eigenen Erfahrungen und Untersuchungen sind und aus keiner anderen Quelle stammen. Deshalb stimmen sie möglicherweise in manchen Einzelheiten mit anderen Schilderungen nicht überein. Dies bedeutet nicht zwangsläufig, daß die anderen Darstellungen (oder meine eigene) unkorrekt seien, aber bei allen Beobachtungen hängt eben ein großer Teil des Betrachteten vom Interesse und der Fähigkeit des Betrachters ab.

Es gibt nicht einmal im physischen Bereich ein perfektes Beobachtungsinstrument, und wenn es gilt, etwas Fluidisches und schwer Faßbares zu betrachten wie die Gefühle, liegt es auf der Hand, daß bestimmte Aspekte je nach dem Grad der Aufmerksamkeit, die man ihnen widmet, in den Vordergrund treten. Ich selbst habe mich schon immer für die Beziehung zwischen emotionaler und mentaler Verfassung sowie der Gesundheit des Menschen interessiert, deshalb betrachte ich, was ich wahrnehme, im Hinblick auf diese Thematik

Die emotionale Aura wurde oft als »Astralkörper« bezeichnet. Mir gefällt dieser Begriff nicht sonderlich gut, obwohl sein Gebrauch einer gewissen Berechtigung nicht entbehrt. Erstens besitzt die Aura ein bestimmtes Maß an Stofflichkeit und »umhüllt« den Menschen. So gesehen, handelt es sich um eine Art »Körper«. Sie ist »unser« in dem Sinne, daß wir zeit unseres Lebens nie ohne Aura sind. Dabei können sich ihre Struktur, Farben und Inhalt sehr rasch wandeln, so daß unsere Auren von Jahr zu Jahr recht deutliche Veränderungen aufweisen können. Schließlich leuchtet unsere Aura von innen heraus wie ein Stern – deshalb heißt sie »astral«, sternenhaft.

Größe

Die Aura gleicht einem Ei aus vielfarbigem Licht. Es durchdringt und umgibt den materiellen Körper und ragt etwa dreißig bis fünfundvierzig

Zentimeter über dessen Oberfläche hinaus. Das Material der Aura ist sehr elastisch und erlaubt ihr, sich über ihren gewöhnlichen Umfang hinaus beträchtlich auszudehnen, je nach Stärke der freigesetzten Emotionalenergie. Normalerweise reicht die Aura etwa eine halbe Armlänge weit, doch dies kann von Individuum zu Individuum sehr verschieden sein. Der Grund ist darin zu sehen, daß manche Menschen eher nach innen gekehrt sind, andere hingegen mehr nach außen gehen.

Die Bemühung, sich nach außen zu wenden und mit anderen zu kommunizieren, bewirkt immer eine Ausdehnung der Aura. Krankenschwestern und Ärzte beispielsweise richten ihre Aufmerksamkeit und Bemühungen darauf, den Patienten zu helfen; Lehrer versuchen, ihre Schüler nicht nur intellektuell zu erreichen, sondern auch ihr Interesse und ihre Aufmerksamkeit zu wecken; Eltern gehen mit Zuneigung und Fürsorge auf ihre Kinder zu.

Die Aura von Musikern, Schauspielern, Rednern, Politikern usw. dehnt sich während ihrer Tätigkeit aus, ist aber auch sonst immer größer als durchschnittlich, da solche Berufe verlangen, daß man sich Menschen in größeren Gruppen zuwendet. Ich nehme an, daß alle, die öffentlich auftreten, unbewußt versuchen, einen Kontakt mit allen Mitgliedern ihres Publikums herzustellen, selbst mit jenen, die ganz hinten im Saal sitzen. Dieses Bestreben führt zu einer Ausdehnung der Aura. In geringerem Maße tun wir dies alle, wenn wir die Kommunikation mit einer anderen Person aufnehmen möchten, ob wir nun dabei etwas mitteilen wollen, einen Witz erzählen, oder uns einfach in Freundschaft oder Zuneigung jemandem zuwenden. Elastizität ist also ein Grundmerkmal der Aura.

Ansonsten gibt es jedoch große Unterschiede bei der Größe ihrer Auren, und man kann keine Norm-Maße angeben. bitte denken Sie daran bei der Betrachtung der Aura-Bilder in diesem Buch. Sie wurden zwar in einheitlicher Größe gemalt, doch geschah dies aus Gründen der Bequemlichkeit und stimmt nicht mit den tatsächlichen Verhältnissen überein.

Die Aura ist an den Rändern dünn und geht allmählich in das allgemeine Feld über, so daß die Gefühle frei nach außen fließen können. Bei kranken Menschen jedoch bewirken Schmerzen und Angst eine Art Rückzug in die eigene Aura; dieser Zustand ist bei den Tafeln 15 und 17 zu sehen. Die Farbbilder vermitteln vielleicht den Eindruck, die Ränder der Aura behinderten in diesen Fällen den Austausch nach außen. In Wirklichkeit aber wird eine künstliche Grenze geschaffen, da sich ein Teil des Emotionalenergie-Flusses nach innen kehrt, anstatt auf normale Weise nach außen freigegeben zu werden. Die Krankheit nämlich schwächt die Energie des Menschen so, daß dieser sich nicht länger leicht und spontan anderen zuzuwenden und mitzuteilen vermag.

Schon wiederholt wurde mir eine Frage gestellt, die nur schwer zu beantworten ist: Was hält die menschliche Aura zusammen und hindert sie daran, sich ins allgemeine Astralfeld hinaus aufzulösen? Ich glaube, sie wird weitgehend auf die gleiche Weise zusammengehalten wie der physische Körper während seiner Lebenszeit: Durch die Anwesenheit des Selbst, des Prinzips oder Zentrums der Integration sowohl der grobstofflichen Systeme des Körpers als auch der höheren Bewußtseinsdimensionen.

Gewiß kann man sagen, daß sich der physische Körper allmählich auflöst, wenn das Bewußtsein sich im Tode entzieht; die Aura zieht sich zurück. Selbst wenn wir die Anwesenheit oder Abwesenheit des Selbst nicht zugeben, müssen wir doch einräumen, daß irgendein integrierender Faktor verschwindet; ohne ihn verliert der Körper seinen Zusammenhalt und bricht zusammen. Obwohl der Zeitmaßstab sehr unterschiedlich ist, ist die Situation hinsichtlich des Astralkörpers oder der Aura ähnlich, denn diese besteht nach dem Tode weiter, und löst sich erst auf, wenn das Selbst oder die Seele sich in höhere Bewußtseinszustände zurückzieht.

Ich wurde auch gefragt, ob die Aura der Schwerkraft oder dem Magnetfeld der Erde unterworfen sei. Das sind schwierige Fragen. Ich kann nur sagen: wenn es solche Wirkungen gibt, beruhen sie wohl darauf, daß die Aura an den physischen Körper gebunden ist, der diesen Kräften unterworfen ist. Gewiß hat die Aura eine räumliche Ausrichtung; sie hat ein Oben und Unten, und es besteht ein Unterschied zwischen ihren inneren und äußeren Teilen, und zwischen Vorder- und Rückseite — aber auch hier ist wiederum der physische Körper der bestimmende Faktor. Darüber hinaus, glaube ich, spielt das bereits erwähnte Prinzip der Resonanz eine wichtige Rolle bei Zusammenstellung und Zusammenhalt der Aura und ihrer Beziehung zur Mental- und Intuitions-Ebene. Resonanz basiert auf der Tatsache, daß die Schwingungsfrequenz des Emotionalfeldes auf die Energiezustände aller anderen Felder harmonisch oder sympathisch anspricht.

Auf der Suche nach einem passenden Vergleich zur Beschreibung der Erscheinung des persönlichen Emotionalfeldes fällt mir nur eine einzige Analogie ein: »dichtes Licht«. Diese beiden Wörter werden gewöhnlich nicht miteinander kombiniert, aber sie können vielleicht als Bild für die Aura dienen. Wie bereits in Kapitel III gesagt, ist das Emotionalfeld ein von farbigem Licht durchschienenes, durchsichtiges Medium. Doch diese Transparenz ist mit keiner anderen vergleichbar, denn das Licht kommt von innen, nicht von außen, das heißt die Aura ist selbstleuchtend. Mit welchem Recht aber nenne ich dieses Licht »dicht«? Ich versuche damit die Vorstellung zu vermitteln, daß es »greifbar« ist.

Vielleicht erscheint diese Vorstellung weniger befremdlich, wenn wir an einen Sonnenstrahl denken, der in einen dunklen Raum fällt, in dem Staubteilchen tanzen, oder an die zarten Farben eines Regenbogens, die nach einem Schauer alles zu verwandeln scheinen, was sie berühren. Ein besserer Vergleich wäre also vielleicht: die Aura sieht aus wie ein leuchtender Wassernebel – eine regenbogenfarbene Lichtwolke.

Neulich erwachte ich in der Morgendämmerung und sah den ganzen Himmel wie von Farbe getränkt. Spontan fiel mir die Ähnlichkeit mit der Aura auf, die wie der Himmel bei Sonnenauf- und -untergang von vielen Farbtönungen erfüllt ist. Die Aura scheint dicht, weil sie opak aussieht, doch manchmal können wir auch hindurchsehen. Besser vermag ich die Aura nicht zu beschreiben.

Beschaffenheit und Muster

Manche Gefühle jedoch sind offensichtlich »dichter« als andere, das heißt ihre Farben erscheinen gröber und trüber. Die mit dem physischen Körper so eng verbundenen Astralenergien – das heißt mit sinnlichem Erleben verknüpfte Gefühle, zum Beispiel Verlangen und Begierden verschiedener Art – sind »schwerer«, und ihre Farben erscheinen eher körnig, die Schwingungsfrequenz langsamer. Möglicherweise aus diesem Grunde findet man sie in den untersten Teilen der Aura. Diese Energien sind nicht stabil, sondern raschen Veränderungen unterworfen; sie beeinflussen körperliche Faktoren – etwa den Blutdruck –, die sich oft binnen kurzer Zeit verändern können. Negative Gefühle wie Groll, Egoismus und Habgier neigen ebenfalls dazu, zum unteren Teil der Aura abzusinken, obwohl sie sich auch weiter oben zeigen können.

Ich nannte als eines der auffälligsten Merkmale der Aura ihre Dynamik. Sie ermöglicht durch rasche Veränderungen die Anpassung an die Stimmung des Individuums. Gleichwohl entbehrt die Aura nicht einer dauerhaften Struktur. Ebenso wie alle Menschen gewisse körperliche Attribute gemein haben – so unterschiedlich sie auch erscheinen mögen –, teilen auch die Auren von uns allen gewisse Züge, selbst wenn es von Fall zu Fall große Unterschiede und Schwankungen geben mag; manche Elemente können auch von Krankheitszeichen verdeckt sein.

Ein wirklich ausgeglichener Mensch ist eine Seltenheit, und die meisten von uns gehen von Zeit zu Zeit durch Phasen von Wut, Unruhe, Enttäuschung, Kummer oder Depression. Solange der Zustand jedoch nicht chronisch wird, sind diese Gefühlszustände vorübergehend und verschwinden gewöhnlich wieder aus der Aura. Sie sind zwar für uns jeweils sehr real, aber sie verändern unseren Charakter nicht grundlegend, solange sie nicht häufig wiederkehren.

Unsere stabilen Muster sind wichtiger, weil manche Gefühle – ob wir uns dessen bewußt sind oder nicht – als Gewohnheiten in uns verankert sind und sich fast täglich viele Male wiederholen. Das regelmäßige Wiederkehren dieser Gefühle bringt es mit sich, daß wir ihnen sehr leicht unbewußt nachgeben. Auf diese Weise werden sie zu Gewohnheitsmustern, die in der Aura hinter den eher flüchtigen Gefühlen wahrzunehmen sind, die sich im Laufe des Tages ständig verändern. Solche Muster geben einem ein Bild von den grundlegenden Persönlichkeitszügen, die der Mensch im Laufe eines Lebens entwickelt hat.

Farben der Gefühle

Das Farbenspektrum im Emotionalfeld ähnelt dem in der physischen Welt, aber mit einer Vielfalt von Tönungen, Schattierungen, Brillanz und subtilem Ineinanderfließen, die alles übersteigt, was wir in der äußeren Welt erleben. So wie unsere Gefühle »gefärbt« sind von allen möglichen persönlichen Reaktionen, Denkeinstellungen und Einbildungen, spiegeln die Farben unserer Gefühle diese Mischungen wider. Deshalb kann das Rosa der Zuneigung in fast endlosen Variationen erscheinen: mit einer Spur von Besitzergreifen beispielsweise, oder mit Sympathie, Freundlichkeit und Großzügigkeit. Die folgenden Farben zeigen deshalb die Grundgefühle, die sich je nach Einzelfall endlos variieren lassen.

Scharlachrot, hell und kräftig	Wut, Gereiztheit
Rosa, hell oder mittel	Liebe, Zuneigung
Blau, sehr dunkel	Willenskraft
Blau, gemischt mit Grau	Überanstrengung
Blau, helles Himmelsblau	religiöse oder andere Hingabe
Blau, Königsblau	verwendet beim Heilen zur Schmerzlinderung
Blaugrün	Sinn für Ästhetik, künstlerischer Ausdruck
Grün	Arbeit, Tätigkeit
Grün, gelblich	Denktätigkeit

Gelb, goldgelb	Denken, Verstehen
Purpur, dunkel	Meditation mit einem Ziel, Gebet
Lavendel	spirituelles Bemühen und Intuition
Orange	Stolz, Selbstachtung
Braun	Egoismus, Egozentrik
Grau	Depression, Energiemangel

Farben der Aura

Jeder Mensch kommt mit einigen Grundfarben auf die Welt. Im Laufe der Jahre habe ich gelernt, daß diese Farben grundlegende Persönlichkeitsmerkmale anzeigen, die bei der Geburt bereits angelegt sind, im späteren Leben jedoch nicht unbedingt Raum zu weiterer Entfaltung bekommen. Da das Leben nicht vorherbestimmt ist, können Ereignisse diese Entwicklung verändern; die Umstände werden vielleicht so schwierig, daß es einem Menschen unmöglich ist, etwas von seinem Potential zu verwirklichen. Dies alles ist eine Frage des Karmas. Die Grundfarben einer Aura verraten mir jedoch, wie der Mensch mit seiner emotionalen Umgebung umzugehen geneigt ist, und auf welche Weise diese ihn beeinflußt.

Die Farben gehören ebenfalls zur Anatomie der Aura und sind ein Anzeichen für Temperament und Charakter. Das Feld ist dort am hellsten und leuchtendsten, wo unsere Aufmerksamkeit und Interesse konzentriert sind, andere Teile erscheinen weniger lebhaft. Wenn die Farben sich bis zu den Rändern der Aura ausdehnen, gelangen die entsprechenden Gefühle frei zum Ausdruck. Bleiben sie eng am Körper und sind von anderen Farben umschlossen (wie bei Bild 17), werden die Gefühle, die sie darstellen, behindert und im täglichen Leben nicht geäußert. Dies mag auf eine neurotische Veranlagung zurückzuführen sein, kann aber auch anzeigen, daß die von der jeweiligen Farbe dargestellte Energie zur Zeit nicht sehr gebraucht wird. In der Aura von Kindern reichen die Farben nicht bis an den Rand, weil die Gefühle noch nicht eingesetzt werden; doch man kann sehen, wie sie allmählich hervortreten.

Wenn Gefühle in den zwischenmenschlichen Beziehungen gesund, kräftig und aktiv sind, dehnen sie sich bis an die Grenzen der Aura aus und entladen ungehindert ihre Energien.

Aufgrund des oben erwähnten Resonanzprinzips zeigen die Farben der Aura nicht nur Gefühlszustände an, sondern spiegeln auch Charakteristika der höheren Bewußtseinsdimensionen wider. Wenn beispielsweise sehr viel Gelb in einer Aura ist, bedeutet dies nicht nur ein gutes Denkvermögen; es kann auch wie ein Trichter wirken, der Energien von der mentalen in die emotionale Ebene leitet.

Manche Farben in der Aura verkörpern also Qualitäten von höheren Bewußtseinsebenen. Wenn diese frei hervortreten können, kräftigen sie die angelegten Fähigkeiten des Menschen. Dann zeigt sich ein Zustand der Ausgeglichenheit oder Integration zwischen den Gefühlen und den höheren Bewußtseinsebenen – nicht nur der mentalen, sondern auch der Intuitions- und der spirituellen Ebenen.

Die Aura wird grob gegliedert in eine obere und eine untere Hemisphäre. Der obere Teil verkörpert, was ich als die angeborenen Eigenschaften oder den Charakter der Person bezeichnet habe: Anlagen, die im Laufe des Lebens zur Entfaltung gebracht werden (oder nicht). So zeigen diese Farben, was eine Person von Hause aus ist oder sein könnte. Im Gegensatz hierzu verkörpert der untere Teil der Aura das Feld von Erfahrung und Aktion. Hier spiegeln sich Gefühle, die im täglichen Leben gewohnheitsmäßig geäußert werden.

Die grüne Zone

Die beiden Teile der Aura sind verbunden durch eine grüne Zone, die sich um die Mitte des physischen Körpers zieht. Diese Zone ist bei allen normalen Erwachsenen zu finden, wie ich festgestellt habe. (Wie die Aura-Bilder von Kindern zeigen, erscheint die grüne Zone bei Kindern früher oder später, je nach dem Grad ihrer Beteiligung am Leben und ihrer Fähigkeit, Dinge selbständig zu tun.) Aus meiner Sicht ist die grüne Zone ein struktureller Bestandteil der Aura, obwohl ich sie in anderen Beschreibungen der Aura noch nie gefunden oder erwähnt gesehen habe.

Die grüne Zone ist manchmal schmal und manchmal breit, sie variiert auch in Farbe und Intensität: Sie zeigt unsere Fähigkeit an, Vorstellungen, Gefühle und Interessen in die Tat umzusetzen, mit anderen Worten: unsere Möglichkeiten zu verwirklichen. Ihre Breite und Farbe geben wieder, in welchem Maße wir zum gegebenen Zeitpunkt fähig sind, uns in der Welt Ausdruck zu geben, sei es durch intellektuelle, künstlerische oder körperliche Tätigkeit.

Jeder tut irgendeine Arbeit oder ist zumindest an irgendeiner Aktivität beteiligt. Die Größe, Tönung und Farbintensität der Zone spiegeln sowohl den Grad der Geschicklichkeit als auch das Maß wider, in dem der Mensch an seiner Arbeit interessiert und innerlich beteiligt ist. Die Breite und Brillanz der Zone zeigen die tatsächliche Leistungsfähigkeit, während der

Farbton sich auf die Art der geleisteten Arbeit bezieht: Gelbgrün steht für intellektuelle Tätigkeit, Blaugrün für künstlerisch-schöpferisches Wirken, dunkleres Grün für körperliche Arbeit und so weiter.

Klempner wie Musiker beispielsweise arbeiten beide mit den Händen, deshalb werden beide eine breite grüne Zone besitzen. Der Unterschied in der Art ihrer Arbeit jedoch spiegelt sich in den unterschiedlichen Grüntönen wider. Für einen Pianisten ist Musik nicht nur ein ästhetisches Erlebnis oder eine intellektuelle Leistung; sie bedeutet auch sehr viel Üben, Disziplin und harte Arbeit. Dies alles zeigt sich in der Tönung und Breite der grünen Zone.

In vielen Aura-Bildern dieses Buches werden Sie in der grünen Zone verschiedene Symbole und geometrische Figuren, ja sogar Gesichter sehen. Obwohl dieser Bereich der Aura die tägliche Arbeit des Menschen oder seinen Tätigkeitsbereich in der Welt darstellt, reflektieren solche Symbole nicht unbedingt, was er täglich denkt. Sie scheinen sich auf etwas Grundlegenderes und Beständigeres in unserem Leben und Tun zu beziehen – unsere grundsätzliche Einstellung und langfristigen Interessen. Manchmal stehen sie für eine Begebenheit oder eine Episode, die äußerst wichtig oder einflußreich gewesen ist. In anderen Fällen verkörpern sie in symbolischer Form jene Inhalte unseres Unbewußten, die hinter unseren Gedankengängen stehen und unser Handeln beeinflussen. Sie bleiben gewöhnlich recht lange in der Aura, verändern sich allmählich und entwickeln sich nur, wenn wir unsere fundamentalen Interessen und Einstellungen wandeln.

Obere und untere Hemisphäre der Aura

Der »Äquator« der Aura, wie man die grüne Zone nennen könnte, scheint sowohl eine Verbindung als auch eine Trennungslinie darzustellen zwischen den beiden Teilen der Aura: dem oberen, der tiefverwurzelte und anhaltende Eigenschaften wiedergibt, und dem unteren, mit dem man die fortlaufenden Prozesse im Leben und den Verlauf der Zeit assoziiert. Insgesamt ist die obere Hemisphäre viel weniger flüchtig als die untere, aber auch sie kann sich im Laufe eines Lebens verändern. Werden Anlagemöglichkeiten zur Entfaltung gebracht, intensivieren sich die Farben und werden leuchtender; bleiben Potentiale unerfüllt, verblassen die Farben und werden schwächer. Unternimmt man eine tiefgreifende Wendung im Leben und gibt beispielsweise seine Religion auf, verblassen die Farben, die sich auf religiöse Hingabe beziehen, und andere Farben treten allmählich an ihre Stelle.

Wie gesagt, gibt die untere Hemisphäre jene Eigenschaften und Gefühle wieder, die im Augenblick in uns aktiv sind. Aber sie birgt auch die Folgen unserer früheren Erfahrungen, also die vergangenen Ereignisse aus unserem Leben, soweit diese uns – bewußt oder unbewußt – weiterhin beeinflussen. Die Farben, die im mittleren Teil dieses Bereiches erscheinen (das heißt etwa zwischen Taille und Knien) stellen jene Gefühle dar, von denen wir normalerweise Gebrauch machen; tief unten in der Aura, bis unterhalb der Füße, sind die Überbleibsel unserer früheren Erlebnisse abzulesen.

Erinnerungen an traumatische Ereignisse und schmerzliche Erfahrungen, lange anhaltende Ängste, Befürchtungen und Kummer – sie alle hängen manchmal am Grund der Aura herum, halten sich dort über viele Jahre hinweg und beeinflussen unser Verhalten auf subtile Weise. Wenn wir darüber nachdenken, erkennen wir, daß die Vergangenheit eigentlich vorüber ist; aber die Gefühle, die mit unseren Erinnerungen verknüpft sind, halten bis in die Gegenwart an. Wenn unsere Umstände, Interessen und Aktivitäten sich wandeln, lockert sich der feste Griff der Vergangenheit, und die Spuren jener Erinnerungen beginnen aus unserer Aura zu verschwinden.

Gefühlsmuster

Plötzliche Aufwallungen von machtvollen Gefühlen wie Angst oder Wut können unsere Aura vorübergehend von oben nach unten überfluten, doch in der Regel gehen solche Gefühle vorüber, ohne die allgemeine Gefühlskonfiguration zu verändern. Wenn Menschen jedoch von lang anhaltender Trauer oder Depression überwältigt werden, kann dies ihre gewöhnlichen Gefühle für eine beträchtliche Zeit überdecken, mit dem Ergebnis, daß die emotionalen Energien geschwächt werden und absterben.

Nach meiner Erfahrung sind sich die meisten nicht bewußt, wie stark wir von dem beeinflußt werden, was wir gewohnheitsmäßig denken und fühlen. In der Regel glauben wir, daß nur unser äußeres Tun Konsequenzen habe. Unser Handeln hat zwar Folgen, aber auch unsere Gedanken und Gefühle sind »Taten«, die nicht ohne Auswirkung bleiben, in diesem Falle auf unseren eigenen Charakter. Wenn ich die Aura eines Menschen betrachte, sehe ich ganz deutlich die Folgen solcher innerer Vorgänge. Das heißt, wir sind von Augenblick zu Augenblick das, was wir erleben, und womit wir auf unser Erleben reagieren. Diese Sicht ist freilich völlig anders als die deterministische Haltung, die da meint, die Persönlichkeit sei das Resultat einer Kombination genetischer Faktoren und gesellschaftlicher Konditionierung. Sie bedeutet nämlich, daß wir uns wandeln können und werden, indem wir die Verhaltensmuster verändern, mit denen wir gewohnheitsmäßig auf Lebenssituationen reagieren.

Wir selbst werden beeinflußt und geprägt von dem, was wir denken und fühlen: unsere Gedanken und Gefühle wiederum sprechen an auf das, was wir erleben. Es steckt also etwas Wahres in dem Satz: »Ich denke, also bin ich«, wenn auch nicht in dem ursprünglich gemeinten Sinne. Nicht unsere Existenz hängt von unserem Denken ab, sondern unsere gewohnten Denkmuster formen und prägen allmählich unseren Charakter. Aber das ist noch nicht alles, denn wir können diesen Prozeß steuern, wenn wir es wollen. »Ich bin, also denke und fühle ich; und was ich denke und fühle offenbart, was ich bin«; wäre vielleicht die genauere Aussage, denn die Bewegung und Beeinflussung erfolgt in beide Richtungen.

Gewalt

Die Erkenntnis, daß das Betrachten von Gewaltszenen in Film und Fernsehen schädliche Folgen hat, verbreitet sich immer weiter. Trotzdem sind wir uns über das ganze Ausmaß der Konsequenzen dieses unheilvollen Einflusses noch nicht im klaren. Kinder sind hier besonders empfindlich. Wenn wir immer wieder solche Szenen betrachten, führt dies dazu, daß wir Gewalt stillschweigend billigen und tolerieren. Damit wächst aber unsere unbewußte Bereitschaft, Tendenzen zur Gewalt nachzugeben, die in uns selbst möglicherweise latent angelegt sind. (Nur wenige sind völlig frei von solchen Neigungen.) Wenn wir dann einmal in chaotische Situationen geraten, ist unsere Widerstandskraft geschwächt, und wir erliegen leichter der Versuchung, uns von der Gewalt anstecken zu lassen.

So hat die Praxis der Meditation und Visualisierung auch langfristige Vorteile. Wenn wir uns einen Prozeß angewöhnen, der regelmäßig Empfindungen wie Frieden, Liebe und Harmonie erzeugt, werden diese zu Gewohnheitsmustern in uns und bestimmen schließlich unser Verhalten gegenüber der Welt und den Menschen in unserer Umgebung. In späteren Kapiteln werde ich über diesen Zusammenhang noch ausführlicher sprechen.

Der untere Teil der Aura zeigt also das Feld unserer Erfahrung – unserer Gefühlssphäre im täglichen Leben – und offenbart damit, was wir gerade fühlen und empfinden. Bitte behalten Sie diese Tatsache bei der Betrachtung der folgenden Aura-Bilder im Sinne, denn in einigen Fällen ist das, was hier abgebildet wird, zum Teil die Auswirkung vorübergehender Umstände.

Organe zum Austausch von Astralenergie

Die Gefühle haben eine sehr starke Wirkung auf uns, selbst wenn wir uns ihrer nicht bewußt sind. Die Menschen meinen oft, ganz ruhig und gelassen zu sein, während sie in Wirklichkeit sehr aufgewühlt sind. Wir wissen, daß wir in einer materiellen Welt leben, deren ständiger Einwirkung wir uns nicht entziehen können. Pausenlos strömen visuelle Reize, Gerüche und Töne auf uns ein, darüber hinaus zahlreiche unsichtbare Kräfte aus der Atmosphäre. Auch auf der astralen Ebene findet ein ständiger Austausch statt, nicht nur mit dem allgemeinen Emotionalfeld, sondern auch mit den persönlichen Feldern der Menschen, mit denen wir in Berührung kommen.

Auf verschiedenste Weise kann uns diese ununterbrochene Aktivität Energie nehmen, uns aufregen, die Nervenkraft erschöpfen und uns aus dem Gleichgewicht bringen, wenn wir nicht ganz stabil sind. Aber ebenso, wie wir ein körperliches Immunsystem besitzen, das uns auf materieller Ebene hilft, Eindringlinge abzuwehren, gibt es auch einen Abwehrmechanismus auf der emotionalen Ebene, der unerwünschte oder negative Gefühle zurückweist. Diesen Abwehrmechanismus besitzen wir alle, deshalb ist er als fester Bestandteil in der Anatomie der Aura anzusehen.

In den Aura-Bildern werden Sie eine Reihe kleiner, kegelförmiger Wirbel sehen, die symmetrisch um den Rand der Auren verteilt sind. Diese Wirbel sind meines Wissens bisher noch nirgends beschrieben worden, aber ich nehme sie wahr, wie sie ihre Aufgabe im Energieaustausch zwischen dem Individuum und dem allgemeinen Emotionalfeld erfüllen. Im Laufe der Jahre habe ich diese »Organe« häufig erwähnt, ohne jedoch einen befriedigenden Namen für sie zu finden. Am passendsten wäre wohl der Begriff »Ventile«, denn sie nehmen Astralenergie aus dem allgemeinen Feld in die Aura herein und stoßen sie wieder aus. Mit anderen Worten: sie sind so etwas wie Atmungsorgane, die rhythmisch Emotionalenergie »ein- und ausatmen» und den Vorgang der Aufnahme und Abgabe kontrollieren.

Bei einem gesunden Menschen ist dieser Austausch ein automatischer Prozeß, der die Zirkulation der Emotionalenergie aufrechterhält und diese erneuert, wenn sie durch Erschöpfung vorübergehend geschwächt ist. Doch es gibt noch ein weiteres Detail bei diesem Vorgang. Das Meer von Emotionalenergie, das uns ständig umgibt, enthält viele disharmonische, negative und sogar gewaltsame Elemente. Ich habe bereits das Resonanzprinzip erwähnt, das einen großen Teil des Austauschs zwischen den Feldern bestimmt. Mit unserer Aura, dem individuellen Emotionalfeld, treten wir in Resonanz zu jenen Aspekten des allgemeinen Feldes, die unserer eigenen emotionalen Konstitution entsprechen. Ein von Natur aus fröhlicher und heiterer Mensch weist also automatisch alle negativen Gefühle wie Depression und Angst zurück.

Dieser Abwehrmechanismus ist eine Funktion der Astralenergie-Ventile und bewahrt uns davor, unwissentlich von den Gefühlen anderer Menschen beherrscht zu werden, selbst wenn wir krank oder erschöpft sind. Die Ventile sind ein Schutzmechanismus, der automatisch arbeitet, um unser emotionales Gleichgewicht aufrechtzuerhalten.

Wenn wir durch Krankheit geschwächt sind, öffnen sich die Ventile weiter als gewöhnlich, um mehr Energie hereinzulassen (siehe Tafeln 15 und 16); damit geht aber auch ein Teil der Kontroll- und Schutzfunktion verloren. Unter solchen Bedingungen ist der Abwehrvorgang teilweise beeinträchtigt, deshalb sind wir leichter verletzbar durch die Gefühle anderer und weniger in der Lage, negative Emotionen zurückzuweisen. So kann Krankheit dazu führen, daß wir in unseren Gefühlen sehr empfindlich werden und leicht erregbar sind, während wir dem Eindringen negativer Emotionen wie Depression und Angst weniger Widerstand entgegensetzen können. Diese Gefühle wiederum beeinträchtigen unsere Fähigkeit zur Aufnahme von Prana (Lebenskraft) sowie unsere Funktionstüchtigkeit auf der ätherischen Ebene. Auch aus diesem Grunde sollten Patienten im Krankenhaus nicht den Einflüssen zu vieler Besucher ausgesetzt werden.

Ich möchte noch erwähnen, daß die Größe der geschilderten »Ventile« auf den Aura-Bildern in diesem Buch übertrieben dargestellt wurde, um sie überhaupt sichtbar zu machen; in Wirklichkeit sind sie im Verhältnis zur ganzen Aura erheblich kleiner.

Gefühlsnarben

Die meisten von uns gehen im Laufe ihres Lebens durch eine Reihe schwieriger Phasen, die wir aber im allgemeinen überwinden, so daß nur sehr wenige Erinnerungen daran zurückbleiben. Wenn das Erlebnis jedoch wirklich traumatisch war, läßt es einen nachteiligen Eindruck zurück, der leicht wieder zutage treten kann, wenn eine vergleichbare Situation eintritt. Wir scheinen den Auswirkungen des Erlebten nicht entrinnen zu können, wenn alle Umstände sich zusammentun, um uns daran zu erinnern. Und so gleiten wir immer tiefer in ein emotionales Wiederholungsmuster.

Diese Wiederholung erzeugt »Gefühlsnarben«, wie ich sie nennen möchte: Wirbel dichterer Energie in der Aura, die selbst dann zurückbleiben, wenn wir nicht mehr bewußt an den Konflikt denken, der sie einst verursachte. Ihre Lage in der Aura zeigt, wie stark der Einfluß des Erlebten noch in der Gegenwart ist. Je geringer der Abstand zur grünen Zone, desto aktiver sind solche Zusammenhänge. Wenn wir beispielsweise eine schwierige Entscheidung gefällt haben, die von Menschen abgelehnt wird, die uns enttäuschen wollen, kann dies zu einem Konflikt führen, der nicht so einfach vorübergeht, weil keine fundamentale Lösung des Problems erreicht wurde. Daher bleibt eine Narbe in der Aura gleich unterhalb der grünen Zone zurück.

Selbst Erlebnisse, die tief in der Vergangenheit liegen, können weiterhin beträchtliche Macht über uns haben, da ihre Auswirkungen tiefer in uns eingeprägt sind, als uns klar ist. In dem Maße, in dem wir Schmerz oder Freude wiedererleben, wenn wir sie uns in Erinnerung rufen, sind sie in uns noch aktiv. Darüber hinaus merken wir kaum, wie häufig gewisse Gefühle und Reaktionen immer wieder hervortreten. Wenn wir über irgend etwas unglücklich sind, verweilen wir in unserem Gefühl und verfestigen es damit als Eindruck in uns. Verstärkt durch die wiederkehrende Erregung kristallisieren sich solche Erinnerungen zu Symbolen oder Narben, die oft wie Windungen oder Schneckenhäuser aussehen, denn es entspricht ihrer Natur, sich in sich selbst zu drehen. Solche Symbole erscheinen häufig recht fest und stabil, denn sie werden »genährt« von der Emotionalenergie, die frei wird, wenn wir über einem Erlebnis »brüten«.

Konfigurationen dieser Art sind eine Aufzeichnung sowohl unserer Gefühle in der Vergangenheit als auch unserer Empfindungen in der Gegenwart; im allgemeinen stellen sie ein Erlebnis dar, das starke Gefühle erregt hat. Doch wenn wir ein Dilemma schließlich überwunden oder uns von einem emotionalen Schock erholt haben, empfinden wir nicht mehr den Zwang, bei der Erinnerung daran zu verweilen. Wir haben uns von ihr befreit.

Dann beginnt die Narbe, die den früheren Konflikt verkörperte, sich langsam aufzulösen, und die Energie, die sie verkapselt hielt, verläßt allmählich die Aura. Wenn wir jedoch eine Emotion wie Angst oder Furchtsamkeit Tag für Tag wiederbeleben, manifestiert sie sich nicht in Gestalt einer Narbe, sondern eher als ein Hemmungsmuster in der Aura. Dieses Problem ist so weit verbreitet, daß ich in Kapitel IX ausführlich darauf eingehen möchte.

Es ist auch möglich, daß ein wunderbares Erlebnis so lange zurückliegt, daß die Erinnerung daran nicht mehr lebendig ist, trotzdem bleibt immer noch etwas wie ein Duft davon erhalten. Obgleich eine solche Erinnerung Quelle von Freude und Glück sein mag, stellt sie sich in der Aura ebenfalls als symbolische »Narbe« dar, nun jedoch oberhalb der grünen Zone. Hier kann sie als Hilfe und Inspiration dienen, besonders wenn ihre Bedeutung verstanden wird. (Ein gutes Beispiel für diese Art von Symbolen ist Fall 12.)

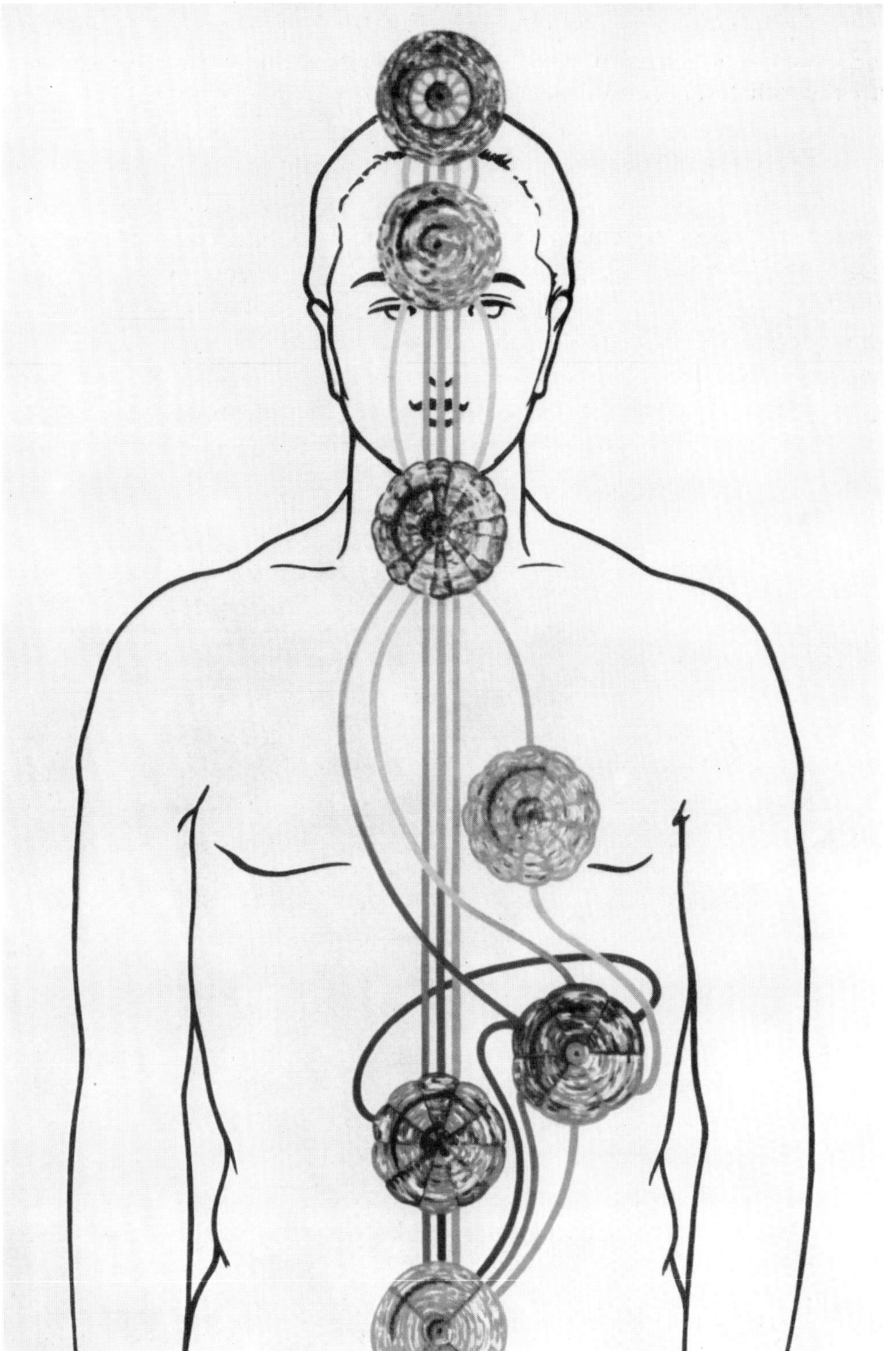

Gefühlsnarben haben nicht in jedem Falle lang anhaltende negative Auswirkungen. Erkennen wir das Problem, das uns so lange beschäftigte, und haben wirklich das Gefühl, seine Ursache zu begreifen und schließlich zu bewältigen, kann sich die frühere Erfahrung auch sehr positiv auswirken. Deshalb legen alle Religionen großen Wert auf die Vergebung – in der Tat eine sehr gute therapeutische Empfehlung. Wenn wir sagen können: »Ich habe etwas gelernt, und auch wenn ich jene nicht wirklich lieben kann, die mich verletzten, vermag ich ihnen doch zu vergeben und ihnen Gutes zu wünschen«, so beginnt damit die Freiheit von der Bindung an eine schmerzliche Erinnerung.

Die Chakren

Ein sehr wichtiges Element der Anatomie unserer Aura wurde bei den Bildern völlig ausgespart, weil es außerordentlich schwierig darzustellen ist: das Chakra-System. Chakren gibt es natürlich auf der Emotional- und Mental-Ebene ebenso wie im Ätherleib, aber es würde zu verwirrend wirken, wenn wir sie zusätzlich zu den anderen Aspekten der Aura einzeichneten. Die Transparenz der astralen Materie erlaubt uns, Rück- und Vorderseite der Aura sowie alle dazwischen liegenden Merkmale gleichzeitig zu sehen, doch es wäre ein hoffnungsloses Unterfangen, wollten wir dies alles verzerrungsfrei im Aura-Bild wiedergeben. Gleichwohl sind die Chakren ein fester Bestandteil der Anatomie unserer Aura, weshalb wir eine Darstellung abbilden, die zeigen soll, an welchen Stellen (in bezug auf den materiellen Körper) sie sich befinden.

Eine eingehende Behandlung dieser Zentren findet sich in meinem Buch *Die Chakren und die feinstofflichen Körper des Menschen,* das ich bereits erwähnte. Doch im Interesse jener, die mit der Funktion dieser Organe nicht vertraut sind, füge ich eine kleine Übersicht ein und beginne hierbei mit einem Zitat aus dem gerade genannten Buch:

„Die Chakren sind nicht-physische Zentren oder Organe, durch die Energien der verschiedenen Ebenen synchronisiert und auf den physischen Körper verteilt werden. Sie sind mehr oder weniger aktiv auf den astralen, mentalen und (in gewissem Maße) sogar noch höheren Ebenen; ... auf der ätherischen Ebene jedoch sind sie von entscheidender Bedeutung, da sie hier als Instrumente zur Ausrichtung von Energie in den Körper dienen." (S. 51)

Die wichtigsten Informationsquellen über die Chakren finden wir im hinduistischen und buddhistischen Tantrismus, der die psychologischen Grundlagen der Chakra-Lehre sorgfältig entfaltete. Leider setzen die Symbol-Systeme, auf die jene Erklärungen sich stützen, beträchtliche Kenntnis ihrer philosophischen und religiösen Basis voraus, deshalb verlassen sich im Westen die meisten auf Kommentare oder die Aussagen hellsichtiger Betrachter. Es gibt eine Reihe von Büchern dieser Art, zu den frühesten und bekanntesten gehört *Die Chakras* von Charles W. Leadbeater.

So einfach wie möglich formuliert, sind die Chakren (das heißt »Räder«) Organe für Bewußtsein und Energie im Aura-Feld des einzelnen. Von den Hauptchakren, wie wir sie häufig nennen, gibt es nach Aussage der meisten Quellen sieben: Scheitel, Stirn, Kehle, Herz, Solarplexus, Milz (oder Genitalbereich) und Ende der Wirbelsäule. Sie dienen als Verbindungen zwischen den persönlichen Feldern (ätherisch, emotional, mental usw.) und verteilen die Energie nach Bedarf auf die verschiedenen Funktionen und auch zwischen der persönlichen Aura und dem allgemeinen Emotionalfeld. Somit erfüllen die Chakren eine multidimensionale Aufgabe.

Es wäre nicht korrekt, zu sagen, daß sich jedes Gefühl in den Chakren widerspiegele, denn diese sind nicht leicht zu beeinflussen. Wenn jemand aber ständig mit starken und störenden Gefühlen bombardiert wird, kann dies die Chakren in gewissem Maße beeinträchtigen; die größte Wirkung würde sich jedoch im Aura-Feld zeigen. Die kumulative Stärke der Gefühle und der vorherrschende Zustand oder Grundton im Gefühlsleben eines Menschen stellen sich in den Chakren dar.

Auf der Gefühlsebene hat jedes Chakra seine eigene Funktion, zugleich aber ist es ein fester Bestandteil des ganzen Chakra-Systems auf dieser Ebene. Dies gilt auch für die ätherischen Zentren. Da aber beide Systeme miteinander verbunden sind, haben Veränderungen im Emotionalfeld auch Auswirkungen im Ätherleib und können auf diesem Wege die körperliche Gesundheit beeinflussen. Die höheren Bewußtseinsdimensionen sind sowohl energiereicher als auch stabiler als die niederen, dichteren Felder (zum Beispiel das ätherische), wenngleich dies auf verbaler Ebene wie ein Widerspruch klingen mag. Während der Strom von Emotionalenergie den grobstofflichen Körper über die Verbindungen zwischen den ätherischen und dem emotionalen Chakra-System erreicht, liegen sowohl die Regulierung als auch der Ursprung dieser Energien auf tieferen, stabileren Ebenen.

Der Austausch zwischen den verschiedenen Chakren ist also eine recht komplexe Angelegenheit. Obwohl ein jedes Chakra seine eigenen Aufgaben in bezug auf das ganze System hat, weisen bestimmte Zentren besonders enge Verbindungen auf. Eine solche Koppelung verknüpft Solarplexus-, Herz- und Stirn-Chakra, eine weitere verbindet Herz-, Stirn- und Scheitel-Chakra. Weiterhin gibt es noch kleinere, untergeordnete Chakren in den Handflächen und unter den Fußsohlen. Obgleich sie nicht zum System der Hauptchakren gehören, spielen sie in Gesundheit und Heilkunst eine wichtige Rolle.

Wenn Gefühle uns massiv treffen, reagieren Herz- und Stirn-Chakra; die stärksten Wirkungen jedoch sind im Solarplexus-Chakra zu spüren, das sehr empfindlich auf die Emotionen anderer anspricht. Hier kann gestörte Emotionalenergie den Körper direkt beeinträchtigen, besonders im Bereich des Verdauungstrakts. Wut und Eifersucht zum Beispiel sind explosiv und verbrauchen viel mehr Energie als andere Emotionen; infolge dessen können sie den Solarplexus rasch seiner Energie berauben und den betroffenen Menschen entkräften und erschöpfen. Doch ziehen solche Emotionen in der Regel auch recht bald wieder aus der Aura ab. Angst und Depression wirken langsamer und schleichend, doch auf die Dauer können sie schwächender sein, weil sie über einen langen Zeitraum hinweg die Energie des ganzen Chakra-Systems anzapfen. Die sich daraus ergebende Situation belastet die Nebennieren und kann längerfristig sogar das körpereigene Immunsystem beeinträchtigen.

Die höheren Chakren

Das Scheitel-Chakra, das höchste im System, hat an allen Bereichen des Bewußtseins teil, von den winzigsten Veränderungen der Gehirnfunktionen bis hin zu den erhabensten spirituellen Erfahrungen. Daher ist es das beherrschende Chakra und von solcher Bedeutung, daß es in manchen Traditionen nicht in die Reihe der übrigen Zentren eingegliedert, sondern als separate Instanz vorgestellt wird. Aus meiner Sicht ist das Herz-Chakra ebenso wichtig, denn beide, Herz- und Scheitel-Zentrum, regieren zusammen das Wesentlichste am Menschen: Leben und Bewußtsein. Deshalb weisen diese beiden Zentren die größte Widerstandskraft gegen Schädigung auf. Wenn der Mensch freilich an einer Herzerkrankung leidet, zeigt sich diese an einer schwankenden Leuchtkraft des Herz-Chakras; ist man jedoch friedlich und in guter Verfassung, erscheint auch das Chakra ansonsten normal. Auch hier ist es wieder die Summe der Gefühle eines Menschen, was die Chakren beeinflußt.

Das Herz-Chakra ist expansiv und öffnet sich mit ausströmender Energie, wenn wir Liebe und Sympathie empfinden. Dieses Zentrum steht in Verbindung mit allen höheren, selbstlosen Aspekten der Liebe, spricht aber auch sehr stark auf andere Gefühle an, zum Beispiel Kummer, Sorge für andere, freudige Erregung oder Niedergeschlagenheit. Die Ursache ist darin zu sehen, daß aufgrund der engen Verbindung der beiden Chakren gestörte Energie, die sich im Solarplexus-Chakra sammelt, zum Herz-Chakra emporsteigen kann. Dieses Zentrum ist auch für die Gesundheit sehr wichtig, denn es ist, wie ich bereits andeutete, der Sitz des Lebens. Es steht in Verbindung mit der Thymusdrüse und auf diesem Wege mit dem Immunsystem und übt somit einen Einfluß auf den ganzen Körper aus. Auf einer höheren Ebene ist das Herz Zentrum der spirituellen Energie (eng verbunden mit dem Scheitel-Chakra) und der persönlichen Integration von ätherischen, emotionalen, mentalen und spirituellen Aspekten.

Drei der höheren Chakren – Scheitel-, Stirn- und Herz-Chakra – sind mit allen kreativen Bemühungen sowie mit dem Selbstausdruck verbunden; Kehl- und Solarplexus-Chakra hingegen spielen eine wichtige Rolle bei der Aussendung von Emotionen. Das Kehl-Chakra ist besonders bei zwischenmenschlichen Kontakten beteiligt und bei jeder Form der Kommunikation mit anderen. Deshalb ist es bei Lehrern, Musikern, Schauspielern und Darbietenden aller Sparten besonders ausgeprägt.

Die Kreativität im Bereich des Stirn-Chakras beschränkt sich nicht unbedingt auf vorzügliche Leistungen in Künsten und Wissenschaften. Vielmehr offenbart sie sich in neuen Denkweisen, in der praktischen Nutzung intuitiver Erkenntnisse und in der Genialität, stereotype Muster zu durchbrechen und hinter sich zu lassen, um bessere Verfahren zu erfinden. Sie kann sich auf fast jedem Gebiet manifestieren: Geschäft, Industrie, Politik und Bildung, aber auch Kunst, Wissenschaft und Technik. Die Fähigkeit, sich anderen überzeugend mitzuteilen, ist der Flexibilität der Aura zu verdanken, sich rasch auszudehnen. Sie wird noch gesteigert, wenn eine gute Zusammenarbeit zwischen Stirn- und Solarplexus-Chakra besteht; sie verleiht die Kraft der persönlichen Ausstrahlung.

Bei allen diesen Formen der Interaktion gibt es eine Gegenseitigkeit. Die Aktivität der Chakren macht den Selbstausdruck leichter und natürlicher, und die Übung dieser Fähigkeit wiederum regt die Chakren an. Da beispielsweise das Scheitel-Chakra besonders mit dem Bewußtsein in Verbindung steht, spricht es durch Ausdehnung und Steigerung seiner Leuchtkraft auf Meditation an. Das Stirn-Chakra wird ebenfalls beeinflußt, besonders von solchen Meditationsübungen, die sehr viel mit Visualisierung arbeiten oder von anderen Techniken, die die konzentrierte Aufmerksamkeit üben. Somit stimuliert Meditation die drei höheren Chakren. Die gesteigerte Tätigkeit der Chakren wiederum wirkt im Sinne einer Stärkung und Harmonisierung aller Felder, auch des materiellen Körpers.

Ästhetische Erlebnisse, das heißt das Ansprechen auf Schönes in Natur oder Kunst, erweitert ebenfalls unser Bewußtsein und trägt dazu bei, daß wir uns unserem Erleben einfühlend öffnen. Hierbei sind Stirn- und Herz-Chakra aktiv: Das Stirn-Chakra, weil es mit Wahrnehmung assoziiert wird, und das Herz-Chakra, weil es uns durch seine öffnende Qualität mit anderen Aspekten der Welt vereint.

Viele Menschen fragten schon, ob die einzelnen Chakren auch durch Heilbehandlungen und andere Praktiken direkt zu beeinflussen seien. Ich sagte bereits, daß die Meditation eine solche Wirkung hat, was aber darauf zurückzuführen ist, daß sie mit den Aufgaben der Chakren harmoniert. Es ist wichtig, daran zu denken, daß die Chakren nicht nur ihre speziellen Funktionen besitzen, sondern auch ihre eigene, innere Ordnung haben. Wie alles andere im Emotionalfeld können auch die Chakren sich durch einen Krankheitsprozeß verändern, aber auch unter dem Einfluß dessen, was wir längere Zeit denken und fühlen. Wenn wir aber die Chakren direkt beeinflussen wollen, müssen wir die Vorgaben ihrer eigenen Ordnung beachten, und das ist nicht einfach. Leider scheinen manche Leute es für möglich zu halten, die Chakren rasch und durch ganz einfache Prozeduren zu stimulieren, während es in Wirklichkeit schwierig ist und ausdauernder, langfristiger Anstrengungen bedarf.

Kundalini

Eine Reihe von Büchern befaßt sich mit der Möglichkeit, »die Kundalini zu wecken«, eine Energie, die den höheren Bereichen des Bewußtseins zugeordnet wird. Beschreibungen dieser Kraft finden sich hauptsächlich in Werken der tibetischen und indischen Tantrik und geben an, daß die Kundalini im Wurzel-Chakra am unteren Ende der Wirbelsäule schlummere. Bei den meisten Menschen ist sie nicht geweckt, und die Quellen stimmen überein, daß sie in ihrem latenten Zustand bleiben sollte, bis es dem Menschen durch disziplinierende Übungen gelungen sei, sich von jeglichen egoistischen Wünschen zu befreien. Die Kundalini wird häufig auch als Schlangenkraft bezeichnet, weil die Göttin »subtiler als die Struktur des Lotos und so hell-leuchtend wie der Blitz zusammengerollt wie eine Schlange schlafend liegt ... und mit ihrem Leibe die Pforte Brahmans verschließt (d.h. des höchsten Zentrums, des Scheitel-Chakras, das Tor zum höheren Bewußtsein).« Wird dieses Feuer geweckt, eilt es wie ein Blitz das Rückenmark entlang durch alle Zentren empor und regt diese zu neuer Aktivität an. Wenn die Kundalini jedoch vorzeitig geweckt wird bei einem Menschen, der darauf nicht hinreichend vorbereitet ist, kann es sehr schmerzliche Konsequenzen haben.

Auch hier ist es (glücklicherweise) sehr schwierig, das entsprechende Zentrum zu beeinflussen, und wenn es Erfolg versprechen soll, muß das ganze Chakra-System einbezogen werden. Ich hatte das Glück, einen tibetischen Lama hohen Ranges kennenzulernen, der seit frühester Kindheit zu meditieren pflegte. Er zog mein Interesse auf sich, weil er zu den wenigen Menschen gehört, bei denen ich feststellen konnte, daß das ganze Chakra-System einschließlich der Kundalini-Kraft als harmonisches, integriertes Ganzes arbeitet.

Ich bin sicher, daß dies nicht nur auf seine natürlichen Anlagen, sondern auch auf die Tatsache zurückzuführen ist, daß er sich im Rahmen der tibetischen Tradition einer jahrelangen rigorosen Übung und Disziplin zu unterziehen hatte. Nun besitzt er eine echte Erkenntnisfähigkeit und Weisheit, kann seine Vorstellungen anderen übermitteln und damit die Führungsrolle einnehmen. Bemerkenswert ist zudem, daß er ein ganz einfacher und bescheidener Mensch ist und nie den Eindruck vermittelt, sich für etwas Besonderes oder Höheres zu halten.

In diesem Falle sind alle Chakren ganz aktiv und arbeiten als ein harmonisches Ganzes zusammen. Der Lama selbst ist ein in jeder Hinsicht vollständig entwickeltes Menschenwesen.

Persönliche Integration

Auf verschiedene Weisen habe ich versucht, die engen wechselseitigen Verbindungen anzudeuten, die zwischen den Bewußtseinsdimensionen bestehen. Obgleich ich die emotionale Aura als einen eigenen Gegenstand darstelle, muß doch immer bedacht werden, daß man das Fühlen unmöglich von seinen gedanklichen Zusammenhängen oder das Denken von seinem emotionalen Aspekt trennen kann. Der intensive Austausch zwischen Denken und Fühlen beruht auf dem Prinzip der Resonanz und ist so natürlich wie normal.

Doch es gibt viele Menschen, bei denen Denken und Fühlen nicht gut zusammenarbeiten; dann führt dieser Mangel zu Funktionsstörungen oder Abweichungen. Menschen, die ein intensiv mentales Leben haben, scheuen sich vor den Gefühlen und meinen, daß sie nur bei der Beschäftigung mit intellektuellen Dingen frei von den Forderungen oder Ansprüchen anderer seien. Solche Menschen sind oft emotionell gehemmt.

Die Aura dehnt sich aus und zieht sich zusammen, je nach unserer Stimmung, sie durchdringt die Auren anderer und tauscht sich mit ihnen aus, und doch bleibt sie immer eine Einheit. Diese Einheit wird nicht allein von der Emotionalenergie erzielt, sondern vielmehr durch deren wechselseitige Verbindungen mit den körperlichen, den ätherischen, aber auch den höheren Feldern. Das Ätherfeld bestimmt die Muster im Materiellen; man könnte sagen, daß hier die genetische Vorgeschichte gespeichert ist. Doch auch die Gefühle haben eine sehr mächtige Wirkung auf den grobstofflichen Körper; sie können niederdrückend oder anregend wirken. Es sind also die Wechselbeziehungen zwischen allen Dimensionen, die uns zum einzigartigen Individuum machen, das sich von allen anderen unterscheidet.

Darüber hinaus werden wir alle geprägt durch die äußeren Ereignisse, die ständig auf uns einwirken und auf die wir auf verschiedene Weise ansprechen. Deshalb genügt es nicht, mit großer Konzentrationsfähigkeit, Vorstellungskraft oder Kreativität begabt zu sein; wenn diese Talente erblühen sollen, muß man von ihnen Gebrauch machen. Auf diese Weise verändern uns unsere Erfahrungen in der äußeren Welt radikal; sie machen uns liebevoll oder zornig, schöpferisch oder enttäuscht. Unser Karma bringt uns mit bestimmten Gaben in die Welt und stellt uns in bestimmte Situationen. Unsere Freiheit liegt in dem, was wir daraus machen.

Bei einem ausgeglichenen Menschen besteht eine Symmetrie zwischen oberem und unterem Teil der Aura, das heißt die Farben, die oberhalb der grünen Zone erscheinen, spiegeln sich in der unteren Hemisphäre wider. Dies zeigt, daß jemand seine emotionalen Möglichkeiten voll nutzt. Je mehr diese Widerspiegelung übereinstimmt, desto besser vermag der Mensch die gegebenen Eigenschaften im Leben umzusetzen, das heißt auszuleben.

Im Idealfall reichen die Farben bis zum Rand der Aura, da die Emotionen frei zum Ausdruck gelangen. Noch wichtiger aber ist, daß die Farben sich im Herzen sammeln, das bekanntlich als Mittelpunkt des Bewußtseins gilt – nicht im Sinne eines Brennpunktes für unser Denken, sondern als Mitte der Selbstintegration. Hier kommen alle Energien zusammen, und das Individuum steht in harmonischer Beziehung zur Naturordnung. Alle hochentwickelten spirituellen Menschen, die ich betrachten konnte, haben ihren »Schwerpunkt« im Herzen. Ich möchte diesen Zustand nicht als kosmisches Bewußtsein bezeichnen – dieser Begriff erscheint mir »zu groß« –, sondern als ein ständiges Gewahrsein des vereinenden, geistigen Aspektes der Welt.

Gelehrte des tibetischen Buddhismus, zum Beispiel Lama Anagarika Govinda, sagen, daß unsere Grundbestrebung, unsere fundamentale Bestimmung im Leben, nie verlorengeht; sie ist der rote Faden, der sich durch alle Veränderungen zieht. Obwohl die Buddhisten die Reinkarnation anerkennen, lehnen sie die Existenz eines permanenten Selbst oder der Selbstheit ab. Ich möchte nicht behaupten, daß das Selbst ewig sei, aber es besteht gewiß über das derzeitige Leben hinaus weiter.

Das Integrationsprinzip, das die vielen Dimensionen von Bewußtsein und Energie in uns verbindet, ist aus meiner Sicht das zeitlose Selbst. Es ist unveränderlich sowie Ursache und Quelle von allem, was wir sind und sein können.

Teil II

Der Zyklus des Lebens

Kapitel 5

Die Entwicklung des Individuums

Die Aura ist erstens eine Darstellung unseres angeborenen Charakters, zweitens ein Hinweis auf unsere Möglichkeiten und Potentiale und drittens eine Aufzeichnung unserer Erlebnisse. Bei einem Kind stehen die beiden ersten Aspekte im Vordergrund, da die Erlebnisse praktisch noch bevorstehen; deshalb gibt es große Unterschiede zwischen der Aura eines Erwachsenen und der eines Babys oder Kleinkindes. Ich habe versucht, die Tatsachen hervorzuheben, daß der Grundcharakter eines Menschen auf emotionaler Ebene ständig den Einflüssen seiner Erlebnisse unterworfen ist und die Dynamik des täglichen Lebens langfristig dazu beiträgt, daß angelegte Möglichkeiten und Potentiale zur Entfaltung gelangen oder unterdrückt werden.

Als Erwachsene haben wir viele verschiedene Arten von Erlebnissen hinter uns. Manche von ihnen haben uns gemischte Gefühle in bezug auf Erfolg oder Scheitern, Glück oder Schmerz hinterlassen. Nun sind wir oft unsicher über das Geschehene, und diese Zwiespältigkeit führt zu Unsicherheiten und Dissonanzen in der Aura. Einige davon erscheinen bereits bei sehr kleinen Kindern, deren Aura normalerweise klar und unkompliziert aussieht. Wenn das Kleinkind zum Kinde wird, beginnen sich seine Anlagen zu entfalten, Erlebnisse in der Außenwelt hinterlassen Eindrücke, und die Aura geht durch verschiedene Stadien der Veränderung. Wie man erwarten würde, wandelt sich die Aura kleiner Kinder recht schnell, sie hält Schritt mit der körperlichen und mentalen Entwicklung.

Wie Sie an den folgenden Aura-Bildern erkennen werden, kommt das Baby mit bestimmten angeborenen Charakteristika auf die Welt, die in der Aura gewissermaßen wie fest geschlossene Blüten wahrzunehmen sind. Diese Ausgangs-Fähigkeiten beginnen schon recht bald hervorzutreten, wenn das Kind mit anderen zusammenkommt und anfängt, seine Welt zu erkunden. Musikalische Begabung beispielsweise erblüht schon recht früh, und auch die Lernfähigkeit sowie die Kontaktfreudigkeit des Menschen manifestieren sich in jungen Jahren.

Solche elementaren Anlagen und Talente sind Potentiale, die dem Kind zur Verfügung stehen, doch ob sie im späteren Leben entfaltet werden, hängt von zahlreichen Faktoren ab. Persönliche Beziehungen, Motivation und Interesse, aber auch karmische Umstände und Chancen spielen hier eine Rolle.

Die Skandhas

Es ist heutzutage üblich, angeborene Fähigkeiten genetischen Faktoren zuzuschreiben. Ich stelle die Wichtigkeit solcher Faktoren nicht in Frage, habe aber zeitlebens die Tatsache der Reinkarnation akzeptiert und bin aufgrund meiner Beobachtung von Kleinkindern und Kindern sicher, daß die Erfahrungen eines früheren Lebens auch im derzeitigen eine Rolle spielen. Jeder Mensch kommt mit bestimmten Attributen – oder *Skandhas*, wie die Buddhisten sie nennen – auf die Welt: »Existenzbedingungen«, die wir alle bei der Geburt mitbringen. Während diese offensichtlich mit genetischen Faktoren zusammenhängen, gibt es auch eine grundlegende, einzigartige Individualität, die manchmal auffallend anders ist als das familiäre Muster und unerklärliche Eigenheiten aufweist. Wir wissen, daß sich alle unsere Lebensumstände aus vorausgegangenen Ereignissen, Handlungen oder Gegebenheiten entwickeln; die Reinkarnation dehnt lediglich die in der Gegenwart wirksame Vergangenheit aus und öffnet damit den Zugang für ein größeres Erbe erlebter Erfahrungen.

Wie wir bei der Besprechung der Aura-Bilder von Kindern sehen, werden die Begriffe Reinkarnation und Karma immer mit dem Problem des Determinismus assoziiert. Es gibt beispielsweise Kinder, die mit einer sehr offenen, sensitiven Konstitution auf die Welt kommen und dadurch sehr leicht durch die Gefühle anderer zu verletzen sind. Das ist für ein Kind eine schwierige Situation und erweist sich zeitlebens als Prüfung seines Charakters. Die Ergebnisse sind nicht vorherbestimmt und auch nicht voraussehbar.

Der Begriff der *Skandhas* ist meines Erachtens besser geeignet als jede andere Theorie, um den ursächlichen Zusammenhang zwischen unserer Vergangenheit als Ganzem und dem zu zeigen, was wir heute sind. Man könnte sagen, daß ein jeder »verursacht« oder »bedingt« ist durch sein Erbe – körperlich natürlich, aber auch mental und emotional. Aber gemäß der Reinkarnation beschränkt sich dieses Erbe nicht nur auf ein kurzes Leben, sondern reicht weit zurück bis zum Heraufdämmern unseres Bewußtseins. Ebenso reicht es bis in die fernste Zukunft: denn was wir heute sind – und dazu gehören auch die Veränderungen, die wir erreichen –, wird zur Saat für das, was wir einst sein werden. Das ist der Kern der Lehre von der Evolution des Bewußtseins.

Karmische Zeichen

Die Auren von Babys und Kindern zeugen von dieser ursächlichen Verbindung in die Vergangenheit; dies zeigt sich an den eigentümlichen und geheimnisvollen Formationen, die den jungen Menschen gemeinsam sind, sich aus der Aura des Heranwachsenden jedoch verlieren (siehe Tafeln 1, 2 und 3). Diese Züge wirken sich auf die Zukunft des Individuums aus, deshalb habe ich sie in Ermangelung eines passenderen Begriffs »karmische Zeichen« genannt. Sie sind sehr schwer zu sehen und zu beschreiben, weil sie mit verschiedenen Aspekten der Zeitdimension verknüpft sind. Unser Erleben der Zeit ist sehr komplex. Da Karma eine ursächliche Beziehung darstellt, ist es mit dem Zeitfaktor verknüpft; es reicht weit zurück in die Vergangenheit und – besonders im Falle von Kindern –, wird oft erst viel später im Leben ausgelöst.

In der Folge stellen die karmischen Zeichen den Kern dessen dar, was ein Individuum in dieser Inkarnation erleben wird, und weisen hin auf die Keime von Problemen, die in der Zukunft zu bewältigen sein werden. Aber sie enthüllen nicht unbedingt die Art jener Situationen, die solche Probleme auslösen werden. Wie gesagt, sind die karmischen Zeichen in vieler Hinsicht von allen Details in der Aura des Menschen am schwierigsten zu untersuchen und zu deuten, denn sie erscheinen vieldimensional. Sie handeln von den bevorstehenden allgemeinen Lebensumständen – von Problemen und Schwierigkeiten, die unterschiedliche Formen annehmen können und auf verschiedene Weisen bewältigt werden dürften. Anders ausgedrückt: sie sind keine spezifischen Beschreibungen zukünftiger Ereignisse. Was man also in ihnen wahrnimmt, ist nicht eine Reihe vorherbestimmter Ereignisse, denen sich das Individuum unausweichlich zu stellen hat (etwa ein Unfall im Alter von zwanzig Jahren), sondern eher die *Art* von Situationen, denen es im Laufe des Lebens begegnet. Dies bestätigt meine Aussage, daß Karma nicht mit Determinismus gleichzusetzen ist.

Solche Situationen begegnen uns oft unerwartet, und doch müssen wir uns ihnen stellen; insofern haben sie einen Einfluß auf die Richtung, die unsere Zukunft wählen wird. Unsere Freiheit liegt darin, wie wir solchen Situationen begegnen: ob wir sie als Herausforderung an unsere Kreativität verstehen oder als ein unüberwindliches Hindernis für unsere Entwicklung. Wie wir darauf ansprechen, ist nicht vorauszusagen. Bei dem Versuch, die karmischen Zeichen bei der Besprechung der Aura-Bilder von Kindern zu deuten, habe ich mich deshalb zuweilen in Einzelheiten geirrt, bei den allgemeineren Angaben jedoch nicht.

Die Skandhas

Der Buddhismus sagt, daß die menschliche Persönlichkeit oder Individualität aus fünf »Haufen« oder »Bündeln von Attributen« bestehe, die gewöhnlich als die Sinne, Gefühle, Wahrnehmungen, Willen und reines Bewußtsein oder Gewahrsein bezeichnet werden.

Lama Govinda zeigt, daß die Skandhas *nicht als separate Teile zu betrachten sind, aus denen das Individuum bestehe, sondern nur als unterschiedliche Aspekte eines unteilbaren Prozesses, denn – so der Pali-Kanon: »Was man fühlt, das nimmt man wahr, und was man wahrnimmt, dessen ist man sich bewußt.«*

Das persönliche Selbst soll nicht von Dauer sein, da es, wie alle Phänomene, von dem Prozeß der gesetzmäßigen Veränderung abhängt, vom Prinzip der Kausalität. Basierend auf diesem Prinzip besagt die Theorie vom Karma, das den Ausgleich vermittelt zwischen gegenwärtigen Umständen und den Folgen früheren Handelns, daß unser derzeitiges Leben auf die Eindrücke des Karmas des früheren Lebens zurückzuführen ist, und daß es selbst wiederum unsere Zukunft gestalten wird. Lama Govinda schreibt:

»Ebenso wie ein Töpfer die Form von Gefäßen hervorbringt, so gestalten wir unseren Charakter und unser Schicksal, oder, genauer gesagt, unser Karma, das Ergebnis unseres Tuns in Werken, Worten und Gedanken. ... Skandhas, *die Gruppe mentaler Formationen, der* Folgen *solcher Willensakte, werden zur Ursache neuer Aktivität und bilden das aktiv lenkende Prinzip oder den Charakter eines neuen Bewußtseins.«*

»Daraus folgt die dynamische Natur von Bewußtsein und Existenz, die man mit einem Fluß vergleichen kann, der trotz seiner ständig wechselnden Elemente die Richtung seiner Bewegung beibehält und seine relative Identität bewahrt. ... (Das ist) der Strom des Seins oder, genauer gesagt, des Werdens, in dem alle Erfahrungen oder Inhalte des Bewußtseins gespeichert wurden seit anfangsloser Zeit, um erneut zu erscheinen im aktiven, wachen Bewußtsein, wenn die Umstände und mentalen Verknüpfungen sie hervorrufen.«

»Speicher-Bewußtsein«

Eine weitere buddhistische Lehre bezieht sich auf das geheimnisvolle Wesen dieser karmischen Zeichen, die in der Aura von Kindern erscheinen. Es handelt sich um den Begriff des »Speicher-Bewußtseins«, das heißt um die Vorstellung, daß die Gesamtheit des früheren Erlebens (die Taten und ihre Früchte) nie verlorengeht, sondern irgendwie in einer tieferen Bewußtseinsschicht gespeichert wird, die – wenn auch unbemerkt – immer in uns ist. (Vielleicht entspricht dies in etwa der Art, wie die ganze Geschichte unseres Planeten in der derzeitigen Struktur der Erde bewahrt ist.) Obgleich ich nicht weiß, bis zu welchem Grade diese Vorstellung sich im Buddhismus entwickelt hat, ist sie nach meinen Beobachtungen ein Schlüssel zu der Frage, wie das Individuum bei der Geburt das Karma als Teil der Umstände des beginnenden Lebens annimmt – des Musters also, dessen Entfaltung nun anfängt.

Wenn ich die karmischen Zeichen in der Aura eines Kindes sehe, nehme ich sie als Widerspiegelungen jener Samen der Individualität wahr, die der tiefsten Ebene des Selbst entstammen. Sie reichen wesentlich weiter als das Erbe körperlicher Merkmale. Man stimmt heute darin überein, daß die Gene auch manche emotionalen Veranlagungen vermitteln – Neigungen zu gewissen Arten emotionalen oder mentalen Verhaltens. Zuweilen finden wir Spuren der Eltern in ihren Kindern wieder, ohne daß dies unbedingt auf direkten elterlichen Einfluß zurückzuführen ist. Man kann nicht sagen, daß sie ererbt sind, vielmehr sind die genetischen Faktoren empfänglich für solche Charakteristika: Die Veranlagung ist dort vorhanden – etwa in musikalischen Familien –, wo die Umgebung sie fördert. All dies zeigt sich in den karmischen Zeichen, denn natürlich ist auch die Familie, in die man geboren wird, ein karmischer Umstand.

Bei den folgenden Beschreibungen von Kinder-Auren basierte alles, was ich seinerzeit über die Zukunft der Kinder voraussagte (ob es korrekt oder falsch war – und in manchen Fällen war es unzutreffend, wie ich bereits erwähnte), auf meinen Wahrnehmungen dieser karmischen Zeichen. Dinge wie Temperament, Talente und die emotionalen Eigenschaften oder persönlichen Charakterzüge hingegen zeigen sich in den Farben der Aura.

Begabungen

Bei der Betrachtung der Aura eines kleinen Kindes erhalte ich einen allgemeinen Eindruck von den Begabungen des Kindes – künstlerischer oder intellektueller Anlagen beispielsweise –, aber ich kann nicht voraussagen, wie sie sich entfalten werden. Ich könnte mich irren in bezug auf die Weise, wie solche Begabungen sich manifestieren, denn sie entfalten sich allmählich und werden in manchen Fällen in den Aktivitäten und Erfahrungen des täglichen Lebens niemals ganz verwirklicht. Hier spielt das Karma eine Rolle, denn die Umstände, in denen wir uns befinden, können dem Erblühen von angeborenen Talenten oder Veranlagungen hinderlich sein.

Die Wechselbeziehung zwischen Denken und Fühlen, die ich bereits erwähnte, ist ein Energie-Austausch, der immer vom angeborenen Grundmuster des Individuums bedingt wird. Aber diese Wechselbeziehung wird auch von der Umgebung eines Menschen beeinflußt – zum Beispiel durch eine Kindheit, in der Gefühle unterdrückt wurden. Wir tragen immer eine Mischung der Merkmale in uns, mit denen wir geboren wurden, und der Konditionierung, die sich infolge unseres Erlebens in der äußeren Welt über diese Merkmale schiebt. Diese Feststellung ist fast eine Selbstverständlichkeit, da sie die weithin bekannte Tatsache der Kombination von angelegten und von außen kommenden Einflüssen widerspiegelt.

Manche Menschen sind stark genug, die Behinderungen zu überwinden, mit denen sie geboren wurden, und können selbst in einer sehr negativen Umgebung unbeeinträchtigt bleiben. Menschen hingegen, die mit einem glänzenden Intellekt geboren wurden, fürchten sich möglicherweise zutiefst vor ihren Gefühlen, was vermutlich eine Folge der Erziehung ist. Wenn man den überschattenden Einfluß des Erwachsenen im Kind sieht, kann man nicht präzise sagen, wie er sich schließlich äußern wird, oder welche Züge und Verhaltensweisen er an den Tag legen wird.

Emotionale Verletzbarkeit

Manche Babys und kleinen Kinder sind sehr verletzbar durch die Gefühle anderer, weil sie ihre Ursache noch nicht verstehen können. Wenn Kinder beispielsweise ständig von ihren Eltern kritisiert werden, deuten sie das leicht als Mißbilligung oder Ablehnung, während die Kritik tatsächlich auf das Interesse und Verlangen der Eltern zurückzuführen sein kann, die Kinder mögen Erfolg haben. Die Auswirkung auf das Emotionalfeld des Kindes jedoch wird eine Verfestigung einer kontinuierlichen Furchtsamkeit sein; wenn sie zu lange anhält, kann sie sehr hemmend werden.

Ich habe festgestellt, daß sich viele Eltern der Wirkung ihrer eigenen Gefühle auf die Kinder nicht im klaren sind. Wenn Vater oder Mutter plötzlich wütend über ein Kind ist (was durchaus berechtigt sein kann), löst dieser

Ausbruch einen starken, momentanen Energie-Austausch aus; doch in der Regel verfliegt der Zorn recht bald wieder. Wenn man aber gegenüber dem Kind ständig seine Mißbilligung äußert, kann dies nicht nur zu Groll führen, sondern das Selbstvertrauen des Kindes derart untergraben, daß es für das ganze übrige Leben noch beeinträchtigt bleibt.

Eine liebevolle Beziehung zwischen Eltern und Kindern hingegen wirkt stabilisierend und schenkt Energie. Sie führt allmählich zur Entfaltung einer gegenseitigen Offenheit und Empfänglichkeit, die zeitlebens von Vorteil sein wird, da sie eine Atmosphäre tiefen Vertrauens erzeugt.

Ich möchte noch eine allgemeine Bemerkung über die Aura hinzufügen. Wenn wir bei den folgenden Bildern im oberen Teil der Aura Lichtbänder sehen, die mit Inspiration oder spiritueller Wahrnehmung zu tun haben, so ist dies ein Anzeichen für die Veranlagung des Individuums, stellt aber auch die Verbindung zum zeitlosen Selbst dar, zur geistigen Dimension des menschlichen Bewußtseins. Wie auch immer wir es bezeichnen, handelt es sich bei diesem Aspekt des Menschenwesens um die Brücke zu einer höheren Wirklichkeit, in der wir alle verwurzelt sind – eine Brücke, die immer vorhanden ist, ob wir von ihr Gebrauch machen wollen oder nicht.

1. Eine Mutter und ihr ungeborenes Kind

Unser erstes Bild zeigt die Aura einer im siebten Monat schwangeren Frau von etwa siebenundzwanzig Jahren. Wie Sie sehen, ist die Aura des Babys von der mütterlichen deutlich zu unterscheiden, obwohl sie auf mannigfache Weise miteinander verbunden sind.

Betrachten wir zunächst die Mutter. Die Schwangerschaft hat zu Veränderungen in ihren Energiemustern geführt, wie man sich vorstellen kann. Die Energie-Ventile am Rand der Aura sind leicht vergrößert und nicht mehr kegelförmig; sie haben sich an der Basis erweitert und an der Spitze verengt. Diese Veränderungen traten ein, um eine verstärkte Energieaufnahme zu ermöglichen und die Mutter vor den emotionalen Störungen anderer Menschen zu schützen, damit ihr eigener Rhythmus ungestört bleibt. Somit arbeiten ihre Abwehrmechanismen zur Zeit gezielter als sonst.

Der erste allgemeine Eindruck dieser Aura ist, daß sie sich erstaunlich klar und unkompliziert darstellt. Dies ist zum Teil auf die Jugend der Frau zurückzuführen, vor allem jedoch auf ihre Wesensart. Wie Sie sehen können, enthält ihre Aura sehr viel Rosa, denn die Frau war ein sehr liebevolles, gebendes, nettes Wesen, das zur Zeit voller Liebe und Zuneigung zu Ehemann und Familie war und äußerst beglückt über die Aussicht, ein Kind zu bekommen. Oberhalb der grünen Zone ist ein etwas hellerer, rosa getönter Bereich, der ihre angeborene Fähigkeit darstellt, liebevoll auf andere zuzugehen. Das große dunkelrosa Feld unterhalb der grünen Zone zeigt die Liebe zur Familie, die ihre Gefühle damals beherrschte. Voller Freude über die Schwangerschaft fühlte sie sich mit der ganzen Welt verbunden. Dieser Zug dürfte in der Zukunft nicht mehr so deutlich im Vordergrund stehen.

Der große hellgrüne Bereich im oberen Teil der Aura, gegenüber dem blaßrosa Feld, zeigt Mitgefühl oder Einfühlungsvermögen als angeborene Eigenschaften; zusammen mit dem Rosa der Zuneigung manifestiert sie sich als liebevolle Freundlichkeit und der Wunsch, anderen zu helfen. Sie sehen, daß die Farbe in das Gelb übergeht, das hoch über den Kopf auf beiden Seiten zu erkennen ist. Gelb ist immer die Farbe des Denkens; in diesem Falle bedeutete es nicht intellektuelle Begabung, sondern die Fähigkeit, sich durch mitfühlendes Verständnis anderen Menschen zuzuwenden. Dieser große grüne Bereich hoch oben in der Aura verkörpert zudem Eigenschaften wie Offenheit und eine Haltung, die die Gegebenheiten akzeptiert und versucht, das beste aus ihnen zu machen. Man behalte jedoch im Sinne, daß die Farben im oberen Teil der Aura sowohl angelegte Möglichkeiten wiedergeben – die Frau war noch verhältnismäßig jung – als auch das, was sie zur Zeit zum Ausdruck brachte.

Die junge Frau war fromme Katholikin und besuchte während ihrer Schwangerschaft jeden Tag die Kirche. Diese religiöse Hingabe zeigt sich an der blauen Zone oberhalb des Kopfes sowie an den dunkleren blauen Linien, die durch die Aura des Babys ziehen. Sie wurden erzeugt durch die täglichen Gebete zugunsten des Kindes. Interessanterweise ist ein ungeborenes Kind normalerweise ganz vor emotionalen Einflüssen von außen geschützt, doch in diesem Falle dringen die Linien religiöser Empfindungen durch den Schutzschild nach innen.

Die grüne Zone zeigt an, daß die Frau recht praktisch und gewandt war; die bläßliche Farbe jedoch verrät, daß sie von dieser Begabung zur Zeit keinen Gebrauch machte. Die Linien, die die grüne Zone umgeben und in den unteren Teil der Aura ziehen, zeigen, daß all ihr Handeln und Interesse nach innen, auf das Baby gerichtet war, und daß auch der größte Teil ihrer Energie in diese Richtung ging. Dies würde sich mit der Geburt des Kindes ändern.

Am Grunde der Aura, bei und unter den Füßen sieht man immer die dunklen Farben, die Spuren von Egoismus zeigen, denn nur sehr wenige Menschen sind völlig frei von Eigeninteresse. Doch im vorliegenden Falle sind weniger dunkle Farben zu erkennen als gewöhnlich. Sie zeigen sich in Gestalt des braunen Streifens unten links, der von dem gelegentlichen Ge-

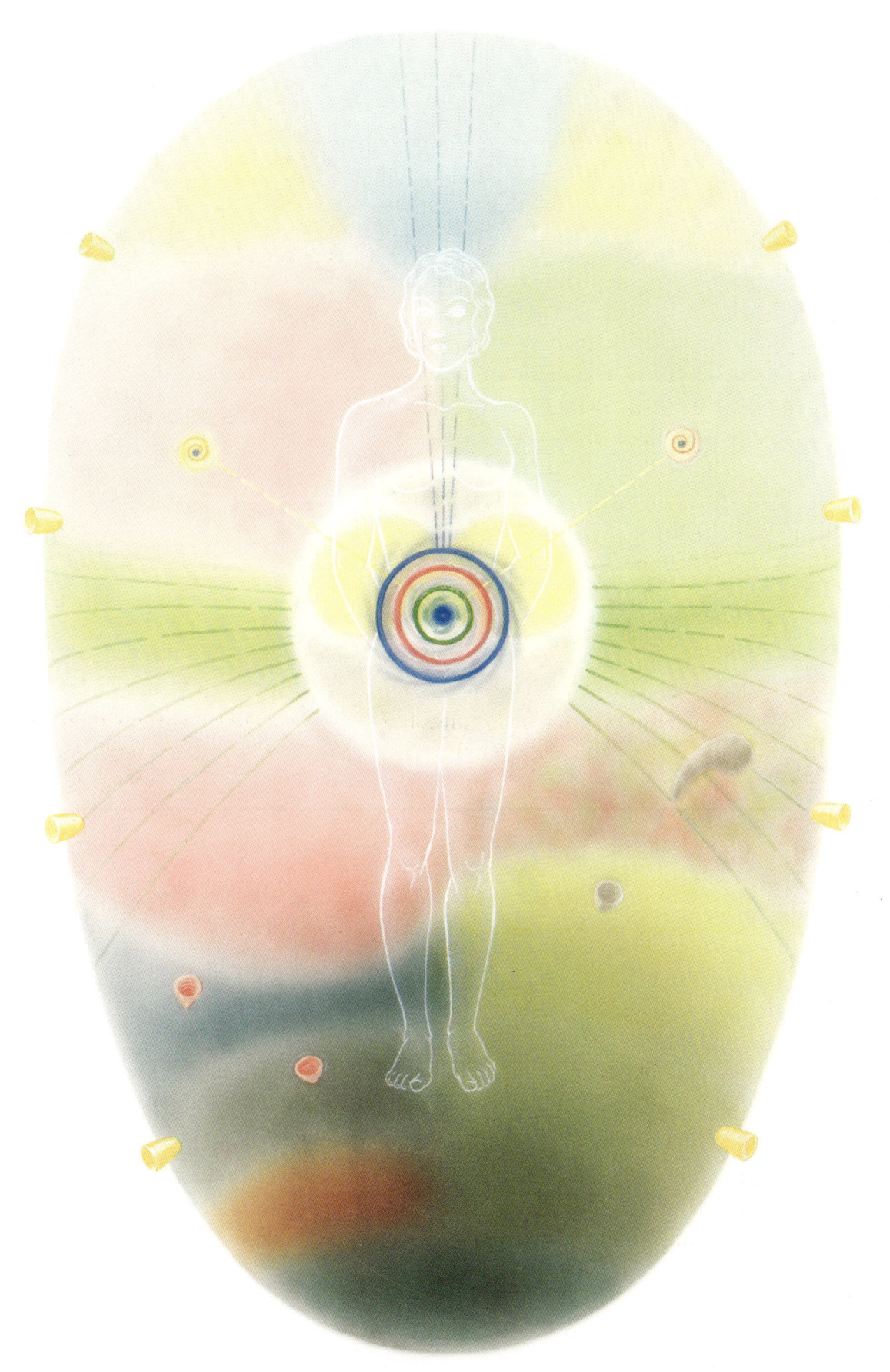

1. Eine Mutter und ihr ungeborenes Kind

fühl herrührt, die Familie sei eine Last, die sie gerne loswürde. Das Braun ist vermischt mit dem Dunkelblau der Überanstrengung aufgrund der Tatsache, daß sie sich gezwungen hatte zu arbeiten, wenn dies nicht ihrem inneren Gefühl entsprach.

Hier gibt die Trennung von grauen, blauen, braunen und grünen Streifen nicht das genaue Bild wieder, denn in Wirklichkeit waren die Farben wie in einer Wolke vermischt. Die Schwierigkeit beim Versuch, solche Phänomene bildlich darzustellen, liegt in der Unmöglichkeit begründet, verschiedene Farben zu mischen, ohne daß sie ihren individuellen Charakter verlieren; in der Aura hingegen bleiben sie immer deutlich voneinander zu unterscheiden, selbst wenn sie sich vermischt zeigen.

Der graue Fleck gibt an, daß die frühe Jugend von einer Phase des Überdrusses und der Niedergeschlagenheit überschattet war, kompliziert durch Sorgen um Menschen, die der Probandin am Herzen lagen. Die Tatsache, daß sie von solchen Sorgen nicht ganz frei ist, zeigt sich an den rosa Wirbeln links von ihren Füßen. Einer dieser Wirbel liegt in einem blauen Bereich etwas höher in der Aura, das heißt die Probandin war entschlossen, auf eine Weise zu handeln, die zu einem Konflikt mit Nahestehenden geführt hätte.

Auf der gegenüberliegenden Seite ihrer Aura zeigt der große gelbgrüne Bereich, daß sie schon in jungen Jahren arbeiten mußte. Die gräuliche Tönung, besonders weiter unten, zeigt, daß sie eintönige und langweilige Arbeit verrichten mußte und mit Menschen zusammenkam, die unbedacht handelten und einen niederdrückenden Einfluß auf sie hatten. Der graue Schatten geht vermutlich auf eine Krankheit in nicht allzu ferner Vergangenheit zurück, der sie ihrer Energie beraubte und fürchten ließ, sie wäre nicht kräftig genug, um alles zu leisten, was man von ihr erwartete. Aber ich sah dieses Element nur als einen vorübergehenden Zustand, der unter dem Einfluß der Schwangerschaft schon recht bald aus ihrer Aura verschwinden würde.

Obwohl ich diese junge Frau noch nie zuvor gesehen hatte, vermochte ich ihr augenblicklich zu sagen, daß sie von Hause aus ein kräftiges, gesundes, stabiles und ausgeglichenes Wesen war, das nur selten unter Spannung litt. Dies zeigt sich an der Tatsache, daß die klaren Farben der unteren Hemisphäre der Aura bis zum Rand hinaus reichen. Das ist bemerkenswert, weil ich später erfuhr, daß die Probandin in den Slums von New York geboren und ohne jegliche materiellen Annehmlichkeiten geboren war, so daß sie schon mit etwa zwölf Jahren gezwungen war, unter schwierigen Umständen hart zu arbeiten. Bereits in der Kindheit trug sie die Verantwortung, für andere Mitglieder ihrer Familie zu sorgen, aber sie hatte ihnen die Belastung kaum übelgenommen und hegte keinerlei Groll gegenüber ihrer Familie.

Sie hatte nur wenig Schulbildung und damit kaum Chancen, ihr Denken zu entfalten; dies schloß ich aus dem blassen Gelb, das nur hoch oben in ihrer Aura anzutreffen war. Dessen ungeachtet war sie ein vernünftiges Mädchen. Trotz eines nach menschlichem Ermessen schweren Lebens hegte sie weder Bitterkeit noch Selbstmitleid, sondern war lieb, einfach, heiter und nett. Ich habe selten einen Menschen gesehen, der von Natur aus so freigebig war. Das war ihre einzigartige Qualität.

Dies bedeutet jedoch nicht, daß sie nicht gelegentlich niedergeschlagen war oder unter Schwierigkeiten litt. Ihre Lebensumstände waren nach wie vor ärmlich, und das Leben konnte nicht einfach sein. Manchmal machte sie sich Sorgen über die Zukunft ihres Kindes, wie das ins Rosarot einfließende Grau im unteren Teil der Aura verrät. Die rötlichen Wirbel links unten stehen für kleine Störungen wie Geldmangel, aber daß sie an der Oberfläche liegen und nicht tiefer im Inneren der Aura, zeigt an, daß es sich um nur vorübergehende Verunsicherungen handelte, die nach ein bis zwei Tagen verschwunden sein würden. Insgesamt hatten die Schwierigkeiten, die diese junge Frau bereits erlebt hatte, auffallend wenig anhaltende Spuren hinterlassen.

Zu den interessantesten Merkmalen dieser Aura gehören die beiden Figuren, die sich symmetrisch auf beiden Seiten oberhalb der grünen Zone zeigen. Ich sprach bereits über die karmischen Zeichen, die in der Aura von Kindern erscheinen und deren Zukunft auf geheimnisvolle Weise andeuten. Weil das Karma des Babys hier noch völlig von der Mutter abhängig war, zeigen sich die karmischen Zeichen in der mütterlichen Aura, obwohl sie durch Energielinien mit dem Baby verbunden sind. Dies ist bei näherem Besehen nicht so überraschend, da sie die Muster des zukünftigen Karmas verkörpern, das sich beim Baby momentan noch nicht sehr stark auswirkt. Da jedoch immer eine karmische Verbindung zwischen Mutter und Kind besteht, wirken diese karmischen Zeichen indirekt auch auf die Mutter. Im Augenblick der Geburt des Kindes verschwinden sie aus der mütterlichen Aura und erscheinen von neuem in der Aura des Babys, wie man etwa an dem folgenden Aura-Bild eines Kleinkindes erkennen kann.

Zur Zeit des vorliegenden Bildes von Mutter und Kind wirft die Zukunft des Babys gewissermaßen ihre Schatten voraus in Gestalt von Lichtlinien, die die karmischen Zeichen mit seiner Aura verbinden. Diese Figuren stellen, wie gesagt, Tendenzen dar, mit denen das Baby in der Zukunft umgehen muß; sie enthalten Bilder, die sich auf Menschen und Ereignisse beziehen, die ebenfalls in der Zukunft liegen. Bei einem Baby in dieser Phase der vorgeburtlichen Entwicklungszeit beginnen gewisse Muster gerade, sich in die Psyche des Kindes oder in das Emotionalfeld vorzuarbeiten und prägen es bereits vor der Geburt, weil solche Muster praktisch unvermeidbar sind. (In diesem Falle war ich übrigens ganz sicher, daß es sich bei dem Ungeborenen um einen Knaben handelte.)

Karma – und in der Tat all unser Tun – bedeutet meines Erachtens Freiwerden von Energie, wenn auch nicht unbedingt physikalischer Energie, denn sie kann von unterschiedlichen Ebenen des Bewußtseins stammen. Bei der Geburt nimmt die Seele oder das Selbst an, was sie erarbeiten wird – auf sich nimmt – sowohl als konstruktive als auch als destruktive Energie. So beginnen sich karmische Muster zu entfalten. Unser Fehler liegt darin, daß wir destruktive oder schwierige Muster für »böse« halten. Etwa mit einer Behinderung geboren zu sein, bedeutet auf den ersten Blick schlechtes Karma, aber langfristig kann es eine Gelegenheit zu innerem Wachstum bieten.

Die eigentliche Aura des ungeborenen Babys zeigt sich in den kräftigen, dunklen, konzentrischen Farbkreisen im Zentrum der mütterlichen Aura. Umgeben sind diese Farbkreise von einer Wolke opalisierender, zarter Farben. Sie ist der Schutzschild, den ich bereits erwähnte; er bewahrt das Baby vor emotionalen Erschütterungen und bildet damit so etwas wie ein astrales Pendant der Plazenta. Obwohl der Schutzschild besonders für höhere Energien durchlässig ist, schirmt er das Baby vor den schlimmsten Auswirkungen ab, wenn die Mutter einem Trauma oder heftigen emotionalen Schwankungen ausgesetzt ist. Anders ausgedrückt: Wenn destruktive Kräfte in der Mutter wirken – was leider in manchen Fällen geschieht –, hält diese Schranke sie davon ab, den astralen Fötus zu schädigen; ein Teil der negativen Wirkungen jedoch kann trotzdem hindurchgelangen.

Das Gelb in der fötalen Aura steht hier nicht für intellektuelle Begabung; es ist vielmehr eine Widerspiegelung der gewaltigen Prana-Menge (Lebensenergie), die in das Kind einströmt. Die grünen Kraftlinien durch die Mitte der Aura sind ein Anzeichen für den Energie-Austausch zwischen Mutter und Kind auf emotionaler Ebene; Sie können jedoch erkennen, daß sie – im Unterschied zu den wirkungsvollen »Gebetslinien« – die opalisierende Lichthülle nicht durchdringen, die das Baby schützt. Die Frömmigkeit der Mutter erreicht das Baby nur, weil es sich hierbei um Energie von einer viel höheren Ebene handelt.

Weil dieses Bild eine zweidimensionale Darstellung einer dreidimensionalen Gegebenheit ist, sieht die Aura des Babys aus wie eine flache Scheibe. In Wirklichkeit jedoch ist sie eine runde Sphäre aus konzentrischen farbigen Kugeln. Im Kern ist eine innere Kugel von purpurn-blauer Farbe, die den Sammelpunkt der Energie verkörpert. Dieses Zentrum ist verbunden mit dem höheren Selbst oder der Seele des Babys, die in dieser Phase der Entwicklung noch nicht in das Kind eingezogen ist.

Diese innere Sphäre wird umgeben von drei farbigen Kugeln. Die innere ist grün, die nächste rosa, und die äußere Kugel blau; die ganze Aura ist in ständig pulsierender Bewegung. Bei einem ungeborenen Kind scheint die Aura immer von kreisförmigem Aufbau zu sein und langsam zu rotieren, denn die Gefühle sind noch nicht entfaltet, ganz in sich verschlossen und dehnen sich nicht in die Außenwelt des Erlebens.

Hier sind die Farben sehr kräftig, was mir zeigt, daß das Baby eine starke und bestimmte Persönlichkeit aufweisen wird. Der dunkle Grünton zeugt von praktischer Begabung; ich kündigte der Mutter an, daß der Junge große Leistungen vollbringen werde, weil seine Konzentration auf die physische Welt gerichtet ist. Das dunklere Rosa ist Zeichen für eine liebevolle Wesensart, das kräftige Blau wiederum kündet von einem gleichermaßen starken Willen und einer starken Persönlichkeit, die gelegentlich dominierend wirke. Die ganze Aura ist sehr klar und zeigt damit, daß das Kind sich zu einem kräftigen, stabilen, starken, aber freundlichen und liebevollen Mann entfalten wird.

Im Falle dieses Knaben sagte ich voraus, daß er ein Politiker auf Bezirksebene würde oder eine Position einnehmen werde, in der er eine große Zahl von Menschen beeinflussen könnte. In diesem Punkte irrte ich mich – viel später erfuhr ich, daß er ein Wissenschaftler wurde –, aber in anderer Hinsicht hatte ich recht, denn er arbeitete mit dem Material der physischen Welt, auf die er sich konzentrierte, wie ich festgestellt hatte. Obwohl ich Mutter und Kind nie wieder sah, kam mir zu Ohren, daß er eine erfolgreiche Karriere machte und die Stütze einer großen Familie wurde, die seinen Rat schätzte und auf seine Hilfe bauen konnte.

2. Ein siebenmonatiges Baby

Tafel 2 zeigt die Aura von einem siebenmonatigen Knaben, einem gesunden und kräftigen Kind.

Nach der Geburt erlebt die Aura einige grundlegende Veränderungen. Beim Ungeborenen war die ganze Aura in farbige Schichten eingehüllt, die die Grundzüge des Charakters widerspiegeln, da das Kind bisher noch ohne Kontakt mit der äußeren Welt des Erlebens ist. Im Augenblick der Geburt ändert sich diese Situation, denn mit dem ersten Atemzug beginnt das Baby den Austausch mit seiner Umgebung und fühlt diesen auch. Die elementaren Gefühle ordnen sich, und ihre Entfaltung setzt ein.

Mit sieben Monaten begann das Baby im vorliegenden Falle, Kontakt mit anderen aufzunehmen und auf dieses Erleben anzusprechen. Die Form der

Aura entspricht der ersten Phase des Übergangs von der Kugel des Ungeborenen, ist aber immer noch viel runder als die Aura eines Erwachsenen. Die Verteilung der Farben ist ebenfalls ganz anders, denn beim Kleinkind sind die einzelnen Töne schwerer zu unterscheiden. Sie fließen und verschmelzen miteinander, denn die Gefühle eines Babys sind sehr flüchtig; im einen Augenblick kann es weinen, und im nächsten schon wieder lächeln. Die ganze Aura ist auf eine Weise durchscheinend, die bildlich schwer wiederzugeben ist; sie wirkt ein wenig wie ein sanft glimmender Opal, in dem Farben aufblitzen und wieder vergehen.

Um den oberen Teil des Körpers und den Kopf ist ein großer gelber Bereich und zeigt an, daß das Baby beginnt, von seinem Denken Gebrauch zu machen, um seine Umgebung zu erkunden. Obwohl das Denkvermögen noch sehr beschränkt sein dürfte, zeigt die gelbe Farbe doch, daß der Knabe eine gute Intelligenz entwickeln wird. Der größere rosafarbene Bereich steht für Zuneigung; dieses Kind hat noch nichts anderes als liebevolle Versorgung kennengelernt, und das Rosa ist typisch für sein offenes Ansprechen auf die empfangene Zuwendung. Er war ein kräftiger, lebhafter Junge und insgesamt recht wohlgelaunt.

Die weiteren, den oberen Teil der Aura umgebenden Farben, ein helles Blaugrün und Lavendel, sind vage und schwach ausgeprägt. Sie zeigen die Verbindung des Babys mit seiner geistigen Herkunft − eine halbbewußte Präsenz, die eine gewisse Zeit über allen Babys vorzufinden ist.

Die grüne Zone, ein Merkmal aller erwachsenen Auren, hat sich noch nicht gebildet, weil das Kleinkind noch nicht gelernt hat, sich in der materiellen Welt Ausdruck zu geben oder Kontrolle über seine Umgebung auszuüben. In diesem Alter sind die Farben der Aura gewissermaßen eingekapselt oder nach innen gekehrt, anstatt ihre Energie in das allgemeine Emotionalfeld zu entladen. Dies ist zum einen ein Schutz des Babys vor emotionalen Erschütterungen; darüber hinaus ist es eine Folge der elementaren Egozentrik (die sich an dem braunen Fleck am Grunde der Aura zeigt), eines fast notwendigen Merkmals aller kleinen Kinder, die ihr Ich-Gefühl entwickeln müssen, um zu lernen. Sehr kleine Kinder denken fast nur an ihre eigenen Bedürfnisse; wenn sie aufwachsen und sich anderen Kindern sowie ihrer Umgebung zuwenden, öffnet sich auch ihre Aura.

Die konzentrischen Ringe von kräftiger Farbe, die die Grundcharakteristika des Ungeborenen zeigten, verwandeln sich ebenfalls bei der Geburt. Beim Baby treten an ihre Stelle eine Reihe kleiner Gebilde, die an Blütenblätter oder Flügel erinnern und vom Zentrum der Aura ausgehen. Diese »Blütenblätter«, die nicht so starr oder fest sind, wie sie auf dem Bild erscheinen, kann man in den Auren aller Kleinkinder finden; sie stellen die

2. Ein siebenmonatiges Baby

Keime des bevorstehenden Gefühlslebens dar und zeigen Temperament und mögliche Begabungen an. Ihre Zahl schwankt von Fall zu Fall; in der Regel sind es vier oder fünf.

Bereits in so zartem Alter beginnen sich diese Talente zu entfalten. Zur Zeit sind sie noch im Bereich des Körpers und seiner Energien, aber Monat für Monat dehnen sie sich aus, bis sie schließlich den ganzen oberen Teil der Aura ausfüllen. Bei manchen Babys entfalten sich ein oder zwei der Blütenblätter rascher als die anderen; in diesem Falle jedoch weiteten sie sich gleichzeitig.

Das unterste Blütenblätter-Paar ist dunkelgrün, es erinnert an die grüne Zone. Der Farbton läßt darauf schließen, daß der Junge praktisch veranlagt ist und mit beiden Füßen auf dem Boden stehen wird, daß er körperlich in guter Verfassung ist und die Möglichkeit hat, einige körperliche Geschicklichkeit zu entfalten. Über den grünen befinden sich zwei rosa Blütenblätter. Diese Farbe bedeutet, daß der Knabe voller Zuneigung sein wird, aber etwas dazu neigt, in Wut zu geraten oder Launen zu zeigen. Leichte Streß-Linien im Rosa zeigen, daß er später im Leben emotionell angespannt sein könnte.

Das Dunkelblau über dem Rosa ist eine kräftige Farbe und zeigt eine beträchtliche Menge potentieller Energie. Sie ist ein Anzeichen für starken Willen, den das Individuum auch einsetzen wird, um seine Gefühle zu beherrschen und sein Handeln zu lenken; die Willensstärke kann jedoch auch zur Sturheit tendieren. Die Intensität aller dieser Farben zeigt, daß das Individuum immer starke Gefühle haben wird; ihre Plazierung läßt jedoch darauf schließen, daß er sie insgesamt immer gut unter Kontrolle behalten wird. Die violetten Blütenblätter über den blauen gelten als Indiz für eine ritualistische Wendung im Denken, die sich jedoch wahrscheinlich eher als eine Vorliebe für Ordnung und Angemessenheit im Leben äußern wird, vielleicht auch als ein Interesse an Kunst und Ästhetik, das Individuum würde jedoch nicht selbst ein Künstler.

Im unteren Teil der Aura sind drei karmische Zeichen zu erkennen. Eines von ihnen zeigt an, daß das Individuum ein emotionales Problem haben wird, bei dem er vor allem mit sich selbst, nicht mit anderen zu kämpfen haben wird. In einem anderen karmischen Zeichen sind etliche Gesichter zu sehen, das heißt Arbeit oder Beruf des Individuums werden den Austausch mit vielen Menschen mit sich bringen, und es gilt zu lernen, mit Opposition fertigzuwerden. Das dritte karmische Zeichen ist ein Hinweis auf eine spirituelle Auseinandersetzung.

Inzwischen (das Aura-Bild entstand vor fünfzig Jahren) hat sich das Kleinkind zu einem sehr erfolgreichen Geschäftsmann entwickelt, der in der Blüte seiner Jahre steht. Er zeigt einen starken Willen und selbst unter schwierigen Umständen gute Selbstbeherrschung im Umgang mit anderen. (Die Anlage hierzu war in den blauen Blütenblättern zu erkennen.) Er ist von freundlichem, zugänglichem Temperament und erweist sich im Kreise der Familie als liebevoll und zärtlich. Das gesunde, kräftige Baby wuchs zu einem kräftigen Mann heran, der körperlich in guter Verfassung ist, wie seinerzeit vorausgesagt. In Schule und Oberschule beteiligte er sich an vielen Mannschaftssportarten und ist heute noch ein glänzender Golf- und Tennisspieler. In einigen seiner geschäftlichen Verbindungen hatte er Spannungen und Opposition zu bewältigen, wie eines der karmischen Zeichen angekündigt hatte.

Ein seinerzeit von der purpurnen Farbe in der Baby-Aura angedeutetes Talent wurde weniger ausgebildet. Als junger Mann interessierte er sich für Literatur und philosophische Gedanken, aber die Umstände führten ihn in eine andere Richtung, und seine Energien entfalteten sich im Unternehmertum. Der Sinn für Kunst und Musik ist jedoch wach geblieben, und der Mann sammelt chinesisches Porzellan. Das Blau in seiner Aura sprach von Anfang an für einen starken Willen und die Entschlossenheit zum Erfolg; beide Züge haben mit zunehmendem Alter nicht nachgelassen. Er machte von seiner beträchtlichen Intelligenz Gebrauch, um seine vielen Pläne zum Erfolg zu führen; Energie und Schwung haben ihn zuversichtlich in die verschiedensten Richtungen gelenkt.

3. Ein vierjähriges Mädchen

Die Aura eines vierjährigen Kindes ist nicht mehr so rund wie die des Babys, doch sie hat auch noch nicht die Eiform der Erwachsenen-Aura erreicht. Die an Blütenblätter erinnernden Gebilde aus der Baby-Aura sind verschwunden, ihre Farben haben sich über die Aura verteilt und bilden deutlich erkennbare Schichten von Grün, Rosa, Blau und Gelb. Sie geben die Grundeigenschaften des kleinen Mädchens wieder, die sich in einer Darstellung der vorgeburtlichen Aura noch als konzentrische Kreise abgebildet hätten, im Babyalter als farbige Blütenblätter.

Schon in so jungem Alter sind die Farben der Aura hell und zeigen damit, daß die Gefühle des Mädchens intensiv sind und sein werden, und daß die momentanen Gefühlsreaktionen großen Einfluß auf ihre Entscheidungen haben. Sie wird immer das Bedürfnis haben, ihren Gefühlen Ausdruck zu verleihen, und ihre persönlichen Beziehungen werden eine wichtige Rolle spielen. Die beiden karmischen Zeichen in ihrer Aura (unterhalb der Knie) bestätigen, daß ihre Probleme sich immer auf Menschen beziehen werden, mit denen sie emotionell eng verbunden ist.

Rosa ist die vorherrschende Farbe in dieser Aura und deutet an, daß es sich um ein liebevolles Mädchen handelt, dessen Wesensart auch weiterhin von Wärme und Zuneigung charakterisiert sein wird. Das dunklere Blau oberhalb des rosafarbenen Bereichs weist auf Willenskraft hin, die im Augenblick noch nicht entfaltet ist. Ob sie in späteren Jahren klug eingesetzt wird oder nicht, kann man noch nicht sagen. Bei falschem Gebrauch ihres starken Willens kann das Mädchen stur und besitzergreifend werden, denn die Nähe von Blau und Rosa bedeutet, daß sie wohl großzügig ist, aber auch die Tendenz hat, mit ihrer Zuneigung festzuhalten. Diese Eigenart könnte zeitlebens fortbestehen.

Das Braun am Fuße der Aura ist bedingt durch den kindlichen Egoismus, der in diesem Alter normal und Voraussetzung ist, um sich selbst zu finden und Ausdruck zu geben. Gleich darüber sind die ersten Anfänge einer blaugrünen Zone zu erkennen, die etwa bis in Höhe der Knie reicht. Sie wird später noch weiter, bis zur Mitte der Aura, nach oben wandern. Die Färbung läßt auf ausgeprägte künstlerische Anlagen schließen. Die nach unten hin intensiver werdende Farbe bedeutet, daß das Kind eine lebhafte Vorstellungsgabe besitzt, die mit der künstlerischen Begabung einhergeht. Die Breite der grünen Zone zeigt die Fähigkeit, Gedanken und Gefühle in die Tat umzusetzen; dieser Prozeß beginnt sich im Alter von vier Jahren gerade zu entwickeln.

Die gelbe Ausbuchtung im oberen Teil der Aura und um den Kopf zeigt die Möglichkeit eines klaren Denkens an, von dem das kleine Mädchen gerade Gebrauch zu machen beginnt. Es mag vielleicht überraschen, doch Gelb zeigt sich deutlicher bei einem Kind in diesem Alter als später, weil die Neugierde das Denken ungemein anregt. Das Gelb ist jedoch formlos, diffus und ohne Klarheit und Präzision — wie man sie bei einem so jungen Kind auch nicht erwarten kann. Der Regenbogen opalisierender Farben im obersten Teil der Aura ist typisch für Kinder dieses Alters.

Wie ich schon bei der Besprechung der Baby-Aura erwähnte, ist das Erscheinen solcher Farben auf eine Resonanz mit der geistigen Herkunft des Kindes zurückzuführen, die dann von den zunehmenden Eindrücken und Erfahrungen des Lebens verschleiert, verdeckt oder verändert werden wird.

Dieses Mädchen war noch zu jung, um ihre Anlagen mehr zu entfalten; die Aura ist gerade im Begriff, sich zu einer Art Muster zu konsolidieren. Die auf Talente deutenden Farben, die ich beschrieb, erscheinen hier nicht strukturiert, sondern sind noch recht vage über die Aura verteilt.

3. Ein vierjähriges Mädchen

Ein Jahr, bevor die Aura dieses Kindes gemalt wurde, kam sein Vater bei einem Unfall ums Leben. Obwohl das Mädchen noch zu jung war, um das Geschehene ganz zu erfassen, zeigt sich das erlittene Trauma an der Tendenz der Aura-Ränder und der grünen Zone, abzusinken, sowie an der Tatsache, daß die Farben von einer blassen Hülle umschlossen sind. Noch kann man aus den Emotionen des Kindes nicht schließen, daß es diese Barriere durchbricht oder beginnt, normal nach außen zu treten. Ein solcher Zustand ist jedoch in diesem Alter nicht ungewöhnlich, wurde aber wohl durch den Verlust des Vaters erschwert.

Die blauen »Spritzer« auf beiden Seiten des rosa Bereiches sind auf deutliche emotionelle Spannungen zurückzuführen. Sie sind keine Anzeichen für eine Hemmung ihrer Zuneigung, sondern verraten, daß das Kind unter Spannungen innerhalb der Familie gelitten hat, schon bevor sie ihren Vater verlor. Normalerweise verschwinden solche Zeichen wieder aus der Aura, sobald die Spannungen nachlassen, aber in diesem Falle scheinen sie sich nur langsam zurückzubilden. Soviel emotionelle Belastung in so jungem Alter zeigt, daß das Kind nur wenig Geborgenheit fühlte, auch wenn es seiner eigenen Zuneigung freien Ausdruck gewährte.

Ich hatte die Gelegenheit, dieses Mädchen wiederzusehen – inzwischen als erwachsene Frau mit vier Kindern und etlichen Enkeln – und mit ihr über die Probleme und Ereignisse ihres Lebens zu sprechen.

Auch die reife Frau besitzt noch das Gespür für Schönheit, einen Sinn für Ästhetik, auch wenn sie ihre vielversprechende künstlerische Begabung nicht in dem Maße zum Ausdruck gebracht hatte, wie es vielleicht möglich gewesen wäre. Ihr angeborener Sinn für Farbe, Proportion und Form jedoch beeinflußt weiterhin das Verhalten gegenüber ihrer Umgebung. Von Häßlichem fühlt sie sich abgestoßen, und sie hat eine Gabe, selbst mit geringsten Mitteln überall, wo sie lebt, eine schöne, harmonische Umgebung zu schaffen.

Ich hatte ursprünglich den Eindruck von einer Person mit dem tiefempfundenen Bedürfnis, ihren Gefühlen Ausdruck zu geben. Heute, fünfzig Jahre später, ist dieser Zug nicht mehr latent, sondern zur Blüte gelangt. Zu lieben und sich geliebt zu wissen, ist überaus wichtig für sie. Aus diesem Grunde – und weil nahestehende Menschen auf ihr Bedürfnis nicht immer eingegangen sind – empfand sie oft Blockaden in ihrem Fühlen. Dies gilt selbst für ihre Beziehungen zu den eigenen Kindern. Von Natur aus äußert sie ihre Gefühle frei und spontan, aber viele Hindernisse stellten sich dieser Spontaneität in den Weg.

Deshalb hatte sie ihre emotionalen Höhen und Tiefen erlebt, gleichwohl jedoch nicht ihre Wärme verloren oder ihr starkes Verlangen, sich mit anderen Menschen auszutauschen; dies ist eine elementare Notwendigkeit ihres Wesens. Nicht jedermann spürt sie – manche Menschen scheuen sich sogar vor engen Beziehungen –, aber für sie ist es das wichtigste. Deshalb fällte sie ihre Entscheidungen oft impulsiv und ließ ihr Handeln vom Fühlen bestimmt werden. Auf diese Weise geriet sie in so manche schwierige und unglückliche Lage.

Jetzt hat sie endlich eine Arbeit gefunden, die sie interessiert, und ein Teil der Energie, die sie immer in ihre Gefühle für andere investierte, findet nun ein Ziel in der Beschäftigung, die ihr Freude bereitet. Damit ist sie nicht mehr so völlig abhängig von zwischenmenschlichen Beziehungen. Doch sie wird nie bei einer Arbeit glücklich sein, die ihr keine Gelegenheit zum Umgang mit anderen Menschen gibt; auch wenn solche Kontakte nicht persönlicher Natur sind, befriedigen sie doch in gewissem Maße ihr Bedürfnis nach menschlichem Kontakt.

Die Kinder sind nun nicht mehr von ihr abhängig, deshalb verlor auch der Kontakt zu ihnen seine Intensität. Immer noch zu erkennen ist die Folge der tiefen Enttäuschung, die sie über Jahre hinweg erlitten hatte; ihre Gefühle sind jedoch nicht mehr so starken Schwankungen ausgesetzt wie früher. Heute steht sie vor einer schwierigen persönlichen Situation, da diese jedoch gelöst wird, läßt auch der emotionale Druck etwas nach.

Das Gelb in ihrer Aura hat sich weiter ausgedehnt, die Farbe selbst intensiviert, weil die Frau zum ersten Mal in ihrem Leben versucht, Dinge zu durchdenken, anstatt nur impulsiv zu handeln. Ich kann sehen, daß sie anfängt zu überlegen, zu welchen Ergebnissen ihr Tun führen mag, und versucht, ihre Probleme Schritt für Schritt zu lösen, anstatt dem Diktat ihrer Gefühle zu folgen. Damit öffnet sich ihr Denken neuen Ideen. Religion und die Suche nach den eigenen geistigen Wurzeln hatte zeitlebens eine Rolle gespielt; Menschen jedoch, nicht abstrakte Gedanken, sind für sie eine Notwendigkeit. Da sie höchst intensiv in ihren emotionalen Beziehungen lebt, würde sie sich vereinsamt fühlen ohne jemand, der ihr nahesteht; sie ist keine Frau, die sich des Lebens allein erfreuen kann. Sie lebt auch sehr viel in der Gegenwart und hängt nicht an der Vergangenheit. Dies wirkt sich positiv aus: Obwohl sie ihre Kinder und Enkel sehr liebt, hält sie sie nicht fest.

Sie hat nun wirklich angefangen, ihrem Leben eine Wende zu geben. Die Depression, unter der sie infolge unglücklicher Beziehungen gelitten hatte, hat sie zwar noch nicht ganz überwunden, aber sie lernt aus ihren Erfahrungen. Jetzt beginnen hellere Farben durch die Depression hindurchzuscheinen, und die erhöhte Sensitivität wird aktiv. Die Frau ist gereift.

Wie Sie aus dieser kurzen Darstellung ihres Lebens erkennen können, zeigte sich die emotionale Wesensart dieser Frau schon sehr früh, und die in der Aura des Kleinkindes sichtbaren Tendenzen haben auch das Leben der Erwachsenen stark beeinflußt.

4. Ein siebenjähriger Knabe

In der Aura dieses siebenjährigen Knaben entwickeln sich das Denken und die anderen nach außen gerichteten Kräfte aktiv. Der Knabe war in jeder Hinsicht recht neugierig und stellte endlose Fragen; gleichwohl zeigt er nur wenig Interesse, Vorstellungen zur praktischen Anwendung zu bringen.

In diesem Alter beginnt die Aura, die Eiform sowie die strukturellen Merkmale des Erwachsenen anzunehmen. Die grüne Zone, ein so wichtiger Aspekt der reifen Aura, nimmt allmählich Gestalt an, das heißt das Kind beginnt, seine Welt zu erkunden und selbständig zu handeln. Doch die grüne Zone dieses Knaben reicht noch nicht bis an den Rand der Aura, weil seine Fähigkeit, Ideen in die Tat umzusetzen, noch in den Kinderschuhen steckt. Er hat nicht viel Interesse oder Begabung für manuelle Tätigkeiten, obwohl einige Zeichen dafür sprechen, daß er später als Erwachsener eine Reihe praktischer Talente entfalten könnte.

Intellektuelle Begabung zeichnet sich bereits in der kindlichen Aura ab, die jedoch eher eine tiefere mentale Ebene widerspiegelt als eine Fähigkeit, von der der Junge wirklich Gebrauch macht. Diese potentielle Gabe ist nicht nur an dem Gelb zu erkennen, sondern auch an der Tönung der grünen Zone, die ebenfalls einen Stich ins Gelbe aufweist. Der gelbgrüne Bereich rechts unterhalb der grünen Zone zeigt das Interesse an Dingen, den Gebrauch seiner Denkfähigkeit in der Schule, sein Gespür für die Bedeutung von Wörtern und ganz allgemein seinen Wunsch, Dinge kennenzulernen und zu wissen.

Am Fuße der Aura, oberhalb des üblichen »egoistischen« Grün-Brauns, ist so etwas wie eine Widerspiegelung dieser Eigenart in Gestalt einer großen Fläche von grünlichem Gelb, das sich quer über die Aura zieht. Das selbstbewußte Streben, die äußere Welt zu beherrschen, manifestiert sich als Selbstsicherheit, eine bei Kindern recht häufig anzutreffende Form der Egozentrik.

Das Rosa, das sich oberhalb der grünen Zone quer über die Aura erstreckt, zeigt, daß der Junge sehr viel Zuneigung empfindet, aber noch nicht Herr über seine Gefühle ist; sie sind unsicher und noch im Wachsen begriffen. Die Flecken im rosafarbenen Bereich weisen auf emotionelle Kämpfe und gelegentliche Wutausbrüche hin, aber sie werden bald wieder

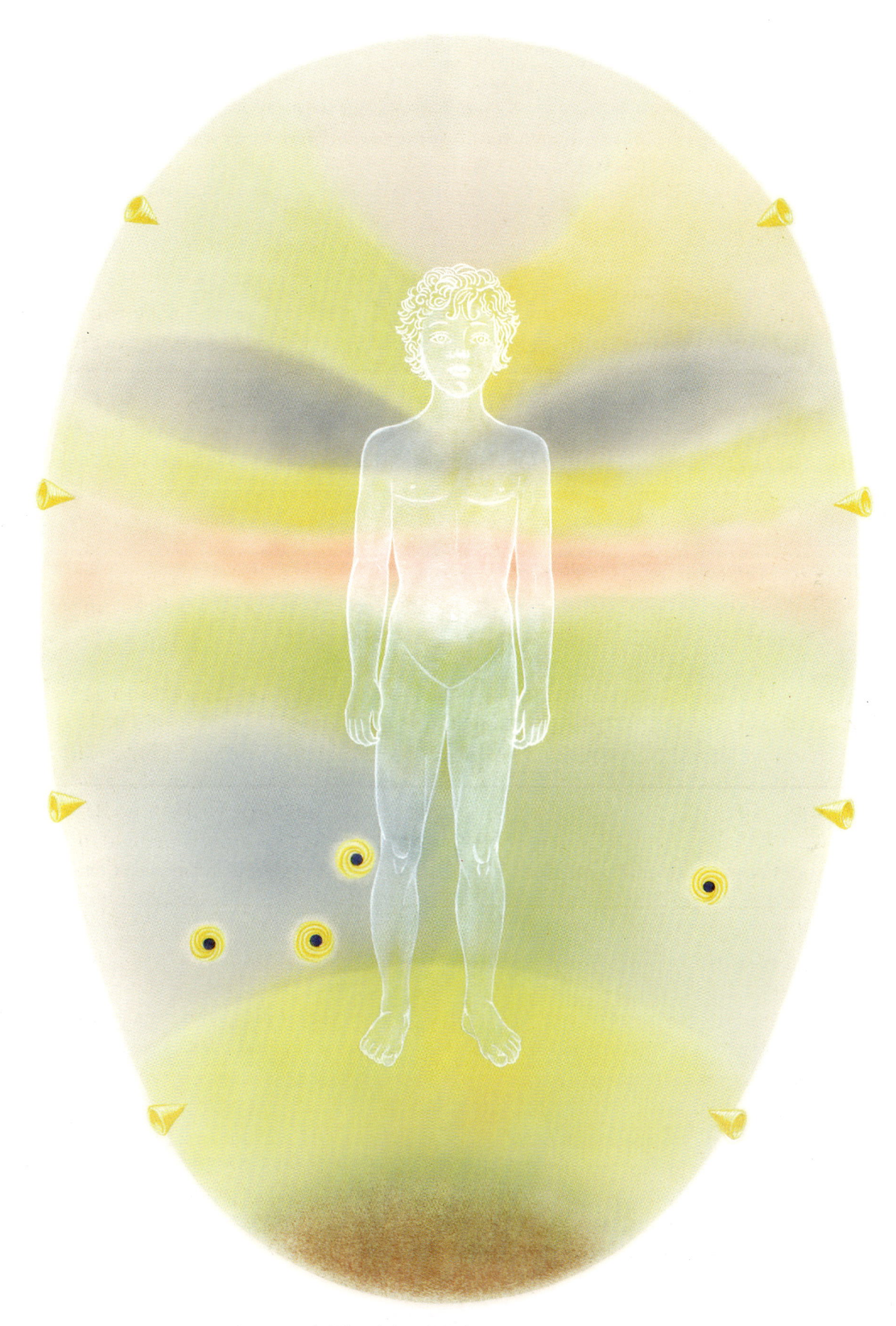

4. Ein siebenjähriger Knabe

verschwinden, da sie, wie bei den meisten Kindern, nur Erscheinungen des Augenblicks sind. Der Junge war empfindlich und in seinen Gefühlen leicht zu verletzen. Die opalisierenden Farben weiter oben zeigen eine etwas idealistische Einstellung zu seinen Mitmenschen, die ihn hin und wieder zu unrealistischen Erwartungen bezüglich ihrer Verhaltens- und Reaktionsweise verleiten kann.

Das Nebeneinander von Grün, Blaugrün und Gelb in der Aura dieses Jungen zeigt, daß er ein ästhetisches Gespür entwickeln wird – wenn auch nicht im üblichen Sinne, denn sein forschender Geist wird das Fühlen beherrschen. Dies zeigte sich bereits an seinen persönlichen Ansprüchen. Die Saat seiner intellektuellen Befähigung ist deutlich zu erkennen an der Tönung und Verbreitung des Gelbs in seiner Aura, aber auch daran, daß selbst die grüne Zone einen Gelbton aufweist. Doch die Farben oberhalb der grünen Zone sind noch nicht in Gebrauch; sie künden nur von dem, was sich noch entwickeln könnte.

Wie auch in den anderen Fällen steht das Blau hier für Willen oder Selbstbestimmung; die flügelförmigen blauen Felder im oberen Teil der kindlichen Aura zeigen, daß diese Kraft sich gerade zu entfalten beginnt. Eine weitere Bestätigung findet sich in der großen blauen Fläche unten links, die von den Anstrengungen des Jungen herrührt, seine Umgebung zu beherrschen. Sie zeigt auch eine Neigung, sich selbst zu überfordern, die ihm Energie raubt und die Gesundheit beeinträchtigt.

Das Purpur steht für eine überschattende Spiritualität, die sich angesichts der anderen Qualitäten des Knaben zu einem echten Interesse an der Beschäftigung mit geistigen Idealen und ihrer praktischen Umsetzung entwickeln kann. Das Grün im oberen Teil der Aura steht – in Verbindung mit dem durch Rosa dargestellten Idealismus – für Mitgefühl. Hier könnte es sich zu einem ehrlichen Interesse an gesellschaftlichen Problemen und einem aktiven Wirken zum Wohle der Menschen und zur Reform der Umwelt entwickeln.

Die karmischen Zeichen offenbaren, daß manche Schwierigkeiten im späteren Leben aus seinen Kontakten zu Menschen erwachsen, mit denen er zu tun hat. Mir ist klar, daß eine derart allgemein gehaltene Aussage wie ein selbstverständlicher Allgemeinplatz klingen mag, da die Probleme der meisten Menschen auf zwischenmenschliche Beziehungen zurückzuführen sind. Da die karmischen Zeichen jedoch sehr schwer zu deuten sind, kann ich nur wiederholen, daß sie hier auf die Bereiche zeigen, in denen Temperament und Eigenheiten – oder das persönliche Karma – des Menschen zu Problemen führen können. Im vorliegenden Fall ist es eine angeborene Empfindlichkeit, die den Jungen sehr verletzbar macht. Es gibt auch Anzeichen dafür, daß sein Idealismus sich so auswirkt, daß der Junge auf Schwierigkeiten stoßen wird, wenn es gilt, seine Vorstellungen auf befriedigende Weise in die Tat umzusetzen. Sein starkes Interesse für viele verschiedene Dinge wird ihm eine Quelle großer Freude sein, kann ihn aber auch von seiner Arbeit und Aufgabe ablenken.

Fünfzig Jahre nach Entstehen dieses Bildes ist der damalige Knabe ein Mann, der nach wie vor über ein gutes Sprachgefühl verfügt und große Geschicklichkeit in der Kommunikation entfaltet hat. Unbedachte oder leichtfertige Worte reizen ihn, denn er ist sehr empfindlich für feinste Bedeutungsnuancen. Nie hatte er Schwierigkeiten im Umgang mit anderen. Als Kind sprach er leicht und war nicht schüchtern; im späteren Leben war er immer imstande, seine Gedanken flüssig und klar zum Ausdruck zu bringen.

Heute hat er eine Reihe von Jahren erfolgreicher Lehrtätigkeit hinter sich und hat sich ausgiebig mit Computern und Programmierung beschäftigt. Sein waches und forschendes Denken ist seinen Interessen auf den verschiedensten Gebieten förderlich. Seine Treue zu spirituellen Grundsätzen – die sich schon in der kindlichen Aura andeutete –, nahm an Stärke und Tiefe zu, und er bemüht sich, sein Leben bewußt so zu führen, daß er sich in Übereinstimmung mit den geistigen Wahrheiten weiß.

5. Ein heranwachsendes Mädchen

In der Adoleszenz nähert sich die Gestalt der Aura der ovalen Form des Erwachsenen, bleibt aber am oberen und unteren Pol noch etwas runder. Unser Aura-Bild zeigt ein normales, gesundes Mädchen von etwa fünfzehn Jahren, das alle Zweifel und Unsicherheiten erlebt, die in diesem Alter üblich sind.

Wie Sie sehen, hat sich die grüne Zone, die die Fähigkeit des Individuums darstellt, Gedanken und Gefühle in die Tat umzusetzen, mittlerweile ganz ausgebildet und reicht bis zum Rand der Aura. Im vorliegenden Fall ist sie recht breit und von etwas dunklerer Farbe, die wiederum auf die Möglichkeit künstlerischer Sensitivität schließen läßt. Das Verschwimmen der Farbe am Rande sowie die rosafarbenen Wellenlinien beruhen auf der Tatsache, daß das Mädchen noch nicht zu unterscheiden vermochte zwischen dem, was sie tat, und dem, was sie fühlte. In diesem Alter sind Träume und Sehnsüchte sehr mächtig, aber noch recht nebulös.

Der dunkelblaue, von Grau überzogene Bereich am Grunde der Aura ist ein Anzeichen für Egoismus oder Egozentrik. Diese Züge veranlassen das

Mädchen, Störungen abzulehnen und ihren eigenen Willen durchzusetzen – was jedoch auch bei Teenagern kein ungewöhnliches Phänomen darstellt. Im Grunde handelt es sich um die Äußerung des sich entfaltenden Willens und Wunsches zur Selbstbestätigung. Im Falle dieses Mädchens ist das Gefühl mit Spannung vermischt, da sie den Eindruck hatte, nicht mit Erfolg sie selbst zu sein; sie war deshalb hin und wieder krank. Sie wollte nicht egoistisch sein, aber dieser Zug ließ sie oft egoistisch handeln. Braun und Grün oberhalb des dunkelblauen Bereichs stehen für die gewöhnlichere Art des Egoismus, der Dinge, Vergnügen usw. haben will. Die bis in die rosafarbene Zone darüber reichenden blauen Linien zeigen, daß die angespannten unangenehmen Empfindungen sich auch auf die Dinge bezogen, die das Mädchen gerne unternahm.

Das Symbol eines Pferdekopfes im Bereich der Füße ist sehr interessant. Es spiegelt eine sehr starke Liebe zu Pferden wider; die violette Farbe jedoch zeigt, daß dieses Gefühl viel tiefer reicht als die bei jungen Mädchen recht verbreitete Liebe zum Reiten: Das Violett ist ein Ausdruck der edelsten Farbe in dieser Aura. Alle höchsten, sogar spirituellen Wünsche finden hier gewissermaßen im kleinen Ausdruck in den Empfindungen für Pferde, die wiederum ihre Leidenschaft für Freiheit und Loslassen von Schwierigkeiten und Unsicherheiten des Lebens verkörperten – Schwierigkeiten, die freilich vor allem in ihrer Vorstellung existierten. Doch als das Aura-Bild entstand, erlebte das Mädchen zu Hause einiges an Reibung, besonders mit ihrem Vater, der recht dominant und unflexibel war. Die Spiralen auf der linken Seite in Höhe der Knie zeigen eine schon lange anhaltende Spannung bei den Eltern.

Die kleine Szene, die in der grünen Zone erscheint, bestätigt dies, denn man kann sie als einen Traum von Handeln und Freiheit deuten. Jedesmal, wenn das Mädchen aufgeregt oder unglücklich war, stellte sie sich vor, frei und ungebunden auf dem Rücken eines Pferdes über offenes, wildes Land dahinzugaloppieren, wo nichts und niemand sie behinderte. Das ist ein Auflehnen gegen die derzeitigen Lebensumstände – ein Symbol, das durch eine Art blauen Wirbel, ebenfalls in der grünen Zone, noch ergänzt wird –, hervorgerufen von ihrem Verlangen, etwas zu tun, und ihrer Enttäuschung, nicht zu wissen, wo sie damit beginnen sollte.

Sie war wirklich ein liebevolles Mädchen – zu erkennen an dem großen rosafarbenen Bereich in ihrer Aura –, doch selbst wenn sie auf andere zuging, hielt sie sich zurück. Gerade jetzt waren ihre Gefühle vermischt mit den Dingen, an die sie dachte, was sie zuweilen verwirrte. Sie war noch nicht ganz für die Wirklichkeit erwacht, sondern lebte zum Teil noch in einer Traumwelt. Viel Gelbgrün in ihrer Aura zeigt an, daß sie beträchtliche Bega-

5. Ein heranwachsendes Mädchen

bung für künstlerische und intellektuelle Leistung besaß, wenn sie ihre Fähigkeiten erst zum Gleichgewicht brachte – was zu diesem Zeitpunkt gewiß noch nicht erreicht war. Ihr Denken, mit dem sie im Grunde bestens ausgestattet ist, war zum Teil durch die chaotischen Gefühle blockiert.

All dies ist an dem Gelb oberhalb der grünen Zone zu erkennen. Das Blaugrün gegenüber, dessen Farbe sich in der grünen Zone widerspiegelt, zeigt ein Gefühl für Schönheit und deutet ebenfalls künstlerische Begabung an. Das blasse Lavendel-Rosa im oberen Bereich ist eine Mischung von Zuneigung und dem Streben nach Freiheit und eigener Identität. Diese Kombination nimmt hier in späteren Jahren wahrscheinlich die Form einer tiefen Verbundenheit mit der Natur und allem Lebendigen an sowie eines allgemeinen Verlangens, Menschen zu helfen, so gut sie konnte.

Sie werden bemerkt haben, daß die karmischen Zeichen hier kleiner sind als bei den Aura-Bildern der jüngeren Kinder; zudem wandern sie auf den Rand der Aura zu. Auch ihre Form hat sich verändert: die Wirbel sind nicht mehr so kompakt, sondern etwas offener, und ihr Kern ist offen und fast dreieckig. Dies hat seinen Grund darin, daß viel von ihrer Energie bereits in die Aura aufgenommen wurde. Gleichwohl nehme ich wahr, daß zwar die Freundlichkeit des Mädchens immer stark ausgeprägt sein wird, ihre innere Zurückhaltung es ihr jedoch erschweren wird, ihr Ausdruck zu verleihen. Es gibt auch Anzeichen, die darauf schließen lassen, daß sie irgendwie daran gehindert werden könnte, ihre angeborenen Fähigkeiten ganz zu verwirklichen.

In diesem Alter sind junge Menschen oft eine Mischung von Unsicherheit und Selbstsicherheit, lehnen sich gegen ihre Eltern auf, wollen ihren Willen durchsetzen, ohne zu wissen, worin er besteht. Diese Aura ist deshalb interessant, weil sie ganz typisch ist für den mentalen und emotionalen Zustand, der die Jugend kennzeichnet.

Ich habe den Kontakt mit diesem Mädchen nicht über die Jahre hinweg aufrechterhalten, erfuhr jedoch von Bekannten, daß sie sich nach dem Bruch mit den Eltern anläßlich ihrer Heirat später mit diesen versöhnte und ihre alte Mutter versorgte. Sie und ihre Eltern waren sich nie sehr nahegestanden, und sie hatte es immer abgelehnt, die elterlichen Vorstellungen und Ideale zu übernehmen. Ihren Traum von einem Leben, in dem Pferde eine wichtige Rolle spielen würden, verwirklichte sie nie. Dennoch war ihr Leben erfolgreich, denn sie konnte ihren Wunsch nach Unabhängigkeit erfüllen. Sie wurde eine ausgeglichene, glückliche Frau, führte eine gute Ehe und ein erfreuliches Familienleben.

Reife

Um zu illustrieren, welche Veränderungen in der Aura eintreten, wenn der Mensch die Reife erreicht, habe ich zwei Beispiele ausgewählt – einen Mann und eine Frau –, die zur Zeit der Entstehung der Aura-Bilder ausgeglichen, aktiv und in der Blüte ihrer Jahre waren. Sie werden sofort erkennen, daß die Auren von Erwachsenen insgesamt recht komplex sind, da eine Vielzahl von Erfahrungen und Erlebnissen ihre Spuren hinterlassen und sich eingeprägt haben und oft den Inhalt des Lebens beeinflussen.

Beide hier abgebildeten Menschen hatten gewisse Talente und Interessen, beide verfolgten eifrig ihre Karriere, was in diesem Lebensabschnitt als durchaus normal gelten kann. Ihre Erlebnisse jedoch waren sehr unterschiedlich. Gemeinsam zeigten sie ein Merkmal, das sie vermutlich abhebt von jenen, die wir als die gewöhnlichen Männer oder Frauen von der Straße bezeichnen würden: Beide Personen waren zwar nicht religiös im landläufigen, strengen Sinne des Wortes, aber sie waren – jeder auf seine Weise – Idealisten, und bemühten sich, ihr Leben nach ethischen Grundsätzen zu gestalten. Die Resultate dieses Interesses jedoch schlagen sich in ihrer Aura unterschiedlich nieder, da ihr Leben, Charakter und Karma völlig verschiedenartig waren.

6. Künstlerin in den Dreißigern

Auf den ersten Blick stellen wir fest, daß wir eine voll ausgebildete Aura vor uns haben, in der alle in Kapitel IV beschriebenen Merkmale sichtbar vorhanden sind. Da es sich hier um eine Person handelt, die aktiv damit beschäftigt ist, ihre Karriere zu verfolgen, spiegeln sich die im oberen Teil der Aura dargestellten Potentiale in der unteren Hemisphäre wider, die zum Ausdruck bringt, was das Individuum zur Zeit tut und fühlt. Diese Symmetrie ist ein Zeichen für ein ausgeglichenes Individuum, das seine Fähigkeiten frei zum Ausdruck bringt.

Hier haben wir die Aura einer praktizierenden Künstlerin, die ihren Unterhalt seit Jahren durch die Ausübung ihres Talents verdiente. Auch ohne diese Information hätte ich dies augenblicklich erkannt an der Breite, Tönung und Leuchtkraft der grünen Aura-Zone – sie alle zeugen von einer begabten Künstlerin, bei der Kopf und Hände, Wahrnehmung und Ausführung gut übereinstimmen. Sie verdiente ihr Geld schon seit geraumer Zeit auf dem Gebiet der angewandten Künste und hatte mit Erfolg in einer Reihe verschiedener Bereiche gearbeitet: sie malte, fertigte bunte Glasbilder an und bewährte sich auch als guter Zimmermann. Sie war also sowohl praktisch als auch vielseitig. Dies alles zeigt sich in der grünen Zone ihrer Aura sowie an der Tatsache, daß diese tiefer reicht als gewöhnlich.

Der Grund der Aura ist vom Braun des Egoismus oder der Egozentrik gefärbt. Dieser Zug ist beim Menschen fast instinkthaft, da er bei jedem in der einen oder anderen Form anzutreffen ist. Wenn er, wie hier, ganz unten erscheint, bedeutet der »Egoismus« mehr eine Art angeborenes oder latentes Verlangen, man selbst zu sein oder die Dinge zu haben, die einem dies ermöglichen – nicht so sehr der egoistische Wunsch, im Mittelpunkt der eigenen Welt zu stehen.

Der unterste Teil der Aura birgt die Reste unserer frühen Erlebnisse; was unterhalb der Füße angesiedelt ist, ist schon fast aus unserem Bewußtsein verschwunden, kann uns aber noch unbewußt beeinflussen. Bereits als Kind experimentierte diese Frau mit verschiedenen Möglichkeiten, Dinge zu tun, wie der große grüne Bereich um ihre Füße zeigt. Wenn Grün sich, wie hier, mit Braun vermischt, ist das ein Zeichen von Verwirrung, entstanden aus dem Verlangen, sich auf irgendeine – wenn auch nicht genau empfundene – Weise Ausdruck zu geben. (Ähnliches stellten wir bereits bei dem jugendlichen Mädchen fest.) Die Wirbel sind Ergebnis ihrer kindlichen Sehnsüchte; sie neigte dazu, endlos über Dinge nachzugrübeln. Das blaue Kreuz stammt aus ihren Träumen im Kindesalter, die sie oft erschreckten, aber auch von ihren vagen Bestrebungen, die höchsten Aspekte ihres Wesens zu erkennen und zum Ausdruck zu bringen.

Die anderen gelben und grünen Wirbel, die man etwas weiter oben sieht, sind Reflexionen von Erlebnissen in früher Jugend und Adoleszenz. Ihre Farbe verrät, daß die Frau einigen Kummer und Enttäuschung in Zusammenhang mit dem erlitt, was sie aus ihrem Leben machen wollte. Der rote »Korkenzieher« muß von einer sehr gefühlvollen Episode herrühren, die sie schmerzlich erlebte und in der sie sich wie in einer Falle empfand. Die tropfenähnliche Formation zur Linken stammt von einer idealisierten Herzensaffäre, die eher angenehm als schmerzlich war und vielleicht gar nicht auf ganz bewußter Ebene ablief. Wenn solche Konfigurationen etwas höher in der Aura auftauchen, deuten sie auf Ereignisse in jüngerer Zeit hin, denn der untere Teil der Aura spiegelt, wie gesagt, die Vergangenheit, das Wachstum und die derzeitige Aktivität wider.

Als dieses Bild entstand, widmete sich die junge Frau ganz ihrer Kunst und Arbeit für ihren Lebensunterhalt. Sie interessierte sich jedoch auch für metaphysische Gedanken und die Beziehung zwischen Kunst und idealen Formen, wie sie von Platon beschrieben wurden. Sie besaß also ein starkes Gespür für Ordnung und befand sich in einer Art symbolischen Wende im

6. Reife: Künstlerin in den Dreißigern

Denken, der sie Ausdruck zu geben trachtete. Das Gelb, das an zwei Stellen im oberen Teil der Aura erscheint, zeugt von dieser intellektuellen Suche, aber auch von der Bemühung, etwas von den Gesetzen der Natur zu verstehen.

Die Figuren innerhalb der grünen Zone spiegeln ihr Interesse an dynamischer Symmetrie wider, das seinerzeit recht verbreitet war. Die Künstlerin bemühte sich, die geometrischen Grundsätze zu verstehen, die Gestalt und Struktur in Natur und Kunst zugrundeliegen. Die hier dargestellten Figuren sind kein dauerhafter Aspekt der Aura, denn wenn sich Aufmerksamkeit und Interesse anderen Dingen zuwenden, verschwinden sie allmählich. Zur Zeit jedoch war die Frau ganz darauf konzentriert, ihre künstlerische Ausbildung in ihrer Arbeit zur Anwendung zu bringen und auch in ihrer Kunst die Form-Prinzipien zu verwirklichen, die gerade ihr Interesse auf sich zogen.

Der purpurne Fleck unterhalb der grünen Zone ist ein ungewöhnliches Phänomen, denn diese Farbe ist an dieser Stelle gewöhnlich nicht anzutreffen. Die purpurne Fläche zeigt die Anstrengungen der Frau, ihr intuitives Gespür im täglichen Leben zum Ausdruck zu bringen. Das korrespondierende gelbe Feld auf der gegenüberliegenden Seite steht für eine ähnliche Bemühung, das Denken im täglichen Erleben zur Anwendung zu bringen. Das Gelb ist jedoch nicht so klar wie das purpurne Feld, das heißt die Künstlerin war in dieser Hinsicht nicht so erfolgreich.

Eine weitere interessante Erscheinung in dieser Aura ist die rosa Flamme im gelben Feld, das oberhalb der grünen Zone mentale Tüchtigkeit anzeigt. Ursprung der Flamme ist das Gefühl der Bewunderung und Achtung für jemand, der ihre intellektuellen Interessen anregte, besonders zur Beschäftigung mit archetypischen Formen. Dieses Zeichen sowie die Nebeneinanderstellung von Rosa und Gelb und dem Blau-Violett auf der gegenüberliegenden Seite zeigt, daß die Frau gerne von ihrem Denken Gebrauch macht und ein sehr starkes Verlangen hat, ihre Intuition einzusetzen. Die Blässe dieser Farbe weist jedoch darauf hin, daß die angeborene Begabung jedoch zur Zeit nicht besonders ausgeübt wird. Die beiden Streifen – blaugrün auf der einen, blau auf der anderen Seite – beziehen sich auf ihre Wahrnehmung der Schönheit als eines hohen Ideals im Sinne Platons und auf ihre Verehrung dieses Ideals.

Obwohl im oberen Teil der Aura recht viel Rosa wahrzunehmen ist – das für eine umgängliche, liebevolle Wesensart spricht –, spiegelt es sich unterhalb der grünen Zone nicht sehr deutlich wider. Die Frau scheint zur Zeit – außer zu Bruder und Mutter – keine enge persönliche Beziehung zu pflegen.

Meine Eindrücke zusammenfassend, spürte ich, daß ich hier eine Person vor mir hatte, die sich stets guter Gesundheit erfreuen sollte, da ihre Aura so ausgeglichen war und sie ihre Anlagen auf der materiellen Ebene so frei zum Ausdruck brachte.

Später zog diese junge Frau an die Westküste der Vereinigten Staaten, wo sie weiterhin von der Ausübung ihrer Kunst in den verschiedensten Disziplinen lebte. Zu einer späteren Zeit mußte sie ihre Malerei aufgeben, da ihre Mutter krank und ganz von ihr abhängig wurde. So verhinderte ihr persönliches Karma, daß sie alle ihre künstlerischen Hoffnungen verwirklichen konnte. Doch sie akzeptierte die Situation überaus mutig und kam ihrer Mutter immer näher, so daß sich ihre Begabung für warmherzige, liebevolle Beziehungen weiter entfaltete. Sie heiratete nie, sondern lebte still bis in ihre Achtziger, erfreute sich guter Gesundheit und blieb ausgeglichen und heiter.

7. Mann in den Vierzigern

Dies ist das Bild eines kräftigen Mannes im besten Alter von etwa fünfundvierzig Jahren. Seine Talente waren gut entfaltet, und er stand in der Mitte eines aktiven Lebens mit allen damit verbundenen Schwierigkeiten und Problemen. Dies zeigt die starke Färbung der Aura, besonders im unteren Teil. Die dunklen Farben bedeuten auch, daß er ein beherrschter, zurückhaltender Mensch war, der seine Gefühle nicht leicht mit anderen teilte. Er war ein Mann von starkem Charakter und machtvollen Emotionen, die ihn manchmal in unterschiedliche Richtungen zogen. Er besaß hohe Ideale, nach denen er leben wollte; und so kam es zu inneren Konflikten.

Die großen blauen Bereiche am oberen Pol seiner Aura zeigen die Möglichkeit einer tief religiösen Wesensart. Die unterschiedlichen Blautöne – insbesondere das Blau mit einem Hauch von Purpur – vermitteln dem Betrachter, daß der Mann immer einen geordneten, ritualistischen Zugang zur Spiritualität anstreben würde. Sein Ideal wäre eine Art ethischer Ordnung, die eine Welt vollkommenen Friedens erschaffen würde, in der sich geistige Prinzipien und Maßstäbe widerspiegelten.

Das Gelb oberhalb der grünen Zone zeigt, daß der Mann besonnen und von gutem Denkvermögen war, wenn auch kein Intellektueller. Hier geht das Gelb in ein Gelbgrün über, das darunter liegt und selbst wiederum an die grüne Zone grenzt. Diese »Nachbarschaften« zeigen, daß er sich bewußt bemühte, offenere, mitfühlendere Beziehungen zu anderen Menschen zu entwickeln. Die rosafarbenen Wirbel im gelbgrünen Feld rühren von seinen Anstrengungen her, zu verstehen, wie er den Gegenstand seiner Beschäftigung als altruistische Gesinnung in seinem täglichen Leben umsetzen konnte. Diese Bemühungen wurden oft von Störungen beeinträchtigt. Sie stehen stellvertretend für jene Art gemischter Gefühle, die so viele unter uns erleben, denn es ist durchaus möglich, zwei ganz gegensätzliche Gefühle zugleich zu empfinden. In diesem Falle handelte es sich um eine Kombination von Gereiztheit und dem aufrichtigen Verlangen, das beste zu geben und anderen zu helfen.

Die grüne Zone ist nicht besonders breit, und ihre gelbliche Tönung zeigt an, daß körperliche Arbeit nicht das Metier dieses Mannes war. Tatsächlich war er manuell nicht sonderlich geschickt, auch wenn er es sich gewünscht hätte. Gelegentlich versuchte er, etwas zu erledigen, was eine gewisse körperliche Gewandtheit erforderte, zeigte sich dabei jedoch nicht sehr erfolgreich. Das gelbe und rosa Muster, das die grüne Zone durchzieht, ist ein weiteres Anzeichen für seine grundsätzliche Orientierung nach Ordnung. Es steht für seine Arbeit, die methodisch und regulierend war und von seiner natürlichen Neigung profitierte, systematisch zu denken sowie Ordnung und System in alles einfließen zu lassen, was er tat. Die Hälfte dieses Musters war rosa statt gelb, das heißt er bemühte sich, anderen Menschen gegenüber freundlich und nett zu sein. Er war immer eifrig bereit zu helfen, besonders in organisatorischen Dingen, denn hier lag seine Begabung.

Betrachten wir die Zeichen der Vergangenheit im unteren Teil seiner Aura, fällt uns auf, daß dieser Mann eine sehr schwierige Kindheit gehabt haben muß, in der er von Menschen mit starken, sogar heftigen, gewaltsam ausbrechenden Emotionen umgeben war. Die rotbraune »Ablagerung« am Grunde der Aura, die von einer grauen Schicht überlagert wird, zeigt die Auswirkungen sehr starker Emotionen, die im Kindesalter um ihn und sogar in ihm hochkamen, obwohl er versuchte, ihnen zu widerstehen. Auch wenn die Gewalt sich nicht gegen ihn richtete, litt er unter ihr, wie es Kinder tun. Die kleinen, engen Wirbel in diesem Bereich sind Reste jener schmerzlichen Erlebnisse in der frühen Kindheit, denn die Szenen, die er miterleben mußte, waren für sein Nervensystem ein Schock und betrafen ihn zutiefst. Die rotbraune Farbe bedeutet weiterhin, daß er in der Jugend Vergnügen und Luxus liebte und sehr viel Wert auf die guten Dinge des Lebens legte – eine Einstellung, die er weitgehend hinter sich gelassen hat.

Die an eine Schlange erinnernde Figur unter seinen Füßen ist nicht nur ein Symbol für wiederkehrende Alpträume, sondern auch ein Indiz, daß manche der Menschen, die in seiner Kindheit zu seiner nächsten Umgebung gehörten, von Feindseligkeit erfüllt waren und in seiner Anwesenheit

7. Mann in den Vierzigern

erbittert stritten. Das Kreuz ist darüber hinaus ein Zeichen von Angst und Konflikt, hier jedoch waren solche Gefühle mit der religiösen Erziehung verknüpft. Beide Symbole sind in der Aura unterhalb der Füße, das heißt, sie beziehen sich auf eine Zeit, die recht früh in seinem Leben anzusiedeln ist; gleichwohl sind es Spuren, die er noch als Erwachsener trägt.

Der grün und purpurrot gestreifte Bereich rechts unten im Bild rührt von Aktivitäten her, die sehr starke Gefühle in ihm weckten. In seiner Jugend war er sehr rebellisch und sympathisierte mit der revolutionären Bewegung in Rußland, die seinerzeit zahlreiche Idealisten begeisterte, die von der Idee erfaßt waren, für bessere Lebensumstände der Menschen zu kämpfen. Die roten Streifen verraten, daß der Mann mit Gewaltakten in Berührung kam, aber daß sie mit grünen Streifen abwechseln, bedeutet, daß er selbst von Mitgefühl für das menschliche Leid bewegt war und daran glaubte, Menschen zu helfen. Da diese Streifen recht hoch in die Aura emporreichen, sind die mit ihnen verknüpften Gefühle nicht völlig verschwunden; er konnte immer noch wütend werden, wenn er etwas als soziale Ungerechtigkeit empfand.

Das Dunkelblau neben diesem gestreiften Bereich ist ein religiöses Empfinden, das zum Teil das Blau aus dem obersten Teil der Aura widerspiegelt. Es zeigt, daß er in seiner Jugend nach einer spirituellen Bewegung suchte, die er als echt empfinden konnte; seine Suche war aber halbherzig und ohne wirkliche Überzeugung. Erst viel später im Leben fand er, wonach er gesucht hatte.

Auch auf der gegenüberliegenden Seite der Aura ist blau anzutreffen, wenn auch ein ganz anderer Ton. Dieses bläuliche Feld liegt außerhalb des liebevollen Rosa am Rande der Aura und zeigt, daß der Mann in der Äußerung seiner Gefühle gehemmt wurde. Er war im Grunde sehr liebevoll und wollte sich seinen Lieben gegenüber freundlich und großzügig zeigen, doch es fiel ihm sehr schwer, spontan zu sein und seine Gefühle offen zu zeigen.

Der große orange »Wolkenstreif« scheint aus dieser Farbe herauszuwachsen. Sie werden solche Gebilde auch in anderen Auren sehen; sie beziehen sich immer auf Stolz, Selbstsicherheit und Selbstüberschätzung. Dieses Feld ist recht locker und flaumig, das heißt, der Mann war nicht auf die Überzeugung fixiert, recht zu haben; vielmehr vertraute er auf die Ideen, denen er sich verschrieben hatte, und war entschlossen, ihnen zu folgen. Die Lage dieses orangen »Wolkenstreifs« in der Nachbarschaft von Blau und Rosa ist ein Zeichen seiner Ausdauer, ungeachtet der Opposition von jemandem, der ihm viel bedeutet: seiner Frau. Das Orange, das die rosa Färbung überlagert, zeigt, daß er seiner Frau zwar zugetan war, daß deren Kritik sein Selbstwertgefühl jedoch oft untergrub.

Es war ein turbulentes Leben mit vielen traumatischen Erlebnissen, und auch jetzt hatte er es nicht leicht. Die »Spritzer« in dem grünen Bereich unterhalb der grünen Zone zeigen seine Probleme und Schwierigkeiten im Geschäft, und ihre rosa Färbung stellt die Verbindung zu Problemen mit seiner Frau her. Obwohl diese ihn in vieler Hinsicht — besonders finanziell — unterstützte, empfand sie doch leider nie Sympathie mit den Dingen, die ihm am meisten bedeuteten.

Die spirituelle Suche, die in der Jugend enttäuscht wurde, hatte ihn vor kurzem mit einer Organisation in Berührung gebracht, die sich auf das Ideal der Bruderschaft aller Menschen stützte. Für ihn verkörperte diese Gruppierung alle jene hohen Ideale, die ihn zu seinen revolutionären Aktivitäten in Jugendzeiten veranlaßt hatten, und er schloß sich ihr begeistert an. Den Rest seines Lebens blieb er ein treues Mitglied dieser Organisation und versuchte, sein Leben und Verhalten nach ihren ethischen Grundsätzen auszurichten. Auch in dieser Hinsicht teilte seine Frau seine Interessen nicht und zeigte auch kein Verständnis für seine Bestrebungen, obwohl sie sich seinen Aktivitäten nicht direkt in den Weg stellte. Weil er ihr gegenüber eine starke Loyalität empfand, mußte er umso stärker an das glauben, was er tat. Er fügte sich eisern seinen ethischen Prinzipien und war etwas starr und festgefahren dabei, anderen gegenüber gab er sich jedoch nie ohne Toleranz. Dies alles zeigt sich an dem orangen Bereich in seiner Aura. Der Umstand, daß er jedoch von lockerer Beschaffenheit und nicht klar begrenzt ist, verriet mir, daß sich dieses Orange später, wenn er sich erst besser an seine neu entdeckten Ideale gewöhnt hätte, auflösen und vergehen könnte.

Dieser Mann war von Hause aus ein fürsorglicher Mensch, vielleicht eher mitfühlend als liebevoll. Er mochte die Menschen und war sehr freundlich und zugänglich, und so hatte er zahlreiche Freunde, die ihn schätzten. Er liebte Kinder und war gerne mit ihnen zusammen. Er teilte ihre Interessen, hatte aber leider nie eigene Kinder. Vielleicht aus diesem Grund war er auch Tieren sehr zugetan und hatte einen Hund, den er sehr liebte.

Dieses Bild ist besonders interessant, da es eine Aura in einer Übergangsphase zeigt und den Kampf eines Menschen auf dem Weg zur Selbstfindung wiedergibt. Sehr viel Konflikt ist zu erkennen, weil dieser Mann versuchte, seine natürlichen Impulse zu achten und seine persönlichen Probleme in Übereinstimmung mit den spirituellen Idealen zu lösen, denen er sich verschrieben hatte. Als ihm Meditation empfohlen wurde, widmete er sich begeistert und mit ganzem Herzen dieser Übung, und weil er in allem sehr methodisch vorging, praktizierte er sie regelmäßig, Tag für Tag. Infolge dessen begannen sich mehr Ausgeglichenheit und Ordnung in seiner Aura auszubreiten. Anzeichen seiner höheren Wesensnatur sehen Sie in den Farben, die sein tägliches Leben darstellen, trotz der gelegentlichen Turbulenzen. Dies zeigt, daß er nicht nur seine angeborenen Gaben nutzte, sondern daß auch seine höheren Qualitäten verstärkt und unterstützt wurden durch sein Tun und Verhalten.

Die Hingabe dieses Mannes war so stark, daß bei seinem Tode, etwa zwanzig Jahre später, gewiß alle inneren Konflikte weitgehend gelöst waren. Ich stütze mich mit dieser Annahme auf den Grad der Lichtheit, die in den oberen und unteren Teilen seiner Aura hervorzutreten begann.

8. Alter: Frau in den Neunzigern

Diese Aura einer Frau von zweiundneunzig Jahren zeigt deutliche Zeichen des fortgeschrittenen Lebensalters.

Zunächst ist die ganze Aura von einem grauen Schleier überzogen, der besonders über dem unteren Teil dichter scheint. Er beruht auf der Verschleierung ihrer Fähigkeiten, denn die Frau war nicht mehr klar bewußt, und ihr Erinnerungsvermögen hatte nachgelassen. Ihre Aktivität in der Welt war stark reduziert und lag größtenteils in der Vergangenheit. Auch ihre Energie (die im Bild unmöglich darzustellen ist) hatte sich merklich verlangsamt. Und so zeigt sich in dieser Aura eher die Vergangenheit als die Gegenwart. In deutlichem Kontrast zu Kindern, deren Aura von zu entfaltenden Talenten und Möglichkeiten dominiert wird, bietet die Aura des alten Menschen oft vor allem eine Aufzeichnung der vergangenen Erlebnisse und Leistungen.

Aus diesem Grunde könnte man erwarten, daß die Farben im oberen Teil der Aura sich schwächer zeigen als im unteren, doch dies ist nicht der Fall. Die Erinnerungen an die Vergangenheit sind dem Bewußtsein der alten Dame zum Teil entschwunden, und sie empfand die Gefühle nicht mehr so stark wie früher, aber die höheren Prinzipien waren immer noch aktiv. Deshalb bleiben die Farben im oberen Teil der Aura strahlend und lebhaft. Doch das Gelb reicht nicht bis zum Rand der Aura, weil die Frau von ihren mentalen Kräften nicht mehr viel Gebrauch machte.

Ein weiterer altersbedingter Aspekt ist an den Rändern der Aura wahrzunehmen: die Grenzen sind verwischt, und es gibt keine klare Abgrenzung zwischen den eigenen Gefühlen und dem allgemeinen Emotionalfeld. Dies beruht vermutlich darauf, daß die Frau nicht mehr auf ihr emotionales Umfeld ansprach oder den Austausch pflegte.

Bei der Betrachtung ihrer Aura hatte ich den Eindruck, daß ein starker

8. Alter: Frau in den Neunzigern

Wille immer das herausragendste Merkmal dieser Persönlichkeit gewesen sein mußte. Das Graugrün am Grunde der Aura deutet an, daß der natürliche Egoismus diese Ausdrucksform gewählt haben mußte – eine Entschlossenheit, voranzuschreiten und alles auf eigene Weise zu tun, komme da, was wolle. Vermutlich hatte die Frau anderen Menschen oft ihren Willen aufgezwungen. In ihren jungen Jahren muß sie viel unter Spannung und Niedergeschlagenheit gelitten haben, denn viel Grau zeigt sich beim unteren Pol der Aura. Bedingt waren solche Erlebnisse wohl durch die strenge Erziehung, die in viktorianischer Zeit üblich war und für einen jungen Menschen ihres Temperaments sehr viel Unterdrückung bedeutete.

Die Farben gleich darüber sind ebenfalls von Grau getrübt, das heißt, daß die Frau etwas später eine schwierige Phase erlebte und auf sich gestellt war. Sie war 1847 geboren, als Frauen noch alles andere als emanzipiert waren und sehr kämpfen mußten, um etwas für sich zu erreichen. Die grauen Wirbel sind von Sorgen geblieben, die sie seinerzeit sehr beschäftigten, die aber verblaßt sind und kleiner wurden, da jene Zeit schon sehr lange vorbei war.

Das Rosa im oberen Teil der Aura ist sehr klar und zeigt ihre echten Gefühle der Freundlichkeit und Zuneigung, aber auch ihren Altruismus. Dieses Rosa spiegelt sich im unteren Teil wider, ist aber mit zunehmendem Alter schwächer geworden. Die Frau war mit dem Kapitän eines Schnellseglers verheiratet, der im Handel mit China tätig war; sie hatten drei Töchter und einen Sohn. Ihr Mann starb früh, und vielleicht aus diesem Grunde konzentrierte sie ihre tiefsten Gefühle auf den Sohn. Sie betete ihn an, und auch er war sehr gut zu ihr, starb aber ebenfalls jung, während seine Kinder – ihre Enkel – noch klein waren. Sein Tod war für die Mutter ein Schlag, von dem sie sich nie ganz erholte, denn das Purpurblau mit dem grauen Wirbel auf der linken Seite ihrer Aura ist von einer Zeit tiefen Kummers in ihren mittleren Jahren geblieben. Es gibt noch andere Anzeichen vergangener Tragödien, etwa die grünen Flecken im unteren Teil der Aura. Doch sie sind nun halb vergessen, wenn auch nicht ganz aus dem Sinn verloren.

Ein interessantes Bild erscheint unten auf der rechten Seite der Aura: das Doppelportrait ihres Sohnes als Kind und als erwachsener Mann. Der Grund für dieses Doppelbildnis ist, daß die Erinnerung an ihn für sie zum Symbol der Kindheit wurde und die Bedürfnisse und Rechte aller Kinder verkörperte. Ihre tiefe Liebe zum Sohn brachte sie zu ihrem Interesse am Wohl der Kinder – einem Interesse, daß zu einem lebenslangen Anliegen wurde und sie bewegte, sich am Kampf für das Wahlrecht der Frau zu beteiligen.

Ihr ganzes Leben widmete sie der Sache von Frauen und Kindern und arbeitete standhaft für die Reform der Gesetze über die Kinderarbeit und die

Abschaffung der Slums. Dies war für sie kein bloßes akademisches Interesse; sie nahm leidenschaftlich und persönlich Anteil an den Fällen, für die sie sich stark machte. Ihre Anstrengungen galten immer »echten Menschen«, nicht abstrakten Themen. Aber da diese Tätigkeit vor über zwanzig Jahren endete und die Menschen, die daran beteiligt waren, längst gestorben waren, war alles verblaßt, was ihr wirklich viel bedeutet hatte.

Übrig bleibt der Eindruck von einem starken Charakter, der durch die Erfahrungen und Erschütterungen des Lebens sogar noch stärker geworden war. Die Frau war eine Idealistin, die ihr Leben der täglichen Aufgabe widmete, ihre Grundsätze in soziales Handeln umzusetzen. Sie mußte in einer Welt der Männer für ihre Wertvorstellungen kämpfen und ihre Unabhängigkeit zu einer Zeit erlangen, in der nur wenige Frauen sich mit Erfolg für ihre Sache einsetzten. Sie war so etwas wie ein Pionier auf dem Gebiet der sozialen Wohlfahrt und half aktiv in vielen Bewegungen, die das Ziel verfolgten, den Lebensstandard für arme Frauen zu verbessern, die seinerzeit von Gesetzes wegen nur wenige Rechte besaßen.

Sie wurde in eine wohlhabende Familie guten Standes geboren. Anstatt jedoch träge und selbstzufrieden zu werden, hatte sie das Gefühl, etwas unternehmen zu müssen, um anderen zu helfen, die weniger Glück hatten. Wie gesagt, galt ihr Einsatz immer einzelnen Menschen, für die sie bereit war, jede Sache zu vertreten und durchzusetzen. Die Gesichter, die in der grünen Zone ihrer Aura erscheinen, erinnern zum einen an jene, für die sie gekämpft hatte, und sind zugleich ein Symbol des persönlichen Einsatzes, mit dem sie ihre Arbeit leistete.

Zeit ihres langen Lebens war sie sehr aktiv und erreichte viel. Als ich sie kennenlernte, war sie eine sehr alte Dame – nur noch ein Schatten dessen, was sie einst gewesen war. Aber alle ihre Taten in der Vergangenheit sowie die Beweggründe und Gefühle, die sie dazu veranlaßten, waren in ihrer Aura symbolhaft verschlüsselt wiederzufinden. Ihre Aura war damit eine Aufzeichnung ihres Lebens.

Kapitel 6

Das Leben als Dienst

Die nächste Serie von Portraits (vier Männer und zwei Frauen) bildet Persönlichkeiten ab, deren Leben und Temperamente so verschieden sind, daß sie scheinbar nicht Gemeinsames haben. Es sind zwei Musiker, ein Maler, ein Architekt, ein Sozialreformer und eine junge Mutter. Und doch teilen sie ein sehr wichtiges Merkmal: Sie alle widmen sich einer Kunst, einem Ideal, einer Sache, die zum Mittelpunkt ihres Lebens wurde. Damit ist ihr Handeln auf etwas ausgerichtet, das über rein persönliches Interesse hinausgeht, gleichgültig in welchem Maße ihr persönliches Leben in der höheren Aufgabe aufgeht.

Dies bedeutet nicht, daß diese Menschen nicht auch Probleme hatten wie die meisten anderen Zeitgenossen – Probleme in zwischenmenschlichen Beziehungen, Frustrationen, Verluste und Enttäuschungen. Sie erlebten durchaus ihre Schwierigkeiten, denn häufig waren Berufung und Privatleben nicht vereinbar. Dabei kommt es immer zu Spannungen, die wir in manchen der folgenden Aura-Bilder wiederfinden werden. Aber die tiefe Hingabe an den gewählten Weg gab ihrem Leben eine Richtung, die ihre eigene Echtheit besaß. Sie konnten immer Trost finden in ihrer Kunst oder ihren Ideen, wenn die äußeren Umstände schwierig oder andere Menschen aufdringlich wurden. Ihr bleibendes Interesse bot ihnen den Blick in eine größere Welt, eine ideale Sphäre, die ihre Integrität trotz persönlicher Schwierigkeiten behielt und deren höhere Energien ihnen Erquickung spenden konnten und ihre Ausrichtung auf die gewählte Aufgabe erneuerten.

Diese Art innerer Verbindung mit dem, was wir als unsere Lebensaufgabe empfinden, ist bei vielen vage oder deutlicher vorhanden. Wir denken vielleicht nur an ein Leben für die Künste, aber auch Wissenschaftler, Lehrer, Geistliche, Sozialarbeiter, Regierungsbeamte, Richter, Umweltschützer und viele, viele andere fühlen sich ähnlich motiviert. Bei ihnen allen steht die Liebe zu ihrer Arbeit oder zu der Sache, der sie dient, vor dem Streben nach weltlichem Gewinn und Sicherheit oder dem Verlangen nach persönlicher Macht und Erfolg.

Vielleicht ist diese Art des Lebens als Dienst heute seltener als früher, als die Menschen sich noch stärker ihrer Familie und ihrem Land verpflichtet fühlten. Was auch der Grund sei – ein Mangel an Sinn und Aufgabe kann ein entmutigender, demoralisierender Einfluß sein, wie ich in späteren Kapiteln zu zeigen versuche.

Die folgenden sechs Menschen besaßen ein klares Gespür für die Ausrichtung in ihrem Leben, weil sie sich einem Ideal gewidmet hatten. Sie alle waren von starkem Charakter, jeder auf seine eigene Weise. Ob diese innere Stärke Ursache oder Frucht ihrer Berufung war, vermag ich nicht zu sagen.

9. Ein Pianist und Komponist

Unser erstes Bild zeigt die Aura eines älteren Mannes. Er war ein weltberühmter Pianist und Komponist, doch seine Kompositionen fanden nie große Verbreitung. Als dieses Portrait entstand, war er gerade dabei, sich allmählich von einem Schlaganfall zu erholen, der seine Arme und Hände gelähmt hatte und damit seine Fähigkeit zum Klavierspielen stark beeinträchtigte. Dessen ungeachtet habe ich dieses Bild nicht in die Gruppe jener Portraits aufgenommen, die Menschen unter dem Einfluß ihrer Krankheit darstellen, weil Denken und Sprechvermögen dieses Musiker nicht behindert waren und er selbst große Anstrengungen unternahm, seine körperliche Behinderung zu überwinden. Er war immer ein kräftiger und gesunder Mann gewesen, der mit allem Erfolg hatte, was er in Angriff nahm, und nun fest entschlossen war, seiner Krankheit nicht nachzugeben.

Doch er hatte viel zu leiden, was seine Aura deutlich verrät. Die blauen und grauen Stellen sind klare Anzeichen von Belastung und schmerzhaften Anstrengungen. Als ich den Mann traf, arbeitete er täglich mit dem Therapeuten und zwang sich dann, mit der linken Hand Klavier zu spielen, weil die Rechte gar nicht mehr zu gebrauchen war. Als ich bei ihm war, gab er sich größte Mühe, weil er meinte, ich würde mich darüber freuen, doch es war eine Qual, ihm zuzusehen.

Die graue Wolke in der Mitte seiner Aura verdeckt den Solarplexus und wurde verursacht durch die Verminderung seiner Energie; die orangen Linien in der Mitte sind das Resultat von Injektionen, die er regelmäßig erhielt. Ein Schlaganfall betrifft naturgemäß das Gehirn, doch in diesem Falle war das Denken klar geblieben, deshalb zeigen sich die Auswirkungen des Leidens nicht im oberen Teil der Aura. Dies ist zumindest teilweise darauf zurückzuführen, daß der Mann sich selbst nicht als krank betrachtete, sondern als nur vorübergehend behindert.

Doch für mich war es offensichtlich, daß die schwere Belastung schon lange bestand. Am Grunde der Aura, um die Füße herum, ist ein großer schmutzig-braun-grüner Bereich, der anzeigt, daß der Mann seit früher

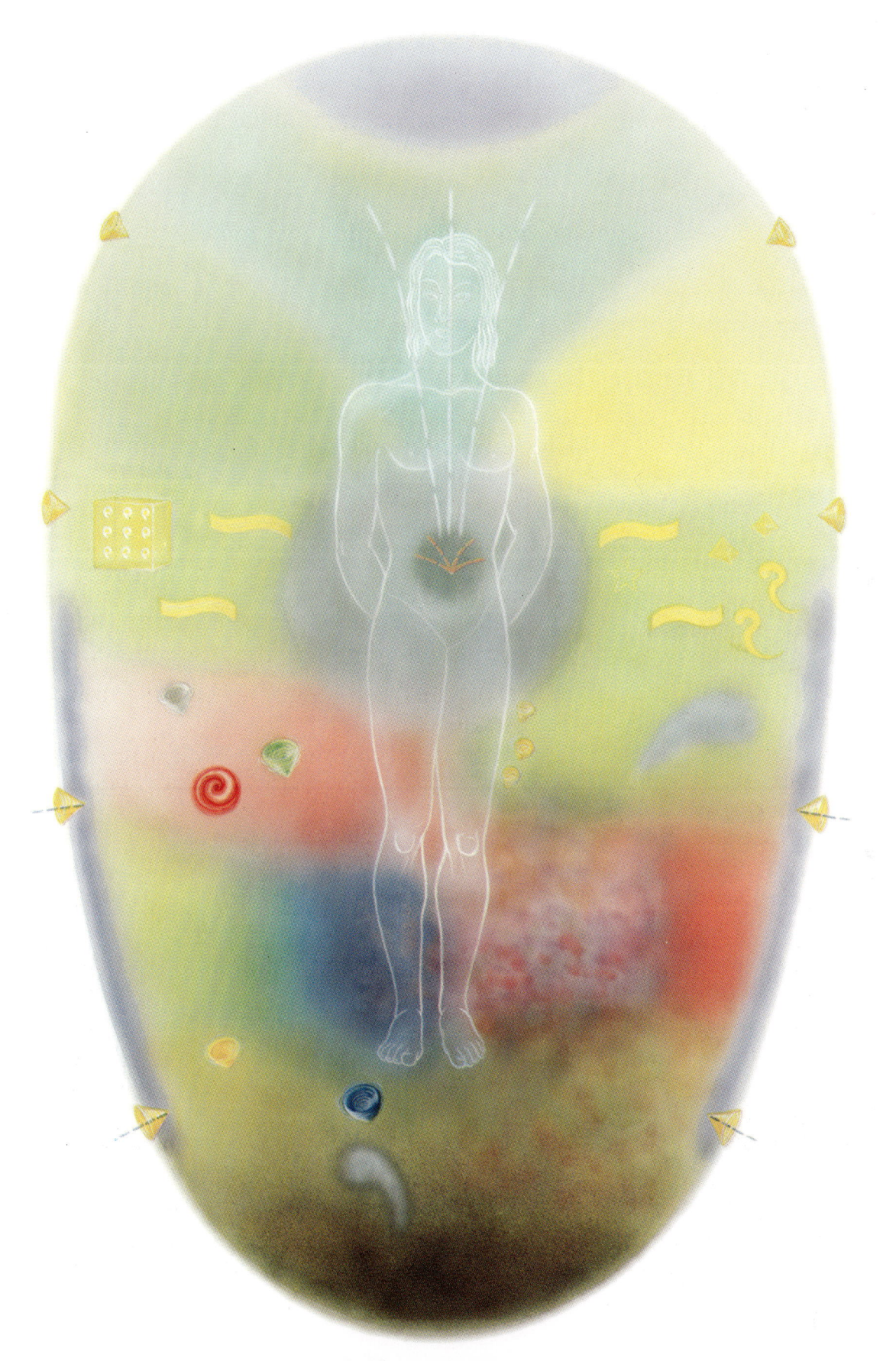

9. Ein Pianist und Komponist

Kindheit sehr hart arbeiten mußte. Er war als Wunderkind bekannt geworden und stand von frühester Jugend an unter dem enormen Druck seiner Familie, die gute Leistungen von ihm erwartete. Sein Nervensystem war im Grunde nie frei von starker Spannung gewesen.

Etwas weiter oben auf der linken Seite ist ein helleres Grün, vermischt mit Gelb, das nicht nur von dem außergewöhnlichen Übermaß schwerster Arbeit zeugt, die er geleistet hatte, sondern auch seine Bemühungen wiedergibt, die Werke, an denen er arbeitete, zu erfassen und zu verstehen. Überall in seiner Aura sehen Sie Kombinationen von Gelb und Grün; sie alle zeigen, wie sehr er immer sein Denken einsetzte, um seine Kunst zu vervollkommnen. Aber die Farben und Formen unterhalb der Füße enthüllen, daß er in recht jungem Alter Erlebnisse hatte, die ihn besorgten und verängstigten. Er muß von Menschen umgeben gewesen sein, deren Forderungen an ihn nur ihrem egoistischen Interesse erwuchsen. Der blaue Wirbel und der graue Schatten sind das Resultat seines bedrückenden Pflichtgefühls sowie der Angst, die Menschen in seinem Umkreis nicht zufriedenstellen zu können.

Auf der rechten Seite dehnt sich die Mischung aus Braun und Grün bis zum Rosa empor, einer Farbe, die auch links oberhalb eines blauen Bereichs wieder auftaucht, der ins grün-gelbe Feld übergeht. Alle diese Farben zeigen an, daß seine liebevolle Wesensart immer von familiären Beziehungen belastet wurde, die ihn besorgten und beunruhigten.

Die ständige Spannung, unter der er stand, wurde schon bald zur Belastung, die nie nachließ. Sie sehen blaue Streifen an den Rändern der Aura, die von der Höhe der Füße bis hinauf zur grünen Zone reichen. Diese Streifen sollen eine Gegebenheit andeuten, die im Bild unmöglich genau darzustellen ist, denn tatsächlich war der ganze untere Teil der Aura von einer blauen Schicht umgeben. Dieses Phänomen (das Sie bei anderen Auren ebenfalls noch sehen werden) ist immer ein Anzeichen für anhaltende Überlastung, die den freien Fluß der Energien jener Emotionen zu beeinträchtigen beginnt, die von ihr behindert werden.

Im Falle dieses Mannes war die Belastung so stark, daß sie die Funktion der »Energie-Ventile« am Rande der Aura zum Teil schädigte. Die vier unteren Ventile sind undicht und träge, ihre Bewegung wird von dem Überlastungs-Blau direkt beeinträchtigt, das, wie Sie sehen, direkt durch ihre Mitte geht. Alle diese Umstände machten den Mann äußerst nervös und hielten seine Energie ständig unter dem Sollwert, was natürlich seine Krankheit verschlimmerte. Ich sagte bereits, daß die vorliegende Erkrankung ein bereits lange anhaltendes Leiden war. Ich denke, daß seine Familie ihm endlose Schwierigkeiten bereitete.

Im Kontrast zu Sorgen und Überanstrengung im unteren Teil der Aura ist die obere Hemisphäre klar, leuchtend und frei. Sie sehen viel Rosa im unteren Teil, das heißt der Mann war freundlich und liebevoll in seinen Beziehungen zu Angehörigen und Freunden. Im oberen Teil jedoch ist kein Rosa anzutreffen, das heißt die Liebe war nicht eine seiner wichtigsten oder herausragendsten Eigenschaften.

Statt dessen befindet sich links ein grüner Bereich, der für Einfühlungsvermögen oder Mitgefühl steht. Von diesem Aspekt gingen seine Freundlichkeit und Zärtlichkeit aus. Er fühlte sich nicht leidenschaftlich zu Menschen hingezogen. Er war altruistisch, aber nicht so, daß er sich für andere aufgeopfert hätte. Stattdessen verbreitete er das Gefühl von Wohlwollen und Gutmütigkeit. Er wollte Menschen nach Kräften helfen. Interessant scheint mir, daß in der Aura einer Person, die soviel in der Öffentlichkeit auftrat, keine Spur von Orange (Stolz, Eigendünkel) zu entdecken ist. Für einen derart bekannten Mann besaß er nur ein kleines Ego und hielt es nie für unter seiner Würde, anderen zu Diensten zu sein.

Oben in der Aura, über dem Kopf, ist ein sehr großer, lebhafter blaugrüner Bereich, der anzeigt, daß seine höchste Begabung in seiner ästhetischen Wahrnehmung lag – einem intuitiven Gespür, das es ihm ermöglichte, seine höchsten Ideale (dargestellt durch den purpur-lavendelfarbenen Bereich ganz oben) mit seinem ästhetischen Selbstausdruck zu verbinden. Das purpurne Feld wird berührt von einem zarten Zitronengelb, das in Wirklichkeit so klar war, daß es mehr wie ein Licht aussah, das durch das Blaugrün hervorschien. Es füllt den ganzen Raum oberhalb des Kopfes aus und reicht bis zur grünen Zone in der Mitte der Aura hinunter – obwohl diese zeitweise von der gräulichen Wolke verhüllt war, die von der Krankheit herrührte. Damit war seine Musik auf dem Zenit seiner Leistungsfähigkeit direkt beeinflußt von den tiefsten und reinsten Erkenntnissen.

Die Breite der grünen Zone, die von unterhalb des Herzens bis zu den Knien reicht, spricht ebenfalls für die Fähigkeit dieses Mannes, seine musikalischen Vorstellungen und sein Gespür durch seine Darbietung in physische Realität zu übertragen. Das klare Grünblau zeugt von seinem Geschmack und Unterscheidungsvermögen, ist aber auch ein wenig gelb getönt, weil er sein Denken so intensiv auf seine Arbeit konzentrierte. Die gelben Muster und Konfigurationen in der grünen Zone sind Symbole nicht nur seiner musikalischen Ideen, sondern auch der Bedeutung und des Sinnes, den er mit ihnen verknüpfte. Die Farbe dieser Zone ist auf beiden Seiten strahlend lebendig und leuchtend, aber trübe und dumpf in der Mitte. Dies ist eine Folge der Krankheit, die seine Arbeitsfähigkeit seinerzeit fast völlig behinderte.

Sehr viel Gelb zeigt diese Aura, und sie gehört in der Tat zu einem hochintelligenten Mann, der sein Denken bei allem einsetzte, was er tat. Das Grün, das an verschiedenen Stellen der Aura – und oft mit Gelb vermischt – sichtbar ist, geht ebenfalls auf diese Neigung zurück und zeigt, daß Denken und Sensibilität im täglichen Leben frei zum Ausdruck gelangten. Der Mann besaß ein gründliches Wissen und Verständnis der Musiktheorie und beherrschte alle technischen Aspekte des Klavierspiels. Die Stücke, die er selbst komponierte, waren, wie ich erfuhr, sehr komplex und schwer zu spielen. Mit seinem forschenden, neugierigen Denken interessierte er sich für viele Dinge neben seiner beruflichen Tätigkeit; dies ist insofern ungewöhnlich, als Musiker im allgemeinen ganz von ihrer Kunst eingenommen sind.

Diese Aura erscheint mir interessant, weil sie so voller Widersprüche ist. Der Mann besaß sehr viel künstlerisches Gespür sowie die Fähigkeit, sein Denken auf die Lösung schwieriger Probleme zu konzentrieren. Seine Gefühle waren stark und seine persönlichen Beziehungen lagen lange Zeit im Konflikt mit seinen Idealen. Mit seiner hohen Intelligenz war er sich dieses Konflikts sehr bewußt, was ihm viel Kummer bereitete. Er sorgte sich um seine Arbeit, seine Familie und seine finanziellen Verpflichtungen so lange, daß es schließlich zur emotionalen Gewohnheit wurde – einer Gewohnheit, die seine natürliche Freude an seiner Musik trübte und zweifellos nicht nur zu seinem Schlaganfall beitrug, sondern auch zu einigen jüngeren Anzeichen eines Herzleidens.

Obwohl sein Temperament von Natur aus heiter und extravertiert war, blieb die Spannung innerhalb der Familie nicht ohne Wirkung auf ihn. Ich denke, einige Mitglieder seiner Familie verursachten ihm durch ihren Egoismus endlose Schwierigkeiten. Sie erwarteten von ihm finanzielle Unterstützung und stellten Forderungen an ihn, denen er nachgab in der Hoffnung, ihr Gezänk und ständiges Nörgeln damit abzustellen. Er war ein Mann, der sich an ein volles, aktives Leben und eine erfolgreiche Karriere gewöhnt hatte, und so waren die Einschränkungen, die ihm seine Krankheit auferlegte, ärgerlich und machten ihn sehr ungeduldig. Dies verschlimmerte seine Belastung. Aber trotz all dieser Probleme behielt er seine natürliche Freundlichkeit und sympathische Veranlagung.

Das Leben dieses Mannes war erfüllt von Leistung, doch alles andere als leicht. Seine Aura ist eine Aufzeichnung seiner Kämpfe in Vergangenheit und Gegenwart, aber vor allem enthüllt sie einen Menschen, der erfüllen konnte, was er als Wunderkind einst versprach, und seine höchsten Talente und Fähigkeiten in einem erstaunlichen Maße verwirklichte.

10. Ein Konzertpianist

In deutlichem Kontrast zum vorausgegangenen Fall stand das Temperament dieses Mannes, der ebenfalls als Pianist tätig war. In beiden Fällen war die Musik eine fesselnde Leidenschaft. Während jedoch Nr. 9 sich mit seinem Wissensdurst und forschendem Denken für viele verschiedene Dinge interessierte, lebte und atmete Nr. 10 nur für seine Musik. Nr. 9 hatte ein turbulentes Familienleben, die häusliche Umgebung von Nr. 10 war dagegen behütet und förderlich. Obwohl er zur Zeit der Entstehung dieses Aura-Bildes über siebzig Jahre zählte und seine Energieaufnahme schon etwas reduziert schien, war er selbst ganz gesund. Aus allen diesen Gründen zeigt sich seine Aura bemerkenswert klar und frei von Belastungen.

Auffällig an dieser Aura ist das reichliche Grün. Das marmorierte Graublau reicht nicht weit herauf, das heißt die entsprechenden Gefühle liegen weit in der Vergangenheit zurück und betreffen den Mann nicht mehr. Das Grau besagt, daß er als kleines Kind eine Umgebung etwas beängstigend empfand, daß er sich oft unruhig fühlte und fürchtete. Das Blau rührt von seinem Gefühl her, sich sammeln und auf seine Arbeit konzentrieren zu müssen. Alle diese Dinge beziehen sich auf die Zeit seines Lebens, als er etwa neun Jahre alt war und ganz allein von zu Hause fortgeschickt wurde, um Musik zu studieren.

Unten rechts ist ein dunkel-blaugrüner Bereich mit vier kleinen Figuren und etlichen kleinen roten Wirbeln. Die grünen Figuren rühren daher, daß er in recht jungem Alter zufrieden mit sich selbst und seinen guten Leistungen war; die Wirbel hingegen sind die Überreste sogenannter berechtigter Empörung etwa im gleichen Lebensabschnitt, deren Anlaß noch nicht ganz vergessen war.

Unmittelbar unterhalb der grünen Zone sehen Sie links eine purpurn-rosafarbene Wolke, der ein grünes Feld rechts die Waage hält; es birgt einige rosa Gestalten. Diese Phänomene beziehen sich auf die Musik. Das Grün zeigt, wieviel Arbeit der Mann immer noch in sein Klavierspiel investierte, während Rosa und Purpur seine Empfindungen zur Musik widerspiegeln: eine tiefe Liebe und sogar Verehrung. Diese Verehrung war verbunden mit der Ehrfurcht, die er als junger Mann gegenüber seinem Lehrer empfand. Er studierte bei Franz Liszt, nicht nur einer überwältigenden Persönlichkeit, sondern auch einem vollendeten Künstler von brillanter Technik; das Erlebnis dieser Begegnung war in der Erinnerung des Pianisten immer sehr lebendig geblieben.

Weiter unten auf der linken Seite sind drei blaue Striche und zwei recht große graue Wirbel sowie eine Gruppe roter Kleckse. Sie alle beziehen sich auf eine Phase im Leben, als der Pianist unter großer Spannung litt, die ihn bedrückte und zugleich verärgerte. Er war in Rußland geboren und machte seine ganze Karriere in seinem Heimatland. Er wurde sehr bekannt, mußte Rußland aber in der Revolution verlassen. Er wurde von einem Teil seiner Familie getrennt und machte sich Sorgen, weil er nichts mehr von ihnen hörte. In den Vereinigten Staaten fanden sie glücklich wieder zusammen, aber jene Erinnerungen hatten ihre Narben zurückgelassen. Er war immer noch empört und regte sich auf, wenn man an die Veränderungen erinnerte, die damals die Sowjetunion hervorbrachten.

Über der grünen Zone ist auf der rechten Seite, gegenüber dem Rosa der Zuneigung, der Bereich, in dem sich normalerweise das Gelb des Denkens zeigt. Hier jedoch ist an seine Stelle ein Hellgrün mit einem Stich ins Gelb getreten – eine klare Farbe, aber von ihrer Erscheinung her wolkenartig. Sie steht für Mitgefühl und Einfühlungsvermögen, die der Pianist anderen Menschen von Natur aus entgegenbrachte. Der ganze Bereich darüber ist ausgefüllt mit verschiedenen blaugrünen Tönen, die anzeigen, daß die höchsten Kräfte und Sensitivität sich auf die Kunst und deren Darbietung bezogen.

Die interessantesten Aspekte dieser Aura sind die beiden goldenen Sterne, die hoch oben in diesem blaugrünen Bereich erscheinen. Wie das nur schwach vertretene Gelb zeigt, hatte der Musiker nur wenig Interesse an abstrakten Ideen, und seine Arbeit verlangte auch nicht, das Denken im Praktischen zum Ausdruck zu bringen. Dafür besaß er eine Art intuitiver Einsicht (dargestellt durch die beiden goldenen Sterne), die es ihm ermöglichte, musikalische Ideen zu verstehen und musikalische Probleme zu lösen, ohne darüber nachzudenken. Er hatte die einzigartige Begabung, seine künstlerische Erkenntnis direkt in sein Spiel zu übertragen; Intuition und Hände arbeiteten in Harmonie unmittelbar zusammen, ohne daß es der Vermittlung durch das Denken bedurfte. Dieses Phänomen war auch in meiner Erfahrung einzigartig.

Dieser Mann ist ein Beispiel für das Leben als Dienst par excellence; für ihn war Musik das ganze Leben, seine Liebe, sein einziges Interesse. Wie die Klarheit seiner Aura zeigt, war seine Persönlichkeit einfach und kindlich, und er war so ausschließlich auf Musik ausgerichtet, daß sich in seiner Aura nur wenige klare Farben zeigten. Er hatte vor der Russischen Revolution eine sehr strenge und intensive musikalische Ausbildung in St. Petersburg erfahren, wo er sich mit vielen berühmten Komponisten anfreundete, die seinerzeit in Rußland wirkten. Er selbst erlebte eine erfolgreiche Karriere als Pianist und Dirigent, der aber die Revolution ein Ende setzte. Nach seiner Übersiedelung in die Vereinigten Staaten gab er noch einige

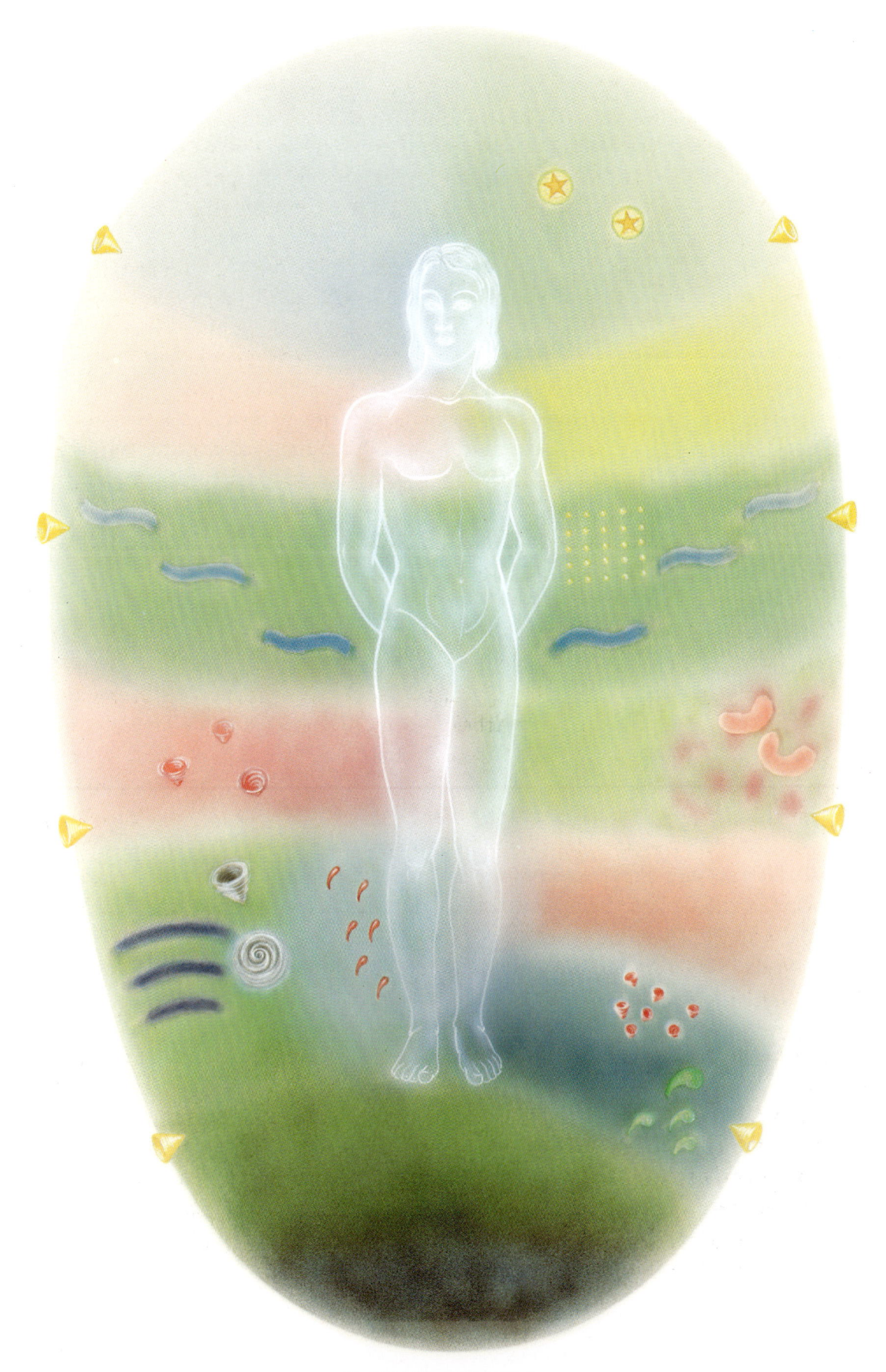

10. Ein Konzertpianist

Konzerte und widmete sich hauptsächlich dem Unterrichten und der Herausgabe von Klaviernoten.

Interessanterweise wurde er durch die Beschneidung seiner öffentlichen Auftritte keineswegs verbittert. Er lebte für seine Musik nach wie vor, er wollte nicht aus finanziellen Gründen konzertieren und genoß die volle Unterstützung seiner Familie, deren Mitglieder ihn alle verehrten. Seine Töchter waren fast zu liebevoll und fürsorglich; sie wetteiferten um seine Aufmerksamkeit und stritten miteinander um die Gunst des Vaters. Das bekümmerte diesen jedoch kaum, denn die ganze Familie bemühte sich vereint, ihm Frieden und Ruhe zu lassen, die seine Musik verlangte. Im Gegensatz zu Nr. 9 war seine häusliche Umgebung wirklich ein Schutz.

Dies war ein sehr begabter Mann. Er verbrachte sein ganzes Leben im Dienste seiner Kunst, und so hatte sich seine Persönlichkeit derartig verfeinert, daß sie zum klaren Instrument für den Ausdruck seiner künstlerischen Erkenntnisse wurde. Da das Privatleben nie seiner Hingabe an die Musik im Wege stand, besaßen die in der Vergangenheit erlebten, betrüblichen Ereignisse und Schwierigkeiten keine Macht mehr, seine grundsätzliche Gelassenheit zu stören. Man könnte sagten: Hier war ein Mann, dem sein Karma es erlaubte, seinen höchsten Zielen nachzustreben.

11. Ein Gesellschafts-/Umwelt-Reformer

Auch hier haben wir die Aura eines Menschen, der sich einem abstrakten Ideal verschrieben hat, das in diesem Falle jedoch »soziale Gerechtigkeit« hieß. Entsprechend seinem Temperament widmete sich der Mann seinem Ideal mit solcher Entschlossenheit, daß er bereit war, seine Karriere und sogar seine persönliche Sicherheit dafür zu opfern.

Aus der Klarheit und Intensität der Farben in der Aura dieses gut fünfzigjährigen Mannes können wir sofort erkennen, daß wir es mit einem Menschen von sehr starkem Charakter zu tun haben. Insgesamt erscheint die Aura wohl ausgeglichen. Die meisten Farben im oberen Teil werden heller und stärker durch ihre Reflexion in der unteren Hemisphäre, denn durch die aktive Nutzung seiner Fähigkeiten steigerte der Mann deren Stärke und Energie. Die goldgelbe Fläche auf der rechten Seite zeugt mit ihrer Breite und Leuchtkraft nicht nur von einem guten Intellekt, sondern auch davon, daß er bei der Arbeit und zur Erfüllung der Ideale ständig eingesetzt wurde.

Dies ist an der Nachbarschaft der breiten grünen Fläche gleich darüber zu erkennen; Einfühlungsvermögen und mitfühlende Fürsorge für andere – hierfür steht das Grün – berühren und beeinflussen das Denken. Die Tö-

11. Ein Gesellschafts-/Umwelt-Reformer

nung des großen rosafarbenen Segments (Zuneigung) auf der gegenüberliegenden Seite spiegelt echten Altruismus wider – ein ausgeprägtes, fürsorgendes Interesse am Menschen, an der Menschheit insgesamt. Daß diese Farbe auch in der unteren Hemisphäre erscheint, zeigt an, daß der Mann im täglichen Leben und in zwischenmenschlichen Beziehungen freundlich war. Doch er ging mit seinen Gefühlen nicht auf andere zu; die blauen Balken in der unteren rosa Fläche verraten, daß er seine Zuneigung für sich behielt und sogar dazu neigte, sie zu unterdrücken.

Purpur oder Lavendel oberhalb des Kopfes stehen immer für Spiritualität oder für geistiges Bemühen – im Unterschied zur religiösen Hingabe, die ein anderer Blauton wiedergibt. Dieser Mann hier war jedoch nicht religiös und hatte nur wenig oder überhaupt kein Interesse an theologischen oder ontologischen Ideen. Hörte man ihn sprechen, konnte man ihn für einen überzeugten Materialisten halten, weil er sich so leidenschaftlich für eine Veränderung der Welt durch soziale Reformen einsetzte. Tatsächlich aber war er ein Idealist, dessen eigentliche Spiritualität sich in seiner Hingabe zum Wohl der Menschheit äußerte.

Die grüne Zone ist breit und zeigt seine praktische Veranlagung. Er war nicht nur ein Theoretiker, sondern setzte seine Energien ein, um Möglichkeiten herauszufinden, seine Vorstellungen in die praktische Wirklichkeit umzusetzen. Er war ein guter Organisator und ein gewandter Redner und Schreiber. Er scheute sich nicht vor manuellen Tätigkeiten und liebte Arbeiten am Haus, auch Holzhacken und Gärtnern. Die Symbole in der grünen Zone zeigen, daß er sich sehr mit der Weltwirtschaft und sozialer Gerechtigkeit beschäftigte, aber auch ein ständiges Interesse an der Umweltthematik hatte. Diese Gedanken spielten nicht nur bei seiner Arbeit, sondern auch in seinem Weltbild eine tragende Rolle. Ich sagte bereits, daß die Figuren innerhalb der grünen Zone die wichtigsten Anliegen eines Menschen widerspiegeln; hier beziehen sie sich auf Gedanken und Ideen und erscheinen deshalb in gelber Farbe. Solche Symbole bleiben gewöhnlich recht lange in der Aura.

Etwas weniger gewöhnlich ist die Gruppe dunkelgrüner Bäume in der grünen Zone. Als ich sie entdeckte, fragte ich, ob die Bäume für ihn ein Symbol für Frieden und Harmonie seien. Er antwortete, daß er sich seit vielen Jahren allabendlich vor dem Einschlafen eine bestimmte Baumgruppe vorstelle, die sich an einem Ort befand, der ihm sehr viel bedeutete. Dies schien ihm zu helfen, die Arbeit des Tages in einen größeren Rahmen zu stellen, und vermittelte ihm ein Gefühl des Friedens in der Natur – eines Friedens, der trotz Turbulenzen und Konflikten existiert. Als er später in seinem Leben seine Energien mehr auf wirtschaftliche Themen richtete, wurde ihm dieses Symbol als Quelle der Inspiration gewiß noch wichtiger.

Auffällig an dieser Aura ist auch, wieviel Blau sie oberhalb und unterhalb der grünen Zone aufweist. Dies läßt darauf schließen, daß der Mann einen sehr ausgeprägten Willen hatte, den er im täglichen Leben, besonders in bezug auf sich selbst durchsetzte; oft jedoch war er mit sich selbst sehr streng. Die rotgesprenkelten grünen Wolken in der blauen Fläche unterhalb der grünen Zone zeigen, daß sein reformerischer Eifer in beträchtlichem Maße von Wut angetrieben wurde: Er nahm eine provozierende Haltung ein, weil er damit rechnete, daß die Menschen sich gegen ihn stellen würden. Er setzte sich nicht nur für gesellschaftliche Veränderungen ein, sondern trat auch in die Arena hinaus und stritt für sie.

Er bewies sehr viel Selbstbeherrschung, doch er stand unter hohem Druck. Dies führte zu einer starken Anspannung, wie die blauen Streifen zeigen, die den unteren Teil der Aura umgrenzen. Denken Sie daran: Diese blauen Streifen sind nicht nur am rechten und linken Rad der Aura, sondern umschließen die untere Hemisphäre von allen Seiten und legen sich um die Farben der Aura, die sie jedoch nicht verschleiern. (Ein ähnliches Phänomen betrachteten wir bereits in Fall Nr. 9.) Diese Zeichen stehen immer für nervöse und emotionale Spannung. Wenn sie höher in die Aura hinauf reichen, können sie ernste Störungen signalisieren, die sogar zu körperlichen Behinderungen führen können (wie in Fall Nr. 17), weil sie den freien Fluß der Emotionalenergie blockieren. Im vorliegenden Fall jedoch spürte ich, daß es sich nur um einen vorübergehenden Zustand handelte, denn der Mann war äußerst kräftig und robust und besaß eine enorme körperliche Spannkraft.

Die Belastung bezieht sich auf den Grund der Aura, wo dunkle Farben anzeigen, daß der Mann in seiner Kindheit vermutlich in einer etwas erdrückenden Umgebung lebte, und er war eigenwillig und trotzig. Hier ist wieder eine Spur von lange zurückliegenden Gefühlen, die zwar der Vergangenheit angehören, im Unbewußten aber immer noch vorhanden sind. Dieser Mann war als Kind liebevoll, aber schüchtern und verhalten und sehr in sich gekehrt. Das mit Grün vermischte Braun zeigt den normalen Egoismus; der Junge war entschlossen, seinen Willen durchzusetzen. Die grünliche Farbe deutet an, daß er in seiner Jugend viel schwere Arbeit geleistet hat. Die rosa und blauen Wirbel auf der linken Seite lassen auf viele Schwierigkeiten bei den innerfamiliären Beziehungen schließen. Da sie recht hoch in der Aura erscheinen, müssen die entsprechenden Probleme bis ins frühe Erwachsenenalter angedauert haben; die blauen Figuren auf der gegenüberliegenden Seite stehen in ähnlicher Hinsicht für starke Gefühlsaufwallungen. Alle diese Phänomene waren vorübergehend und verschwinden allmählich wieder.

Ein weiteres interessantes Element dieser Aura ist die leuchtend orange Wolke auf der linken Seite; sie befindet sich unterhalb der Knie und recht nahe am Körper. Ein ähnliches Gebilde haben wir schon bei Nr. 7 gesehen; ein weiteres ist bei Nr. 13 zu finden. Die Nähe oder Entfernung solcher Wolken zum Körper zeigt ihre Aktivität an. Wie in dem vorausgegangenen Fall erklärt, entstehen diese Wolken in der Regel aus einer starken Überzeugung rechtzuhaben und der Entschlossenheit, auf dieser Überzeugung zu beharren, wie auch immer die Konsequenzen sein mögen. In gewissem Sinne stellt diese orange Wolke also intellektuellen Stolz dar. Im vorliegenden Fall war er so stark, daß der Mann zuweilen Menschen verachtete, die seine Meinung nicht teilten. Es besteht immer die Gefahr, daß Menschen mit so starken Überzeugungen selbstgerecht werden und eine Intoleranz gegenüber jenen entwickeln, die anderer Ansicht sind. Als dieser Mann jedoch die orange Wolke auf seinem Aura-Bild entdeckte – ich erwähnte es in Kapitel I –, und erfuhr, was sie bedeutete, beschloß er, sich zu ändern. Seine Willensstärke war so groß, daß er dabei vermutlich Erfolg hatte.

Ich wurde schon häufig gefragt, ob solcher intellektueller Stolz ein Zeichen von Egoismus sei. Die Überzeugung, recht zu haben, setzte Selbstvertrauen voraus, und damit ist zumeist ein gewisser Egoismus verbunden. Aber es ist möglich, ein starkes Ich zu haben und dennoch Altruist zu sein. Dieser Mann war überzeugt zu wissen, wie man das Ziel sozialer Gerechtigkeit erreicht (worin er vermutlich zu optimistisch war), aber er strebte nicht nach eigenem Vorteil. Er arbeitete nicht für seine eigene Herrlichkeit, sondern nahm, ganz im Gegenteil, im Einsatz für seine Ziele sogar eine Reihe persönlicher Opfer auf sich.

Schon früh im Leben machte er sich Gedanken über die gesellschaftlichen Übel, die er in den Vereinigten Staaten kurz nach Ende des ersten Weltkrieges wahrnahm. Zu jener Zeit gab es noch keine Gesetze gegen Kinderarbeit, und die Arbeitsbedingungen waren erbärmlich. Er entschied, in der Öffentlichkeit zu diesen Themen entschlossen Stellung zu beziehen. Den größten Teil seiner Zeit bemühte er sich, die gesetzgebenden Organe dafür zu gewinnen, diese Übel zu korrigieren. Er war ein sehr bekannter Universitätsprofessor, doch seine heftig geäußerte Kritik an der öffentlichen Politik stieß auf starke Opposition bei Kollegen und im Establishment, und so verlor er unter den Augen der Öffentlichkeit seinen Lehrauftrag. Sein Radikalismus brachte ihm alle möglichen Vorwürfe wegen mangelnder Loyalität ein, und viele Konservative bezeichneten seine Ansichten als subversiv. Er litt persönlich darunter, doch wann und wo auch immer er Zuhörer finden konnte, sprach er sich aus für das, was er als Wahrheit empfand.

Später – er wurde fast hundert Jahre alt – richtete er seine Aufmerksamkeit auf ökologische Probleme. Er war schon immer von einer tiefen Liebe zur Natur erfüllt, und als er älter wurde und das Bild der Welt sich so deutlich veränderte, sann er nach praktischen Methoden, einfach und in Harmonie mit der Umwelt zu leben. Er entwickelte viele Theorien über den biologischen Anbau und die Zubereitung von Nahrungsmitteln und schrieb gemeinsam mit seiner Frau mehrere Bücher über ein Leben ohne Gewalt, das die Schätze der Erde nutzt, ohne diese auszubeuten. Er wurde mit diesen Ideen so bekannt, wie er früher wegen seines Radikalismus berüchtigt war. Viele Menschen unternahmen Pilgerreisen, um zu seinen Füßen zu sitzen und die schlichte Weisheit und Güte aufzunehmen, die er in seinem persönlichen Leben zeigte.

Dieser Mann war ein Idealist, und starke Ideale überdauern die Zeit. Ich sagte bereits, daß einige der Farben in einer Aura die Qualitäten höherer Bewußtseinszustände verkörpern, die hervortreten können, um die Fähigkeit eines Menschen zu stärken und zu steigern, in der Welt etwas zu bewirken. Widerspiegelungen dieser höheren Ebenen sind im Aura-Bild dieses Mannes zu sehen; in seinem Falle sind sie gefärbt von Mitgefühl und einer echten Fürsorge für den leidenden Menschen.

Fünfzig Jahre nach Entstehung dieses Bildes kann ich sagen, daß es dem Mann gelang, sein inneres Versprechen zu erfüllen. Obwohl ich ihn in den Jahren bis zu seinem Tode nicht mehr sah, bin ich sicher, daß die meisten der komplexen Elemente in seiner Aura verschwunden sein dürften, weil die Reizungen und Enttäuschung der frühen Lebensjahre längst überwunden waren. Darüber hinaus dürfte keine Spannung mehr geblieben sein, sondern eine viel entspanntere Einstellung zum Leben. Das heißt, seine Aura erschien in späteren Jahren gewiß viel klarer und weniger komplex.

Als die orange Wolke aus seiner Aura verschwand, trat an Stelle der durch sie verkörperten starken Überzeugungen ein Erblühen seiner angeborenen Liebe zur Natur. Seine Anstrengungen im späteren Leben, praktische Wege zu finden, der Erde zu helfen, waren somit eine Erfüllung von Tendenzen, die er in seinen früheren Jahren schaute.

12. Eine Malerin

Beim ersten Blick auf diese Aura wäre mir – selbst ohne jede Information über die Geschichte dieser Person – die Breite der grünen Zone und das Überwiegen grüner Flächen aufgefallen. Grün und Rosa sind hier die dominierenden Farben. Es liegt auf der Hand, daß wir es hier mit einem

Menschen mit warmen, liebevollen Gefühlen zu tun haben, dessen Hände und Denken sehr gut zusammenarbeiteten.

Die ungewöhnliche Färbung sowie die Breite der grünen Zone zeigen, daß die Arbeit dieser Frau schöpferischer Natur ist, mit viel Geschicklichkeit vollbracht wird und künstlerische Ideen auf einzigartige Weise zum Ausdruck bringt. In der Tat handelt es sich um eine bekannte Malerin. Sie bewies jedoch auch eine sehr große manuelle Geschicklichkeit, denn sie beherrschte auch den Umgang mit Holz und hatte sich selbst eine Reihe praktischer Fertigkeiten beigebracht.

Ihre Aura ist auch in mancher anderen Hinsicht sehr interessant, besonders in bezug auf das frühere Leben der Malerin und den fortwirkenden Einfluß von Erlebnissen aus der Vergangenheit.

Die Mischung dunkler Blau- und Grüntöne am Grunde der Aura zeigt, daß das Individuum als Kind und Jugendliche von ihren Eltern sehr unterdrückt wurde. Doch sie fand sich damit nicht ab, sondern war überaus rebellisch, und es gab häufig Meinungsverschiedenheiten. Diese dunklen Farben steigen von ihren Knöcheln empor, das heißt, die junge Frau hatte mit Anfang Zwanzig versucht, sich aus der häuslichen Umgebung loszureißen, jedoch ohne Erfolg. Dies führte zu einem bedrückenden Gefühl der Hoffnungs- und Sinnlosigkeit. Ihr aufbegehrender Geist sah sich von der starken Opposition ständig unterdrückt. Sie fühlte sich chronisch gereizt, wie die roten »Spritzer« links unten zeigen. Schon in früher Kindheit offenbarte sie künstlerisches Talent und unternahm immer wieder Versuche, sich durch ihre Malerei Ausdruck zu verschaffen, aber die familiäre Situation ließ ihr eine Zukunft hoffnungslos erscheinen, so daß sie oft sehr depriminiert war.

Die blauen radiären Linien im Bereich der Füße sind Anzeichen ihrer Auflehnung in der Jugend und ihres leidenschaftlichen Begehrens, sie selbst zu sein. Sie spiegeln sich in einem ähnlichen Muster in Höhe der Knie wider, das sich freilich auf eine spätere Lebensphase bezieht. Die Malerin war immer sehr selbständig; wenn sie sich von anderen eingeengt fühlte, reagierte sie heftig. Die Unterbrechung zwischen diesen beiden Mustern läßt darauf schließen, daß es in der Jugend eine Zeit gab, in der sie ihre Umgebung besser akzeptieren konnte, deshalb stand sie weniger unter Spannung und war weniger aufsässig.

Sie wuchs um die Zeit des ersten Weltkrieges in England auf, als die Gesellschaft noch feste Schichten und Grenzen besaß und es kaum Möglichkeiten gab, die angestammte Klasse zu verlassen. Die adelige Familie war extrem konservativ und hatte genaue Vorstellungen, was ein junges Mädchen tun, und was es unterlassen sollte. Schon in jungem Alter zeigte das Mädchen künstlerisches Talent. Da es sowohl der Tradition entsprach als

12. Eine Malerin

auch gesellschaftlich annehmbar erschien, daß junge Mädchen aus gutem Hause malten, erhielt sie eine wohlgemeinte Ausbildung. Aber Oberflächliches war ihr nicht genug; schon sehr bald beschloß sie, Malerin zu werden und die Malerei zu ihrer Lebensaufgabe zu machen. Dies jedoch war mit ihrem konventionellen Umfeld nicht vereinbar zu einer Zeit, als junge Mädchen schmuck und sittsam zu sein hatten. So befand sie sich in ständigem Kriegszustand mit ihrer Familie, die alles unternahm, um die beargwöhnten Boheme-Impulse zu unterdrücken. Unter solchen Umständen wurden die Auflehnung und Frustration unserer jungen Künstlerin von Tag zu Tag stärker.

Ihr Unglück vertiefte sich noch dadurch, daß sie mit einem schweren körperlichen Leiden behaftet war. Sie hatte von Geburt an eine Hörschwäche und wurde schon in jungen Jahren fast taub. Die Kommunikation war nur unter größter Anstrengung möglich, was einen großen Teil der Spannung verursachte, die am Grund des Aura-Bildes zu erkennen ist. Dieses Handikap behinderte die Malerin zeitlebens, denn jede normale Konversation war sehr schwierig. Als sie Modell für ihr Aura-Bild saß, brachte sie eine große Ohrtrompete mit, die sie mir entgegenstreckte, damit ich hineinrufen konnte. Ich muß sagen, daß die Kommunikation sich recht schwerfällig gestaltete.

Das nebelhafte Grau im unteren Teil der Aura rührt von ihren Anstrengungen als Heranwachsende her, sich von den bedrückenden Einflüssen des häuslichen Umfeldes loszureißen. Sie sehnte sich danach, ein schöpferisches Leben zu führen, zweifelte aber an ihren eigenen Fähigkeiten und sah die Zukunft oft sehr pessimistisch. Ihre Selbstzweifel machten sie unsicher und deprimiert. Insgesamt war es eine sehr schmerzliche Phase ihres Lebens.

Aber gleich über den dunklen Farben am Grund ihrer Aura sehen Sie als starken Kontrast eine rosarote Fläche auf der linken Seite und ein Violett-Rosa auf der rechten; beide reichen bis zur grünen Zone hinauf. Obwohl sich die Belastungslinien an beiden Rändern der Aura fortsetzen, sind die oberen Abschnitte dieser beiden Felder frei von jeglicher Einschränkung. Der Grund für diese deutliche Veränderung ist, daß die Malerin vor langer Zeit das Glück hatte, sich mit einer Person anzufreunden, die große schöpferische Begabung besaß und eine starke und lebhafte Persönlichkeit war. Dieser Mann begann sich für sie zu interessieren und ermutigte sie, sich künstlerisch und persönlich selbständig zu machen. Er wurde ihr Führer und Mentor, und sein Einfluß verwandelte buchstäblich ihr Leben. Er ermutigte sie, ihre Verbindung mit der Familie abzubrechen, das Elternhaus zu verlassen und in den Westen der Vereinigten Staaten zu ziehen. Das war für sie, als befreite er sie aus einem Gefängnis und zeigte ihr ein neues Leben in Freiheit; ihre Dankbarkeit kannte keine Grenzen. Sie idealisierte diesen Mann derartig, daß sein Einfluß selbst noch zu der Zeit, als das Aura-Bild entstand – er war schon vor etlichen Jahren gestorben – sehr stark wirkte.

Im Aura-Bild sind zwei Symbole zu erkennen, die einander wie Spiegelbilder gleichen: das eine in der oberen Hemisphäre an der Grenze zwischen Grün und Gelb, das andere im unteren Teil, im rosaroten Feld. Diese Figuren enthüllen die tiefen Gefühle zu jenem Mann, deren Erinnerung immer noch Inspiration war. Das obere Symbol übte einen machtvollen geistigen Einfluß auf das künstlerische Werk der Malerin aus, während das untere ihre zwischenmenschlichen Beziehungen mit Energie unterstützte. Wir sehen, daß die Erinnerung an diesen Mann immer noch fast religiöse Ehrfurcht in ihr wachrief. Sie idealisierte ihn. Ihre Beziehung war rein platonischer Natur, denn er war glücklich verheiratet. Doch vielleicht war die Stärke ihrer Gefühle für ihn der Grund, daß sie nie heiratete oder eine Liebesaffäre erlebte.

Obwohl sie viele gute Freunde besaß und sehr sympathisch wirkte, gab es immer ein wenig Spannung in der Äußerung von Gefühlen, vermutlich bedingt durch die Taubheit. Dies zeigt der blaue Balken am Rande des Sympathie-Grüns im oberen Teil der Aura. Aber es gibt auch viel Rosarot, das heißt ihre Zuneigung war warmherzig und selbstlos. Das Blau ist ihr Willen, das Blaugrün weist auf die höchsten Bereiche ihrer künstlerischen Sensibilität hin – ihr intuitives Ansprechen auf den ästhetischen Aspekt der Natur und der Welt. Diese Farbe berührt ihre grüne Zone, das heißt, die Frau versuchte, diese Ideale in ihrer Malerei zum Ausdruck zu bringen.

Die Symbole in der grünen Zone sind viel größer und schärfer gezeichnet als gewöhnlich, vielleicht weil die Künstlerin klarer visualisierte als andere. Die flammenähnliche Gestalt im Kreis ist interessant, weil sie für sie den spirituellen Einfluß in der Kunst symbolisierte. Als ich ihr das Symbol beschrieb, sagte die Malerin, daß es genau einer Vision entsprach, die sie in der Wüste gehabt habe – eine Vision, die auch weiterhin eine Quelle der Inspiration für sie war. Obwohl dieses Erlebnis ganz subjektiv war, hatte sie ein Gemälde davon angefertigt, das sie mir später zeigte. Es gab tatsächlich – wenn auch viel schöner und besser dargestellt – genau das Symbol wieder, das ich wahrgenommen hatte. Deshalb war es so klar in ihrer Aura geblieben.

Das andere, größere Symbol hängt mit einem Gemälde zusammen, an dem sie gerade arbeitet. Sie hatte eine Reihe von Konzerten besucht und Skizzen von der Hand des Dirigenten aufgenommen; dieses Symbol nun stellte ihr momentanes Interesse an dieser Studie dar und ist wahrscheinlich verschwunden, sobald sie sich anderen Gegenständen zuwandte. Interessanterweise läßt die Erscheinungsform dieses Symbols an die Kunst indianischer Kulturen denken. Die Malerin selbst fühlte sich im Laufe der Zeit den Indianern immer näher und bemühte sich, den Geist ihrer Kultur zu verstehen, um sie einfühlsam und authentisch in ihrer Malerei darzustellen. Dieses Interesse beeinflußte unbewußt das, woran sie arbeitete.

Diese Aura ist so faszinierend, weil ein großer Kontrast zwischen der Vergangenheit und der Gegenwart besteht. Man kann sich kaum ein Leben vorstellen, in dem es mehr radikale Veränderungen gegeben hatte. Die Malerin hatte ein enges, konventionelles Umfeld gegen grenzenlose Freiheit eingetauscht, ein Leben in Wohlstand und Luxus gegen ein äußerst bescheidenes, ja spartanisches. Später achtete sie nicht mehr auf die Konventionen und auch nicht auf ihre äußere Erscheinung, obwohl sie in ihren Gewohnheiten immer heikel war. Sie lebte sehr einfach, verfügte über wenig Besitz und tauchte mit Erfolg ganz in eine Kultur ein, die ihrer Herkunft völlig fremd war.

Eine tiefe Liebe empfand sie zu den Bergen und den Pueblos der Indianer, zu den Farben der kahlen Felsen und dem Anblick von Pferden, die über die offene Steppe galoppierten. In dieser Umgebung wurde sie endlich sie selbst; es war ihr, als sei sie neu geboren. Als sie frei war, ihr Leben so zu führen, wie sie es im Innersten brauchte, wurde sie glücklicher; jetzt begann ihre eigene, innere Integrität durch ihre Arbeit hervorzustrahlen. Dabei verwandelte sich auch ihre Kunst, denn als sie frei war, ihr eigenes Selbst ebenso wie ihre künstlerischen Vorstellungen darzustellen, wurde ihre Malerei zu ihrer eigenen.

13. Ein Designer/Architekt

Dies ist die Aura eines Mannes Mitte Sechzig, der nach seinem Architekturstudium den größten Teil seines Berufslebens als Bühnenbildner wirkte. Er hatte eine große Liebe zu Theater und Bühne, und viele seiner Freunde und Bekannten waren am Theater. Seine größten Leistungen lagen hinter ihm; kurz vor Entstehung dieses Aura-Bildes hatte er sich aus dem aktiven Berufsleben zurückgezogen. Obwohl er immer noch einen großen Teil seiner Zeit mit der Schriftstellerei verbrachte, waren seine Hauptwerke doch schon früher veröffentlicht worden. Mit anderen Worten: Seine größten Erfolge lagen hinter ihm, nun hatte eine besinnliche oder kontemplative Phase seines Lebens begonnen.

13. Ein Designer/Architekt

Diese Aura war bemerkenswert klar und frei von Narben oder Belastungszeichen – im Unterschied zu den Bildern Nr. 7 und Nr. 11, bei denen Anzeichen früher Konflikte immer noch sichtbar sind. Als er jünger und aktiver war, mag dieses Charakteristikum vielleicht nicht so deutlich sichtbar gewesen sein, doch ich denke, es entsprach seiner Wesensart, meist ruhig und gelassen zu bleiben. Dieser Mann besaß ein erstaunliches Maß an Harmonie zwischen seinem Denken und Fühlen. Von frühester Jugend an hatte er gewußt, was er sein und tun wollte. Er hatte philosophische, mathematische und spirituelle Ideen als Leitprinzipien für sein Leben und Wirken angenommen und nie einen Grund gefunden, daran etwas zu ändern. Dieses Interesse beeinflußte sein Denken und prägte sein Lebenswerk. Da er einen Beruf gewählt hatte, in dem er seinen Vorstellungen Ausdruck verleihen konnte, fühlte er sich nie frustriert oder behindert, und das ist der Gesundheit immer förderlich. Seine ersten Lebensabschnitte standen in der Tat in völligem Kontrast zu jenen von Nr. 12.

Das nebelhafte Graublau am Grunde dieser Aura zeigt eine Form des natürlichen Egoismus, die nach Selbstausdruck verlangte und Gelegenheit, sich durchzusetzen, nicht jedoch nach Besitz gierte oder daran festhielt. Das Dunkelgrün unmittelbar darüber zeigt, daß der Mann in jungen Jahren sehr aktiv und ehrgeizig war. Auf der linken Seite wird die Farbe heller und geht in einen blauen Ring über. Die Form diese Ringes verrät, daß er sich auf eine Erinnerung an die Vergangenheit bezieht, die ihn jedoch immer noch beeinflußt. Ihre Nähe zu einem Bereich hellern, strahlenderen Blaus zeigt, daß es sich um ein schönes Erlebnis handelte, das nur insofern schmerzlich war, als es zu Ende ging. Tatsächlich galt diese Erinnerung der wundervollen Ehe mit einer Frau, die ihn nachhaltig beeinflußte – eine Inspiration, der er selbst spirituelle Bedeutung beimaß. Obwohl seine Frau schon vor vielen Jahren gestorben war, blieb die Erinnerung an sie in seinem Leben immer noch gegenwärtig, und er hatte nie die Neigung verspürt, erneut zu heiraten.

Aus diesem blauen Feld, das eine Widerspiegelung des höheren Willens und Selbstgefühls ist, geht eine orange Wolke hervor, die jenen sehr ähnlich ist, die wir in den beiden vorangegangenen Aura-Bildern gesehen haben. Wie immer steht dieses Gebilde für ein gewisses Maß an Stolz und Selbstachtung; in diesem Falle war es die Selbstzufriedenheit, genau zu wissen, was man vorhat. Der Mann war von der Richtigkeit seiner Ideen überzeugt, aber auch von seiner Fähigkeit, sie in seiner Arbeit zu verkörpern und in seinen Schriften darzulegen.

Das Blaugrün auf der rechten Seite unten ist ein Zeichen, daß die künstlerische Sensibilität im täglichen Leben sehr aktiv war, ein fester Bestandteil von allem, was er tat. Auf der gegenüberliegenden Seite ist ein rosafarbener Bereich, der immer Zuneigung und Liebe andeutet. Wie Sie sehen können, berührt er den blauen (frühe Ehe), denn seine Gefühle zu seiner Frau waren nicht verschwunden. Er liebte seine Kinder und ein oder zwei gute Freunde, aber er hatte nur wenige persönliche Beziehungen. Insgesamt ist nicht sehr viel Rosa in der Aura dieses Mannes festzustellen. Er war denn auch ein recht unabhängiger und selbstgenügsamer Mensch, freundlich zwar, aber nicht mit vielen befreundet.

Betrachten wir den oberen Teil seiner Aura, sehen wir Anzeichen für einen feinen Intellekt. Leuchtendes Gelb zeigt, daß das Denken sehr aktiv war; da der Mann sich auch im Handeln von seinem Denken leiten ließ, spiegelt sich das Gelb unterhalb der grünen Zone wider. Das Blaugrün auf der gegenüberliegenden Seite bezieht sich auf seinen Schönheitssinn, und die hellgrünen Wolken darin rühren von seiner Sympathie zu jenen her, die unter ähnlichen Einflüssen stehen. Die violetten Felder oberhalb des Kopfes zeigen seine tiefen, fast religiösen Empfindungen gegenüber den der Natur zugrundeliegenden geistigen Prinzipien.

Innerhalb der grünen Zone ist eine ganze Sammlung komplexer geometrischer Figuren zu sehen. Sie sind Ausdruck der ständigen Beschäftigung mit den Prinzipien der Form, die der Mann als eine Offenbarung der dem Universum zugrundeliegenden archetypischen Ordnung empfand. Diese Symbole spielten eine aktive Rolle in seiner Phantasie und gingen in alles ein, was er tat. Sie waren in seinem Denken so allgegenwärtig, daß er, sowie er gerade ein Stück Papier vor sich hatte, die eine oder andere dieser geometrischen Figuren zu zeichnen begann. Zeit seines Lebens hatte er sich mit den verborgenen mathematischen Prinzipien befaßt, die ihre Harmonie, Symmetrie und Proportion auf die Fülle der Formen in der Natur übertragen, und er war Verfasser mehrerer Bücher zum Thema der dynamischen Symmetrie (wie man es seinerzeit nannte), das heißt darüber, wie Formen voneinander abzuleiten sind.

Dieser Mann war unter einem glücklichen Stern geboren, wie ich es ausdrücken möchte. Sein Leben war auf einzigartige Weise frei von Meinungsverschiedenheiten, und falls er überhaupt Sorgen hatte, so lagen sie in ferner Vergangenheit zurück. Obwohl er seine Frau verloren hatte, war seine Erinnerung an sie eine Quelle des Glückes und Trostes für ihn. Er hatte das Glück, einen Beruf auszuüben, der ihm Freude bereitete und in dem er sehr erfolgreich war. Bereits in jungen Jahren hatte er eine Lebensphilosophie gefunden, die ihn gänzlich befriedigte und grenzenlos faszinierte, und die er in seinem Leben auch in die Praxis umzusetzen vermochte. Seine Bücher kamen gut an, auch wenn sie nicht gerade populär wurden. Er lebte zwar allein, aber damit war er zufrieden. Ja, er hatte den Zustand innerer Gelassenheit und Freiheit erreicht, der – wie der Hinduismus lehrt –, den letzten Abschnitt des Lebens kennzeichnen soll.

Einzigartig wird seine Aura durch die offenbar vollkommene Harmonie von Denken und Gefühlen. Nie scheint es eine Blockade zwischen diesen beiden Aspekten gegeben zu haben. Seine spirituellen Bestrebungen waren verbunden mit seiner Liebe zur Schönheit und dem, was er als die göttliche Ordnung im Universum empfand; beide waren für ihn Ausdruck einer tieferen geistigen Wirklichkeit. Diese Gedanken waren Gegenstand seiner Meditationen aber auch seines Denkens; sie brachten seine intuitive Bewußtseinsebene mit seinem Denken und Fühlen in Harmonie. Damit arbeiteten diese drei Ebenen harmonisch zusammen; das ist eine Seltenheit.

14. Eine jugendliche Idealistin

Ich vervollständige diese Reihe von Portraits mit dem Aura-Bild einer Person, die ganz anders war als die vorausgegangenen. Sie war jung (nur fünfundzwanzig Jahre alt), hatte ihr Leben erst vor sich und noch keine Leistungen vollbracht. Das heißt, ihre bisherigen Erfahrungen hatten ihren Charakter noch nicht stark geprägt. Sie besaß keine der Talente, die die meisten anderen dazu brachten, ihr Leben dem künstlerischen Schaffen zu widmen. Was sie mit den anderen Personen verbindet, ist eine ausgesprochene Zielstrebigkeit. In ihrem Falle äußerte sie sich als fast leidenschaftliche Hingabe an das, was sie für das Ziel des menschlichen Lebens empfand: geistige Erkenntnisse und Maßstäbe zu erlangen.

Die ganze Ausrichtung des vorliegenden Buches galt dem Gedanken, daß der Mensch sein Leben selbst in die Hand nehmen kann, seine Vorstellungen in die Tat umsetzen und seine Bestrebungen als eine Kraft gebrauchen kann, die persönliche Veränderungen bewirkt. Wie ich in Kapitel VIII zeigen möchte, glaube ich, daß die Motivation die erste Voraussetzung zur Veränderung ist, und daß man einen klaren Sinn für die Richtung besitzen muß, in die man gehen will – den Weg, dem man folgen will, selbst wenn das Ende dieses Weges unbekannt oder überhaupt nicht erfahrbar ist. Diese junge Frau fand die Richtung, die sie einschlagen wollte, als sie noch recht jung war; sie blieb ihrem Entschluß treu und ging ihm den Rest ihres Lebens nach.

Diese Hingabe zeigt sich auffällig in den an Flügel erinnernden Streifen intensiver Bläue, die vom Bereich des Herzens ausgehen und bis in den obersten Bereich der Aura reichen. Die junge Frau hatte seit vier bis fünf

14. Eine jugendliche Idealistin

Jahren meditiert, die blauen Streifen sind die Früchte ihrer Bemühungen. Sie hängen mit der Entfaltung des Willens zusammen und mit ihrer bewußten Anstrengung, ihr Leben in Übereinstimmung mit ihren spirituellen Ideen zu führen und egoistische Impulse zu überwinden. Von allen hier dargestellten Fällen wiesen nur diese junge Frau und Nr. 13 solche Hingabe auf.

Interessanterweise war sie kein Mensch, den man für willensstark im landläufigen Sinne halten würde. Sie hatte nicht die Art von Entschlossenheit, die trotz Hindernissen eine Karriere aufbaut oder ein Talent durch schiere Ausdauer entfaltet. Wie viele Teenager war sie unschlüssig, was sie mit ihrem Leben anfangen sollte, und selbst mit fünfundzwanzig Jahren war sie recht gleichgültig hinsichtlich der Art ihrer Arbeit und nahm an, was sich gerade bot. Sie war also nicht ehrgeizig im üblichen Sinne. Sie strebte auch nicht an, die Kontrolle über das Leben eines anderen Menschen zu erlangen, sondern wollte sich selbst unter Kontrolle haben.

Zu jener Zeit hatte sie alle Intensität der Jugend und war aufgrund ihres natürlichen Temperaments nervös und sehr angespannt. Sie war eine Perfektionistin und sehr ungeduldig und kritisch, besonders sich selbst gegenüber. Wenn sie ihren eigenen Maßstäben nicht entsprach, wurde sie sehr ungehalten. Ohne es zu wissen, erlegte sie sich selbst sehr viel Druck auf und war infolgedessen überlastet.

Ihrer Jugend entsprechend sind die Farben der Aura klar, nur wenige Anzeichen früherer Traumata sind zu erkennen. Am Grunde der Aura zeigt das trübe Graugrün, daß ihr natürlicher Egoismus sich in dem Verlangen nach Selbstausdruck offenbarte; sie strebte nicht nach dem Besitz materieller Dinge. Die grauen Verfärbungen lassen darauf schließen, daß sie sich als kleines Kind oft gefürchtet hatte. Es gab nichts in ihrem Zuhause oder in ihren Erlebnissen, was die Ängste verursacht haben könnte; sie waren nicht auf irgend etwas Bestimmtes gerichtet, sondern vielmehr eine Art von nicht faßbarem Grauen vor dem dunklen Unbekannten, unter dem viele Kinder zu leiden scheinen. Instinkthaft und halbbewußt sind solche Ängste oft Überreste aus einer vergessenen Vergangenheit. Das dunkelblaue, einem Anker ähnelnde Symbol unter ihren Füßen zeigt, daß diese unfaßbaren Ängste in Träumen konkretere Gestalt annahmen. Als ich sie nach wiederkehrenden Alpträumen fragte, erinnerte sie sich deutlich daran, obwohl sie schon lange nicht mehr unter ihnen gelitten hatte. Im Laufe der Jahre hatten sich ihre Ängste zu diesen Symbol kristallisiert; daß es so weit unten liegt, zeigt jedoch, daß die Ängste fast ganz verschwunden und nur als Schatten im Unbewußten zurückgeblieben waren.

An den Rändern der Aura werden Sie die blauen Streifen sehen, die immer für Spannung stehen; ähnliches beobachteten wir bereits in den Fällen

Nr. 9 und Nr. 12. Wie in jenen vorausgegangenen Fällen scheint die Belastung schon lange zu bestehen und vermutlich in den frühen Ängsten begründet zu sein. Die junge Frau neigte dazu, sich bis über die Grenzen ihrer nervlichen und körperlichen Ausdauer zu belasten, weil sie keine Vorstellung davon hatte, wo diese Grenzen verliefen. Die Spannung war mittlerweile recht tief verwurzelt, bis zu dem Punkt, an dem die nervöse Anspannung hin und wieder Anfälle schwerer, mit Übelkeit verbundener Kopfschmerzen verursachten. Ansonsten war sie bei bester Gesundheit.

Etwas weiter oben wird die Farbe auf der linken Seite bläulicher. Das heißt, die junge Frau war als Kind eigensinnig und setzte vermutlich mit Erfolg ihren Kopf durch; ihre Eltern nämlich waren lieb und freundlich und verwöhnten sie sehr, obwohl die Tochter sich dessen nicht bewußt war. Sie war ein Einzelkind, das die meiste Zeit mit Erwachsenen verbrachte; deshalb war sie ein wenig frühreif. Ja, abgesehen von der Tatsache, daß sie manchmal einsam war und sich die Gesellschaft anderer Kinder gewünscht hätte, war ihr Umfeld in der Kindheit ideal.

Noch weiter oben hellt sich das Grün etwas auf und wird gelblich. Dies zeigt, daß sich das Mädchen schon in sehr jungen Jahren seine Gedanken machte über die Dinge in ihrer Umgebung, und daß sie ihr Denken im täglichen Leben ebenso wie für ihre Schule und Ausbildung einsetzte. Daß mehr Gelb in die Färbung einfließt, zeigt, daß sie sich bewußt bemühte, ihren Egoismus zu beherrschen, aber auch zu verstehen, woran sie arbeitet. Der orange Fleck ist das Anfangsstadium einer Wolke, wie Sie sie bereits in den Fällen Nr. 7, Nr. 11 und Nr. 13 gesehen haben. Wie gesagt, steht diese Farbe immer für starke Überzeugungen und einen gewissen intellektuellen Stolz, das gefunden zu haben, was man für die Wahrheit hält. Von Jugend an hatte dieses Mädchen nach einer Lehre gesucht, die Antworten auf ihre Fragen bieten würde, und als sie Buddhismus, Theosophie und östliche Weisheitslehren kennenlernte, war sie überzeugt, die Antworten gefunden zu haben. Dieser orange Fleck hat sich noch nicht zu einer Wolke verdichtet; ob er sich im Laufe der Jahre weiter verfestigen oder aber allmählich entspannen und verschwinden würde, war noch nicht zu sagen.

Die junge Frau hatte vor kurzem ein Kind geboren, und dieser Vorgang hat naturgemäß einen großen Teil ihrer Aufmerksamkeit beansprucht. Das Antlitz des Kindes können Sie innerhalb der grünen Zone erkennen, weil die Mutter nicht nur seine körperlichen Bedürfnisse erfüllte, sondern sich auch viele Gedanken über sein weiteres Werden machte. Sie war entschlossen, eine gute Mutter zu sein – eine Entschlossenheit, die sie fast überängstlich werden ließ. Die grüne Zone selbst ist von klarer Farbe (Mitgefühl) und recht breit (manuelle Geschicklichkeit). Sie besaß keine besondere künstlerische Begabung, aber es bereitete ihr keine Schwierigkeiten, sich die unterschiedlichsten Fertigkeiten beizubringen wie Nähen, Gärtnern, ein Instrument zu spielen oder mit verschiedensten Werkzeugen und Geräten umzugehen. In der grünen Zone sehen Sie auch verschiedene gelb gezeichnete geometrische Formen, die sich alle auf intellektuelle Interessen beziehen, während die blauen runden Flecken und Spiralen wiederum auf den Einsatz ihres Willens zur Beherrschung von Denken und Fühlen hinweisen.

Rosa ist in dieser Aura eine dominierende Farbe, sowohl oberhalb als auch unterhalb der grünen Zone: das heißt, die junge Frau besaß sehr viel Zuneigung und Liebe, nicht nur für ihre Familie, sondern auch für alle möglichen anderen Menschen. Das in seiner Färbung reinere und klarere Rosa oberhalb der grünen Zone ist eine Art von allgemeiner Empfindung, das die Ideale widerspiegelt, die sie bezüglich ihres Gefühlslebens hatte. Die Fläche in der unteren Hemisphäre zeigte die Zuneigung, die sie im täglichen Leben äußerte. Die kleinen Kegel und Spiralen der gleichen Farbe enthüllen wiederum ihre Sorge, ihren eigenen Idealen nicht gerecht zu werden, aber sie sind vorübergehende Phänomene, die sich wieder auflösen würden.

Gelb erscheint an zwei Stellen im oberen Teil der Aura und zeigt angeborene Intelligenz und echtes Denkvermögen, selbst in bezug auf schwierige und verwickelte Dinge. Das Gelb gleich oberhalb des Rosa stellt die Macht des Denkens dar, von der sie regelmäßig Gebrauch machte, während der gelbe Streifen weiter oben links der eher abstrakte und theoretische Aspekt ist, der nicht so sehr zum Einsatz gelangt. Der blaugrüne Bereich auf der rechten Seite bezieht sich wie immer auf die Ästhetik; in diesem Falle steht er nicht so sehr für künstlerische Fähigkeit als für Sensibilität – eine Wertschätzung von Schönheit und Harmonie als universellen Idealen. Wie immer zeigt der lavendelfarbene Bereich ganz oben in der Aura die angeborene Spiritualität eines Menschen. Im vorliegenden Falle ist es verbunden mit dem Goldgelb auf der linken und dem Blaugrün auf der rechten Seite, das heißt, sowohl ihre Suche nach dem Sinn als auch ihr Sinn für Schönheit bezogen sich auf ihre spirituelle Suche. Das dunklere Violett ist eine zusammengesetzte Emotion – ein intuitiver Zugang zum Verständnis der inneren Ordnung, Bedeutung und Sinn hinter den Phänomenen der Natur.

14a. Sechsundfünfzig Jahre später

Die Aura-Bilder im vorliegenden Buch sind vor so langer Zeit entstanden, daß fast alle Erwachsenen von damals mittlerweile tot sind. Diese Frau jedoch ist immer noch sehr lebendig, und so mag es interessant sein, ihre Entwicklung bis heute nachzuverfolgen. Als das Bild Nr. 14 gemalt wurde, stand sie an der Schwelle ihres Lebens, und ihre Anlagen begannen sich gerade zu entfalten. Heute ist sie eine Frau von über achtzig Jahren, sie ist nach wie vor kräftig und von geistiger Klarheit und hat von ihrer Energie nur wenig verloren. Ungeachtet ihres Ruhestandes ist sie aktiv geblieben; zu ihren intellektuellen Interessen kamen Aufgaben im Vorstand etlicher karitativer Organisationen. Fast sechzig Jahre lang war sie glücklich verheiratet und hat eine große Schar von Kindern und Enkeln, mit denen sie sich glänzend versteht.

Ihre Zielstrebigkeit hat nicht nachgelassen, und auch die Meditation wurde weiterhin praktiziert. Gesegnet mit guter Gesundheit und gutem Karma (denn ihr Leben blieb auf einzigartige Weise frei von Problemen und Schwierigkeiten), war es ihr möglich, ohne irgendwelche Reibungen in den familiären Beziehungen ihre Ziele zu verfolgen. Heute empfindet sie nicht mehr das Bedürfnis, sich selbst ihren Willen so streng aufzuzwingen, deshalb ist sie auch entspannter. Die Furchtsamkeit, die in frühkindlichen Ängsten wurzelte, ist vergangen, und auch der größte Teil ihrer Anspannung und Überanstrengung gehört der Vergangenheit an. In der Folge sind auch die durch nervöse Spannung bedingten Kopfschmerzen verschwunden, und der Gesundheitszustand der alten Dame ist glänzend.

Die Farben ihrer Aura sind weicher geworden, heller und ausgeglichener. (Das Aura-Bild Nr. 14a wurde kürzlich von einer anderen Künstlerin gemalt, nicht von Juanita Donahoo.) Der orangefarbene Fleck hat sich verkleinert, da sie nicht mehr die Notwendigkeit spürt, ihre Ideen so vehement zu vertreten. Das Rosa darunter wird ergänzt von einem blasseren Rosa darüber, das heißt, ihre Zuneigung ist noch stark, aber etwas distanzierter. Das Gelb in der oberen Hemisphäre wurde breiter und grenzt nun an die grüne Zone, das heißt die intellektuellen Fähigkeiten und Interessen haben sich vertieft und sind aktiver geworden. Der lavendelfarbene Bereich über dem Kopf hat sich durch Studium und Meditation beträchtlich erweitert, das heißt die spirituelle Einsicht hat zugenommen. Infolge jahrelanger Meditationspraxis haben sich die dunkelblauen Flügel – ein so auffallendes Element ihres Aura-Bildes – ausgebreitet und bilden einen Halbkreis aus Purpur, der die höheren Energien mit ihrem Denken und Fühlen verbindet.

Insgesamt sind die Farben der Aura viel diffuser geworden, und so wirkt die Aura auch harmonischer.

Die Betrachtung der Aura dieser Frau im Vergleich zum Aura-Bild jener anderen alten Dame (Nr. 8) veranlaßte mich zu Überlegungen über den Altersprozeß und seinen Einfluß auf Gesundheit und Kraft des Gefühlslebens. Wenn Sie sich an Nr. 8 erinnern, wird Ihnen wohl einfallen, daß der untere Teil im Aura-Bild der alten Dame von Grau überzogen war, was wir auf die reduzierten Energien und die Tatsache zurückführten, daß sie soviel in der Vergangenheit lebte. Doch war sie zeitlebens eine sehr vitale und aktive Person. Ihre nachlassenden Energien waren vielleicht auf einen Verlust körperlicher Vitalität zurückzuführen, aber, wie ich meine, zum Teil auch auf den Verlust mentaler und emotionaler Anregung. Es war bei ihr das gleiche Problem, das auf viele Menschen zukommt, die sich aus dem aktiven Leben zurückziehen müssen: Ihre Arbeit, ihr Werk wurde von ihr genommen. Ob dies nun wegen des Alters, wegen Krankheit oder anderen Umstände eintritt, ist es doch ein Ereignis, das manchmal traumatische Folgen haben kann. Manche Menschen verlieren ihre Orientierung und damit die Zuversicht, daß sie weiterhin einen Beitrag leisten können – und diese Zuversicht ist überaus wichtig für das Selbstwertgefühl. In Kapitel IX werde ich über diese Frage detaillierter sprechen.

Im Gegensatz hierzu führt Nr. 14 nach wie vor ein erfülltes und aktives Leben mit vielen intellektuellen Interessen. Damit ergänzen ihre mentalen und emotionalen Energien alles, was das Alter als Reduzierung körperlicher Kraft und Vitalität natürlicherweise bringen mag. Ärzte mahnen ihre älteren Patienten regelmäßig, körperlich und geistig aktiv zu bleiben, und meine Beobachtungen können diesen Rat nur bekräftigen. In Kapitel II betonte ich, daß die höheren Energien die niederen beeinflussen und verwandeln können. Weil Denken und Fühlen eng mit dem Ätherischen zusammenarbeiten, kann mentale Energie den materiellen Körper beleben.

Leider fürchtet man sich in unserer Kultur vor dem Alter. Im Osten hingegen wird das Alter als eine Zeit geachtet, in der die Reduzierung der Verantwortung und Verpflichtungen Freizeit schenkt zur Kontemplation und zur Freude an der Natur. Frei von der Notwendigkeit, immer etwas zu tun, kann man loslassen und man selbst sein. Wird das Alter angenommen als eine Lebensstufe, die ihre eigenen Vorteile bringt, können die Gaben wie Gleichmut, Stille und Loslassen das Ende eines aktiven Lebens bereichern.

14.a Sechsundfünfzig Jahre später

Kapitel 7

Die Auswirkungen von Krankheit

Die Auswirkungen von Krankheit sind in der Aura leicht wahrzunehmen, besonders wenn ein chronisches oder lange bestehendes Leiden vorliegt. Jede Krankheit hat ihr eigenes Muster, aber in jedem Falle handelt es sich um eine Verminderung der Energie, die im allgemeinen dazu führt, daß die Farben vergrauen oder an Strahlkraft verlieren; außerdem zeigt die ganze Aura eine Tendenz zur Ermattung. Häufig sind Streßzeichen festzustellen, die von der Anstrengung herrühren, trotz Schmerzen und Schwäche weiterzuarbeiten.

Bei einem gesunden Menschen fließt die Emotionalenergie ganz natürlich nach außen. Dadurch ist nicht nur der freie Austausch mit anderen gewährleistet, sondern auch eine Vorbeugung gegen innere Blockaden, die zur Hemmung und Unterdrückung der Emotionalenergie führen könnten. Die Krankheit jedoch wendet sich nach innen, da es ihr immer darum geht, die Aufmerksamkeit des Menschen auf sich zu ziehen. Es bedarf bewußter Anstrengung, den Schmerz zu ertragen, und ein Energiemangel schwächt die Fähigkeit zur normalen Funktion. Die Folge ist eine Überlastung.

Bei der Diagnose und Behandlung von Krankheiten arbeite ich hauptsächlich im Ätherfeld, das bekanntlich das Gegenstück des materiellen Körpers ist, in dem sich Erkrankungen zuerst zeigen. Emotionale Faktoren spielen beim Heilen eine sehr wichtige Rolle; sie sollen in Kapitel IX genauer besprochen werden. Die folgenden Bilder zeigen jedoch deutlich, in welchem Grade eine Krankheit sowohl eine emotionale als auch eine körperliche Angelegenheit ist. Aufgrund dieser Zusammenhänge kann eine negative Denkhaltung das Leiden verschlimmern. Ich möchte nicht behaupten, daß positives Denken zu heilen vermag, aber gewiß hilft es dem Patienten, zum Heilungsprozeß beizutragen und erhöht somit die Wirksamkeit der Behandlung.

15. Kinderlähmung

Unser erstes Bild zeigt die Aura einer jungen Patientin aus der Praxis von Frau Dr. Bengtsson. Da diese mir grundsätzlich nichts über den Befund ihrer Patienten im voraus verriet, kannte ich die Vorgeschichte dieses Mädchens nicht. Als ich in den Raum kam, saß sie bereits auf einem Stuhl, so daß ihre körperliche Behinderung nicht offensichtlich erkennbar war. Doch genügte mir ein Blick, um festzustellen, wie krank und schwach sie war, und wieviel Mühe sie aufbrachte, um sich zu halten.

Dieses bedauernswerte Mädchen erkrankte im Alter von zwei Jahren an Kinderlähmung; seitdem war sie körperlich verkrüppelt und neurologisch geschädigt. Inzwischen war sie zweiundzwanzig Jahre alt und recht pummelig und schwer, so daß das Gehen ihr Mühe machte. Mit den Folgen der Polio hätte sie sich vielleicht einrichten können, aber ihr Zustand wurde durch ein schweres, chronisches Asthma noch kompliziert, unter dem sie sehr litt.

Betrachten wir ihr Aura-Bild, so sehen wir, daß die Ränder der Aura wellenartig gezackt und uneben sind und daß die Aura ihren glatten Rand – außer ganz oben und unten – verloren hat. Die ganze Aura scheint in eine Wolke von Grau gehüllt, die die Energie-Ventile verdeckt. Diese wiederum waren offen, flach, schlaff und viel blasser, als sie sein sollten. Ihr rhythmisches Pulsieren war unregelmäßig, was sich im Bild natürlich nicht darstellen läßt. Alle diese Abweichungen zeigten, daß der Mechanismus zur Regulierung von Aufnahme und Abgabe der Emotionalenergie nicht normal funktionierte. Weil die Ventile so weit offen standen, war das Mädchen vor Belastungen von außen nicht geschützt und konnte Emotionen nicht leicht abschütteln. Somit besaß sie nur wenig Widerstandskraft und ermüdete leicht; sie befand sich in einem Zustand chronischer Erschöpfung.

Als ich sie zum ersten Mal musterte, war ich überrascht von der großen grauen, mit roten Punkten durchsetzten Wolke, die den ganzen oberen Teil des Körpers einschließlich der Solarplexus-Region bedeckte. (Ähnliches werden Sie in den Fällen Nr. 9 und Nr. 16 sehen.) Ich erkannte, daß es sich um einen vorübergehenden Zustand jüngeren Datums handelte, und so fragte ich die Patientin, ob sie kürzlich eine Injektion erhalten habe. Sie antwortete, daß sie sich auf dem Weg zu unserem Termin schwach und nervös gefühlt und sich deshalb eine Adrenalin-Spritze gegeben habe. Dies wiederum war für mich sehr interessant, weil die Farbe Grau in der Aura Angst und Depression bedeutet; Rot hingegen ist auf Wut zurückzuführen. Adrenalin wird im Körper freigesetzt unter dem Druck von Angst und Wut. Die Adrenalin-Spritze bewirkte in der Aura des Mädchens eine Simulation von Angst und Wut.

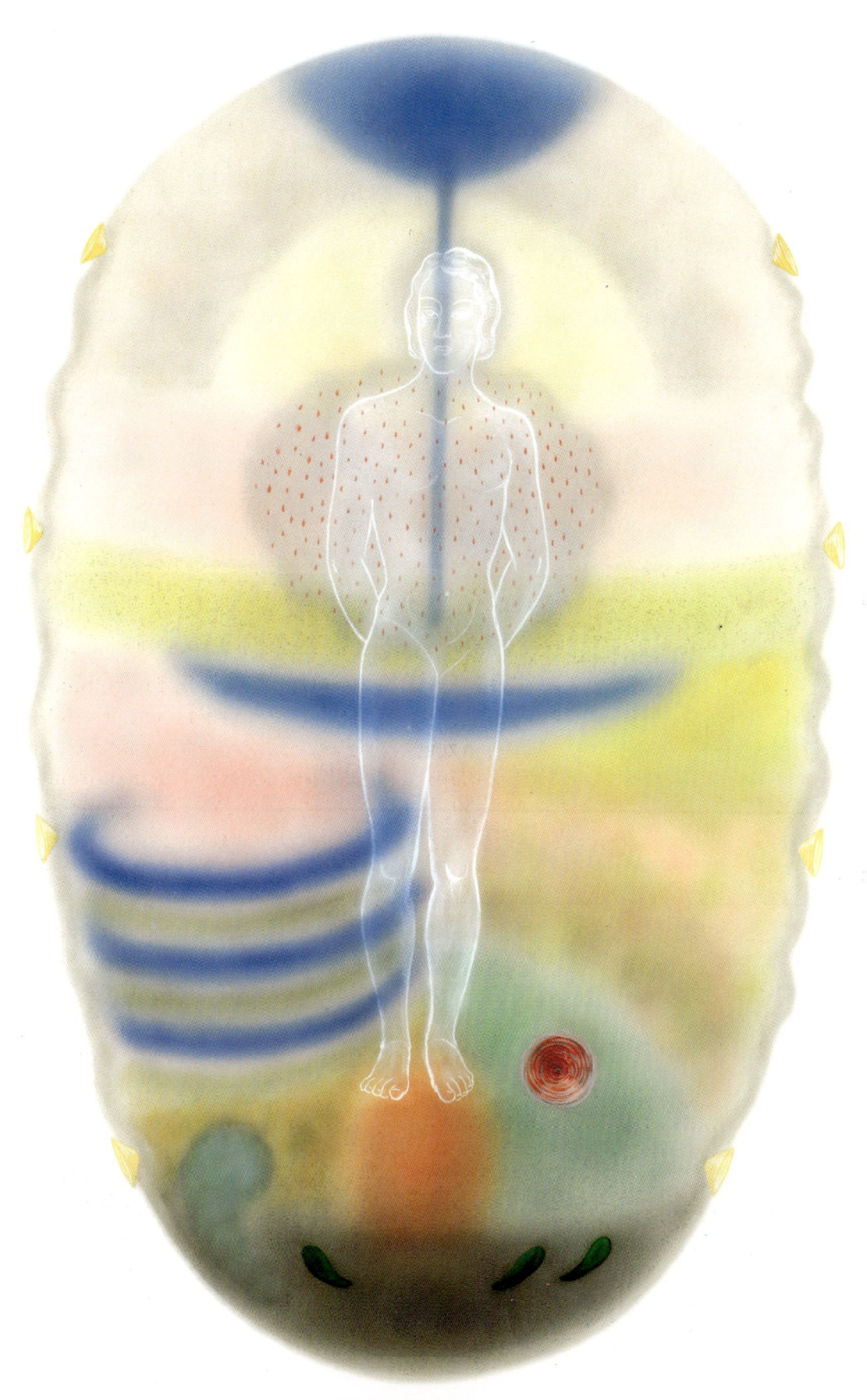

15. Kinderlähmung

Die Eigenschaften, die sich immer im oberen Teil der Aura zeigen, sind in diesem Falle sehr nebulös. Da das Mädchen praktisch keine Gelegenheit hatte, ihre Talente zu entfalten, sind sie nur schwach dargestellt. Andererseits ist die mit Abstand am meisten vertretene Farbe in der Aura das kräftige Blau des Willens als Ausdruck ihres höheren Selbst. Dieses Blau strömt vom höchsten Punkt ihrer Aura herab die ganze Wirbelsäule entlang durch die Chakren und bis in die grüne Zone. Der genaue Ton dieses Blaus ist in der Abbildung nicht getroffen, denn er sollte heller und leuchtender als die blauen Streifen erscheinen, die im unteren Teil der Aura zu sehen sind. Das höhere Blau steht für die ungeheure Entschlossenheit, so normal wie möglich zu leben – das ist der Wille, die Behinderungen zu überwinden und in der äußeren Welt alles zu bewerkstelligen.

Die grüne Zone ist, wie zu erwarten, blaß und schmal: das Mädchen konnte natürlich keinerlei praktische Arbeit vollbringen. Aber das Blau ihres Willens spiegelt sich in dem breiteren Streifen dunklerer Färbung gleich unterhalb der grünen Zone wider und zeigt damit die Intensität und Entschlossenheit ihres täglichen Kämpfens an. Wenn man so schwach und energiearm ist, verlangt selbst die Anstrengung, einen Fuß vor den anderen zu setzen, einen großen Einsatz. Sie brauchte Willenskraft, um sich fortzubewegen, zu gehen, Dinge zu heben und sogar zum Atmen; zudem hatte sie fast ständig Schmerzen. Der breite blaue Streifen zeigt, wie sehr sie sich dabei anstrengte.

Die drei blauen Bänder, die sich weiter unten parallel übereinander krümmen, zeigen ebenfalls diese Anstrengung, aber auch die Folgen der Belastung. Der Kampf, den Auswirkungen fast ununterbrochener Schmerzen standzuhalten und die ärztlichen Anweisungen zu befolgen, hatte praktisch zu einer dauernden Überlastung geführt. Das Mädchen versuchte mit ihrer Willenskraft wenigstens einen Teil ihrer körperlichen Behinderung auszugleichen, aber da sie so häufig nicht vollbringen konnte, was sie sich vornahm, wechseln die blauen Bänder mit dem Grau der Depression ab.

Ein großes rosafarbenes Feld – das unterhalb der grünen Zone seine Reflexion in einem etwas dunkleren Farbton findet – geht quer über den oberen Teil der Aura und zeigt, daß das Mädchen wirklich sehr liebevoll war. Aber auch hier stellen wir fest, daß die Farbe nicht bis an den Rand der Aura reicht, sondern blockiert wird; es gab keine Möglichkeit, die Emotionen zum Ausdruck zu bringen. Abgesehen von den Mitgliedern ihrer Familie, die alle gut und freundlich zu ihr waren, hatte das Mädchen außer mit Ärzten kaum Kontakt mit anderen Menschen. Da sie so wenig Energie besaß, konnte sie sich nur kurz mit anderen unterhalten und litt immer unter Schwierigkeiten, Gefühle zu äußern. Sie versuchte zwar wiederholt, etwas mit anderen zusammen zu unternehmen, aber sie wurde dadurch rasch erschöpft und mußte es bald aufgeben.

Weil sie nicht die Schule besuchen konnte, verfügte sie nur über eine rudimentäre Bildung; ihr Denken bekam kaum Anreize zur Tätigkeit. Die Tatsache, daß das Gelb in ihrer Aura oberhalb des Kopfes nicht bis zu den Rändern reicht, zeigt, daß das Mädchen seine Gedanken kaum auf etwas konzentrieren konnte. Sollte sie sich auf etwas konzentrieren, wurde sie unruhig; ihre Aufmerksamkeit war schwach und ungeübt. Weil die Familie nur über begrenzte Mittel verfügte, gab es nur wenige Eindrücke von außen und kaum Impulse zur mentalen Aktivität. Das Mädchen hatte zwar vage Wünsche, wußte sich aber nicht darauf zu besinnen, und da sie gänzlich ungeübt war, hatte sie auch nur wenig Zuversicht, jemals etwas zu erlangen.

Sehr viel Grau, vermischt mit Grün, findet sich im unteren Teil der Aura: Grün, weil die Vergangenheit erfüllt war von Dingen, die das Mädchen zu tun versuchte, und Grau, weil ihre Versuche gewöhnlich scheiterten. Die Spuren in dem Grau unterhalb ihrer Füße beziehen sich auf Erinnerungen an diese Enttäuschungen in der Vergangenheit; sie stehen für Entmutigung und Niedergeschlagenheit. Der blaugrüne Flecken auf der linken Seite der Aura in der Nähe der Füße ist die Folge einer frühen Lebensphase, in der sie körperlich in etwas besserem Zustand war und gerne mehr unternehmen wollte. Das rosarote Symbol in diesem blaugrünen Feld ist die latente Erinnerung an einen Menschen, der sie seinerzeit ermutigte und sehr beeindruckte. Die blaugrüne Wolke unten links steht auch für jene frühen Anstrengungen, die leider ebenfalls erfolglos blieben. Die ganze traurige Bilanz ihres Lebens ist eine lange Reihe von Versuchen und Versagen; es war erstaunlich, daß das Mädchen noch den Willen besaß, sich weiter zu bemühen.

Die Mischung von Farben im unteren Teil der Aura zeigt, daß das Mädchen das Verlangen besaß, jemand zu sein (orange), aber auch oft von Minderwertigkeitsgefühlen (grau-grün) überwältigt wurde. Etwas weiter oben rechts zeigt das grüne, von Grau und Rosa durchsetzte Feld ihre Anstrengungen, so viel wie möglich selbst zu tun, aber die Farben sind nur undeutlich und undefinierbar, weil es ihr kaum gelang.

Sie war wirklich ein sehr krankes Mädchen, dessen Handlungsfreiheit überdies noch durch das chronische Asthma beeinträchtigt wurde. In Krankenhäusern ging sie ein und aus, und wenn sie wieder eingeliefert wurde, war sie aufgrund ihrer reduzierten Widerstandskraft besonders anfällig für Infektionen und bekam leicht auch andere Krankheiten. Damit wurde ihr Zustand durch alle möglichen Sekundärerkrankungen noch verschlimmert.

Aber sie war sehr entschlossen. Ich glaube nicht, daß sie mit soviel Willenskraft geboren war; sie hatte diese vielmehr durch ihre ungeheuren Anstrengungen entwickelt, die Behinderungen zu überwinden – selbst wenn ihre Bemühungen kaum Erfolg zeitigten. Kraft ihres geistigen Willens – der immer hinter solchen Anstrengungen steht – hatte sie ihre Entschlossenheit aufrechterhalten, zu einem besseren Gesundheitszustand zu finden und ihre Fähigkeiten so gut wie möglich einzusetzen. Dies war wirklich eine Leistung.

In dem Versuch, ihr zu helfen und Trost zuzusprechen, deutete ich an, daß ihre Ausdauer und ihre Widerstandskraft gegen Krankheit sich bessern könnten, wenn sie mehr lernte. Die Anstrengung, von ihrem Denkvermögen Gebrauch zu machen, würde höhere Energien wachrufen, was ihr Selbstwertgefühl stärken und ihre Niedergeschlagenheit vermindern würde. Ich empfahl ihr auch als hilfreich, sich etwas von den Dingen vorzustellen, die sie tun wollte, anstatt über jenen zu brüten, die ihr nicht gelangen. Auf diese Weise könnte sie die höheren Energien des Denkens aktivieren, um ihre körperliche Kraft zu steigern.

Ich schlug ihr auch vor, New York zu verlassen und in eine Zone trockeneren Klimas zu übersiedeln, weil dies ihrer Atmung helfen könnte, was es ihr wiederum ermöglichte, ihre Gedanken zu konzentrieren. Sie befolgte meinen Rat und zog nach Arizona, wo sich ihr Asthma vermutlich besserte, aber seitdem habe ich den Kontakt zu ihr verloren. Ich weiß also nicht, ob sie meine Anregungen aufnahm, ihr Denkvermögen zu entfalten und zu nutzen.

16. Down-Syndrom (»Mongolismus«)

Dies ist die Aura eines etwa siebenjährigen Knaben, der mit dem Down-Syndrom geboren wurde, einem genetischen Defekt, der auf einer Anomalie der Chromosomen beruht. Zu den wichtigsten Symptomen gehören mentale Behinderung und ein leicht orientalisches Aussehen; wegen der sogenannten Mongolenfalte der Lider spricht man auch von Mongolismus. Genau genommen, ist dieses Kind behindert, nicht krank, aber sein Aura-Bild gehört in das Kapitel »Krankheit«, weil die Abweichungen in der Aura die körperlichen Anomalien widerspiegeln.

Auf den ersten Blick fällt auf, daß die Aura insgesamt viel runder ist als die von Fall Nr. 4, einem normalen siebenjährigen Jungen; die Aura des mongoloiden Kindes erinnert mehr an die des dreijährigen Mädchens. Dieses Phänomen zeigt, daß die Entwicklung des Jungen verlangsamt war. Die ganze Mitte und der untere Teil der Aura sind in eine gräuliche Wolke ge-

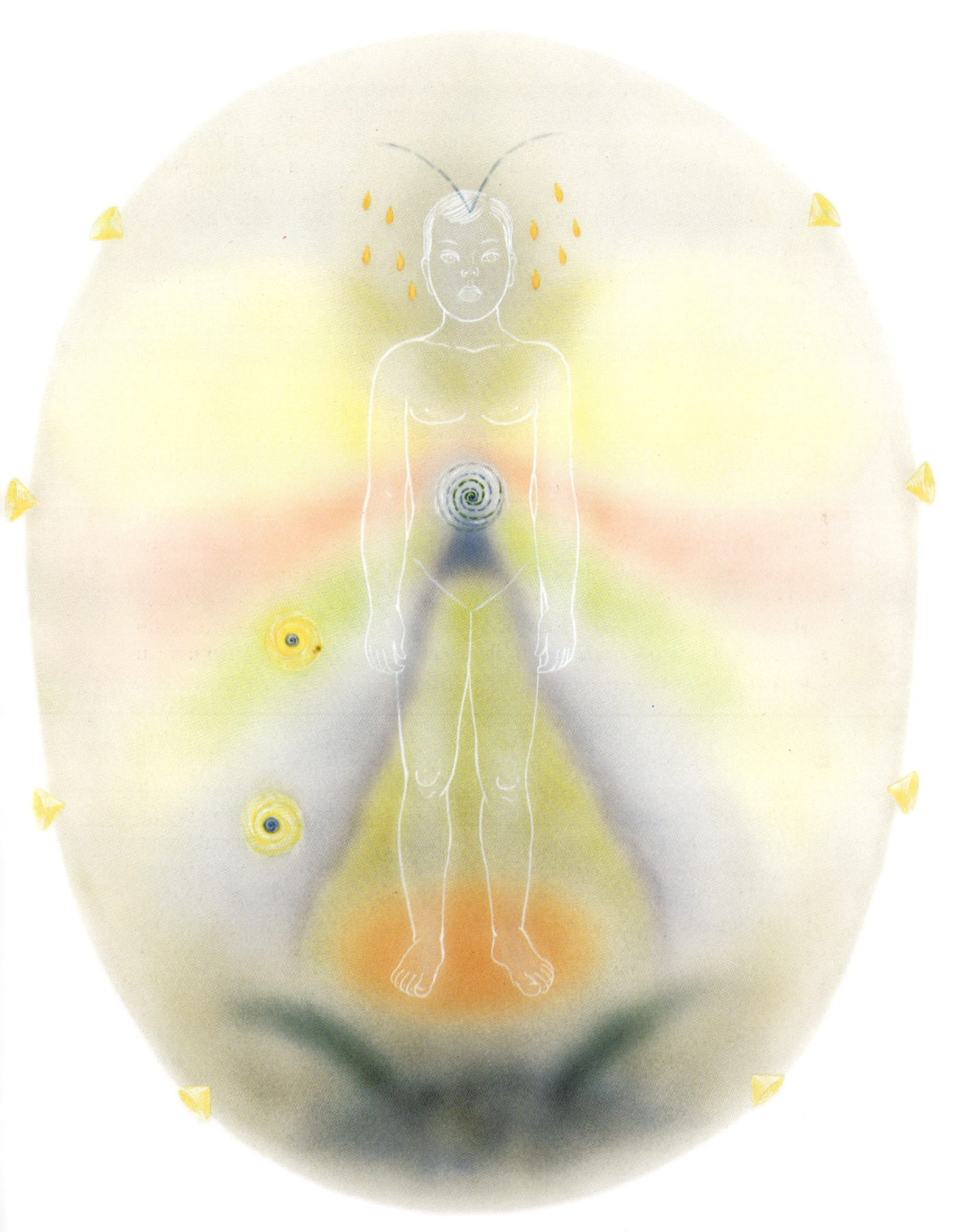

16. Down-Syndrom (»Mongolismus«)

hüllt, die jener im vorausgegangenen Bild ähnelt, wenn sie auch nicht so starke Auswirkungen hat. Auch hier sind die Ventile zur Energieaufnahme betroffen. Ihre Tätigkeit ist träge und reduziert, Energiehaushalt und Widerstandskraft des Kindes sind beeinträchtigt. Die Aura zeigt ungewöhnlich viel Grau, was jedoch in diesem Falle eher von Schwäche, allgemein schlechter Gesundheit und Energiemangel herrührt, nicht von Angst oder Depression.

Wenn wir die Aura dieses Knaben mit den anderen Aura-Bildern von Kindern vergleichen, bemerken wir, daß die sich entfaltenden Farbzonen, die Potentiale und Talente zeigen, nach unten hängen. Sie erreichen nicht den Rand der Aura, sondern stoßen auf eine graue Randzone. Das ist ein weiteres Zeichen der allgemeinen Unfähigkeit zu normaler Funktion oder Selbstausdruck. Die Farben, die in der oberen Hemisphäre die höheren Gaben anzeigen sollten, sind so schwach, daß man sie kaum wahrnehmen kann; das Grau, das die gelbe Farbe überschattet, verrät, daß zum Zeitpunkt der Geburt fast überhaupt kein Denkvermögen vorhanden war.

Interessanterweise spiegelt sich dies auch in dem Fehlen des normalen Egoismus-Brauns am Grunde der Aura wider. Wie gesagt, sind alle normalen Kinder eifrig beschäftigt, sich zu beweisen und durchzusetzen, so daß sie schon recht bald anfangen, ein Ich zu entwickeln. Aber diesem armen Jungen fehlte die mentale Kapazität, ein Selbstgefühl zu finden — und damit auch, egoistisch zu sein. Bei ihm ist der Grund der Aura mit dem dunklen Blaugrau der Spannung gefüllt, deren Auswirkungen nach oben in den aktiven Teil der Aura reichen.

Die großen gelben Bereiche im oberen Teil der Aura könnten zu dem Schluß verführen, sie stünden für mentale Fähigkeiten. Die Farbe ist jedoch äußerst vage, die Position zu tief, fast unterhalb des Kopfes. Der Junge war mental erheblich behindert, wenn auch nicht gänzlich ohne Intelligenz; er machte hin und wieder Anstalten, sich nach außen zu wenden und zu kommunizieren. Die seinen Kopf umhüllende Wolke ist die Folge von Spritzen, die der Knabe täglich erhielt; sie sollten seine Denkvorgänge anregen. Die gelben Funken innerhalb der Wolke zeigen, daß die Medikamente tatsächlich einen mentalen Reiz bewirkten, auch wenn dieser nur von kurzer Dauer war. Die Injektions-Therapie war Teil eines Versuchsprogrammes, das man seinerzeit durchführte; ich bin nicht sicher, wieviel Erfolg es hatte.

Das Rosa in der Aura dieses kleinen Jungen ist von allen seinen Farben die normalste. Ganz typisch für Kinder mit Down-Syndrom, war er von Natur aus lieb und sprach offen auf alle an, die sich um ihn kümmerten. Seine grüne Zone ist sehr blaß und fällt deutlich nach unten ab, das heißt die körperliche Koordination war schwach. Selbst die einfachsten Aufgaben, etwa das Ankleiden, fielen ihm schwer, weil zwischen Kopf und Händen keine Koordination bestand.

In der Mitte der grünen Zone, direkt über dem Solarplexus-Chakra, ist eine kreisrunde blaue Scheibe. Sie zählt zu den karmischen Zeichen. Die Scheibe zeigt sich in entfaltetem, das heißt aktivem Zustand – also nicht latent, als Potential, wie die karmischen Zeichen in den vorausgegangenen Fällen –, weil die körperliche Behinderung, die Auswirkung des Karmas, schon bei der Geburt begann und das Leben des Jungen beherrscht. Die Position an der höchsten Stelle der grünen Zone zeigt einerseits, daß das Karma sich auf die Unfähigkeit bezog, in der Welt zu agieren und zu funktionieren, andererseits, daß das Solarplexus-Chakra sehr gestört war, das bei der Verteilung der Emotionalenergie eine zentrale Rolle spielt. Daraus schloß ich, daß das hormonelle Drüsensystem insgesamt nicht normal funktionierte. Die zwei anderen karmischen Zeichen bezogen sich ebenfalls auf Behinderungen, waren aber noch nicht aktiviert.

Die blauen Streifen, die vom Solarplexus-Chakra auszugehen scheinen und bis zu den Füßen hinab reichen, verraten, daß die Belastung und der Energiemangel des Knaben auf dieses Zentrum zurückzuführen sind. Sie scheinen einen weiteren hellgrünen Bereich einzuschließen, der aber in Wirklichkeit eine Ausbuchtung der grünen Zone ist, die durch die beiden blauen Spannungslinien geteilt wird. Der blasse orange-braune Nebel um die Füße liegt zwischen den blauen Linien und zeigt, daß die Anfänge eines gewissen Selbstvertrauens durch die körperliche Behinderung eingeschränkt wurden.

Trotz seines massiven Handikaps hatte dieser kleine Junge das Glück, einer liebevollen Pflegemutter anvertraut zu sein, die ihn aufrichtig liebte. Diese Beziehung regte nicht nur seine natürliche Liebenswürdigkeit an, sondern ermöglichte ihm im Laufe der Jahre auch ein gewisses Maß an mentaler Integration.

Ich empfahl seinerzeit, der Junge möge leichte Aufgaben erledigen, die ihm Freude bereiteten, zum Beispiel Pflanzen zu versorgen. Dies könnte ihm helfen, die Koordination zwischen Denken und Handeln zu üben. Er würde zwar nie normal werden, könnte aber dadurch lernen, einfache Arbeiten – etwa gärtnerische Tätigkeiten – zu verrichten, die nicht viel gedankliche Aktivität erforderten.

Da ich über die weitere Entwicklung dieses Kindes nichts mehr erfuhr, weiß ich nicht, ob sein Zustand sich besserte oder ob er jung starb, wie die meisten durch das Down-Syndrom behinderten Menschen. Sein Karma schien sich auf ein Leben der Frustration zu beziehen, aus der Sicht der inneren Entwicklung betrachtet.

17. Zustand akuter Angst

Dies ist das Bild eines Mannes in den Fünfzigern, der sich mitten in einem Nervenzusammenbruch befand, wie der Volksmund diesen Zustand nennt. Um das festzustellen, bedurfte es keiner Hellsichtigkeit, denn als er hereinkam, war er sichtlich nervös und aufgeregt. Er hatte eine heftige Persönlichkeit und schon viel im Leben erreicht, wie die kräftigen Farben in seiner Aura bestätigen. Aber als dieses Bild entstand, vermochte er überhaupt nichts zu erreichen, denn er war derart gefangen in seiner Angst, daß er sogar seine Denkfähigkeit in Frage stellte.

Dieser Mann hatte sich schon seit vielen Jahren für östliches Denken interessiert und dessen Grundbegriffe übernommen, doch im Augenblick war er voller Zweifel und Unsicherheit, und diese philosophischen Vorstellungen bedeuteten ihm nichts. Er war im Grunde ein guter Mensch, der seinen Weg verloren hatte und mit ihm sein Identitätsgefühl. Er hatte ein sehr erfolgreiches Geschäft, mit dem es steil bergab ging, und diese Lage verschlimmerte natürlich seine Besorgnis und beschleunigte den Zusammenbruch seines Selbstvertrauens.

All seine Angst und Spannung kann man in der Aura recht deutlich wahrnehmen; am dramatischsten zeigen sie sich in den beiden blauen Gebilden, die ihn wie zwei Hüllen oder Schalen umschließen. Die nervliche Spannung, unter der er litt, führte zu der äußeren blauen »Hülle« am Rande der Aura, die an jene erinnert, die wir schon in früheren Fällen beobachtet haben; doch hier reicht sie viel weiter nach oben als bei den anderen. Die zweite, innere Schale ist noch bedenklicher, weil sie eine Barriere bedeutet, die das normale Ausfließen der Emotionen behinderte und deren Energien nach innen kehrte. Wenn Menschen unter einem solchen Zustand leiden, so können sie ihre Gefühle nicht äußern; sie spüren vielleicht etwas, aber dann macht ihre Unsicherheit sie zweifeln, und sie ziehen sich und ihr Empfinden zurück.

In diesem Falle verstärkte die Blockade die ohnehin vorliegende Spannung von Tag zu Tag. Wie ein rotierender Eiskunstläufer oder ein Eichhörnchen im Käfig gewann die Angst dieses Mannes immer mehr Schwung durch dieses enge Wiederholungsmuster in ihrer Bewegung. Daß die Blockade in der Aura so weit nach oben reicht, bedeutet zudem, daß auch die höheren Fähigkeiten beeinträchtigt werden. So war er leider in zwei Richtungen verschlossen: sowohl zur Außenwelt als auch gegenüber seinem Inneren. Dies zog natürlich seine mentale Ausgeglichenheit in Mitleidenschaft, und die sich daraus ergebende Aussichtslosigkeit führte den Mann zu falschen Deutungen alltäglicher Dinge. Dadurch wiederum verstärkte sich

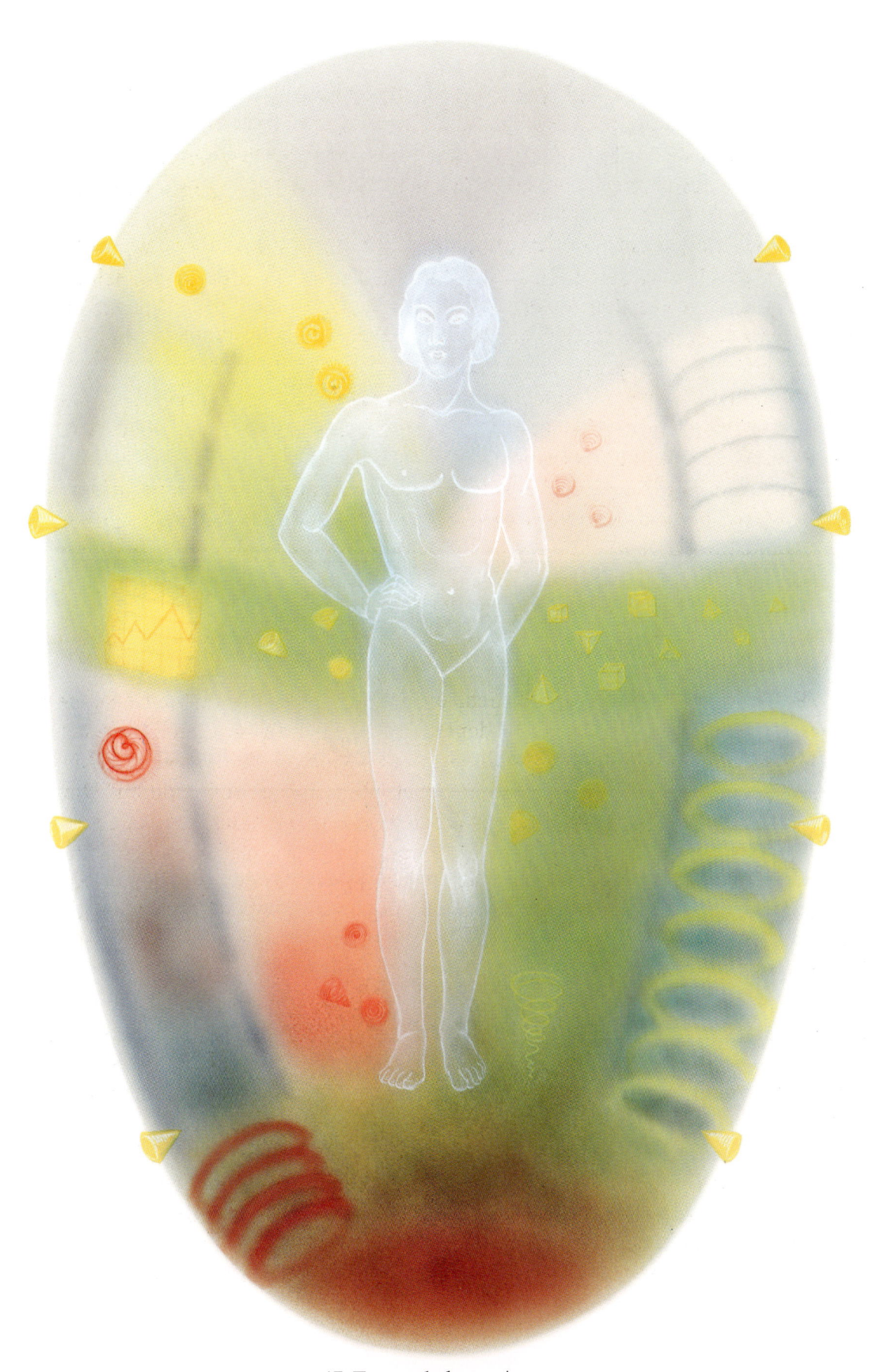

17. Zustand akuter Angst

seine emotionale und mentale Erregung. Ja, er war gleichsam gefangen in Spannung, in verlorenem Wirklichkeitssinn und verzerrter Phantasie.

Die rosafarbenen Bereiche der Aura zeigen, daß dieser Mann von Natur aus liebevoll war, aber die blasse Färbung läßt auf eine Unfähigkeit schließen, Empfindungen mitzuteilen. Sie können sehen, wie die rosa Felder oberhalb und unterhalb der grünen Zone eingegrenzt sind. Der Mann liebte seine Frau und Kinder nach wie vor, aber er gestand mir mit Tränen in den Augen, daß er seine Gefühle absolut nicht nach außen bringen oder auf seine Lieben zugehen konnte. Er hatte sich so lange vornehmlich mit seinem Geschäft befaßt und soviel gearbeitet, daß er sich dabei seiner Familie entfremdete. Doch der eigentliche Grund seiner Überarbeitung und des Druckes, den er sich selbst auferlegte, lag in seinem Wunsch, für die Familie zu sorgen und ihr ein schönes Leben zu bieten. Er war es nicht gewohnt, mit seiner Frau über Probleme zu sprechen, und nun vermochte er nicht einmal mehr zu spüren, daß eine Beziehung zwischen ihnen bestand. Ja, die Familie reizte ihn nur noch. Dies bekümmerte ihn zutiefst, weil er von Schuldgefühlen geplagt war; er machte sich Sorgen über die Zukunft der Familie und fühlte sich frustriert, sie nicht unterhalten zu können. Alle rosa und gelben Wirbel, die Sie in verschiedenen Teilen der Aura sehen können, beziehen sich auf diese Sorgen.

Frustration war für ihn nichts Neues, denn schon am Grunde der Aura sind Zeichen auszumachen, daß er bereits in jungen Jahren Phasen der Enttäuschung erlebte. Er hatte es in finanzieller Hinsicht nicht leicht gehabt und mußte seinen Lebensunterhalt durch die verschiedensten Tätigkeiten verdienen. Die roten Streifen ganz unten in der Aura zeigen, daß er oft verärgert und aufgebracht war, und obwohl diese Erlebnisse der Vergangenheit angehören, hatte er nicht vergessen, wieviel Widerstand sich ihm schon entgegengestellt hatte. In gewissem Sinne spiegelten diese Zeichen die Kämpfe und Schwierigkeiten wider, die ihn in der Vergangenheit bremsten, so wie die blauen Linien die Belastung verdeutlichen, die er in der Gegenwart erlebte.

Seine grüne Zone ist schön breit, und ihre leicht gelbliche Tönung zeigt, daß seine Arbeit immer auch intellektueller Art gewesen ist. Aber auch hier stoßen wir auf gelbe Wirbel, die Sorgen verraten. Alles Gelb im oberen Teil zeigt, daß er früher intelligent und innovativ war, sich gut zu konzentrieren und Dinge gewissenhaft zu durchdenken vermochte. Innerhalb der grünen Zone ist links eine große, an ein Diagramm erinnernde Figur, ein Symbol für Ordnung. Das ist der bleibende Eindruck seines Lebenswerks und zeigt seine größten Leistungen. Der Mann war in den Vereinigten Staaten einer der ersten, die Maßstäbe und Methoden für die öffentliche Meinungsumfrage entwickelten – Dinge, die später von Gallup und anderen Organisationen übernommen wurden. Er schrieb sogar mehrere Bücher zu diesem Thema. Wie das Symbol in seiner grünen Zone andeutet, hatte er die Tendenz, alles nach Kategorien zu ordnen; denn nicht nur verdiente er auf diese Weise seinen Lebensunterhalt, sondern es entsprach auch der normalen Arbeitsweise seines Denkens. Er fühlte sich am wohlsten, wenn er alles in seiner Umgebung irgendwie einordnen konnte. Gleiches könnte man auch über Nr. 13 sagen, doch gibt es einen großen Unterschied zwischen beiden Männern: Nr. 17 verfolgte eine mechanische, statistische Ordnung, während Nr. 13 eine archetypische und universelle Ordnung im Sinne hatte.

Kurz bevor ich diesen Mann betrachtete, hatte er sein Geschäft aufgeben müssen, und als der damit verbundene Druck aufhörte, fühlte er sich völlig leer. Ihm fehlte die Ausrichtung, die seine Arbeit und Aufgabe ihm immer bedeutet hatten, und er war verfolgt von Sorgen und Unsicherheit. Seine Ängste hatten sich über etliche Jahre hin entwickelt, und als ich ihn sah, war er in so schlechter Verfassung, daß er von seinen Nöten überwältigt und unfähig schien, irgendeine Entscheidung zu treffen. Leider war ihm wirklich nicht mehr zu helfen, und wenig später starb er. Es war ein tragischer Fall.

Ich wünschte, ich könnte sagen, daß dieser Mann ein seltener Fall sei, aber leider trifft dies nicht zu. Ja, er ist für die heutige Welt sogar noch typischer als für jene Zeit, in der sein Aura-Bild entstand. Es gibt viele Männer und Frauen, die von Hause aus fürsorglich und wohlmeinend sind, bei denen aber der berufliche Druck und ihr Wunsch nach Erfolg die Familien in den Hintergrund gedrängt haben. Das führt immer zu gespannten und schwierigen Beziehungen.

Bei nur zu vielen Menschen erzeugt die Gewohnheit, unter extremem Druck zu arbeiten und zu leben, Streßmuster, die schließlich zu Erschöpfung führen, was sehr schädliche Folgen für die Familien und alle zwischenmenschlichen Beziehungen haben kann. Deshalb ist es so wichtig zu lernen, die Streß-Zeichen an sich selbst zu beobachten und Schritte zu unternehmen, negative Gefühlsmuster zu ändern, bevor sie ihren Preis fordern.

18. Die Auswirkungen der Meditation bei einem chronischen Herzleiden

Dies ist die Aura einer bemerkenswerten russischen Dame in den Vierzigern, die mit einem derartig vergrößerten Herzen geboren wurde, daß die Ärzte, die sie von Zeit zu Zeit untersuchten, jedesmal überrascht waren, daß sie noch unter den Lebenden weilte. Doch sie hatte auch eine Zeit großer Gefahr und Not überlebt, und obwohl sie immer invalide war, führte sie eine glückliche Ehe und lebte auch nach der Entstehung dieses Aura-Bildes noch weitere dreißig Jahre. Sie war in der Tat ein medizinisches Wunder.

Auf den ersten Blick möchte man nicht glauben, daß dies die Aura einer Kranken ist, denn die Farben sind zwar verändert, aber erstaunlich klar. Die ganze Aura weist allgemein eine deutliche Symmetrie und Ausgeglichenheit auf, denn die Farben im oberen Teil werden im unteren weitgehend widergespiegelt − ein Zeichen persönlicher Integration. Das Grau der Angst und Depression, das bei chronisch Kranken fast regelmäßig anzutreffen ist, ist auch hier im unteren Teil der Aura sichtbar, aber die obere Hemisphäre ist »wolkenlos«. Und doch ist dies die Aura einer Frau, die jahrelang mit einem schweren Herzleiden gelebt hatte, das ihr ständige Schmerzen verursachte.

Wie Sie sehen, sackt die grüne Zone an den Rändern deutlich ab − ein klares Zeichen, daß die Energien nicht normal fließen. Das Belastungs-Blau verdeckt nicht nur den unteren Teil der Aura, sondern reicht auch nach oben über die grüne Zone hinweg und beeinträchtigt damit alle Aktivitäten der Frau. Ich sagte bereits, daß dieser Zustand anzutreffen ist, wenn ein Mensch über die gewöhnlichen Grenzen seiner nervlichen oder körperlichen Belastbarkeit hinaus gefordert wird. Diese Frau hatte jedoch kein nervöses Temperament, und ihre Belastung rührte allein von dem Energiemangel aufgrund der Krankheit her. Jegliche emotionale Äußerung war mit Spannung verbunden. Da sie keine Kraftreserven besaß, um unerwarteten Belastungen zu begegnen, mußte sie mit ihren Energien sehr behutsam haushalten. Alles, was sie tat, bedurfte einer Willensanstrengung.

Daß diese Aura frei ist von vielen der üblichen Krankheitszeichen, ist weitgehend auf die Tatsache zurückzuführen, daß die Dame regelmäßig meditierte. Jeden Tag bemühte sie sich bewußt, sich von den emotionalen Beschränkungen freizumachen, die schwere Krankheit so oft mit sich bringt, und sich anderen in Liebe und Zuneigung zuzuwenden. Die in ihrer Aura dominierende Farbe ist Rosa, das heißt die Frau besaß nicht nur bereits von Natur aus viel Liebe, sondern strahlte diese auch bewußt und gezielt in ihrer Meditation aus und bemühte sich, sie auch in ihren zwischenmenschlichen Beziehungen zum Ausdruck zu bringen.

Das klare Blau und das Violett im obersten Abschnitt der Aura bedeuten Hingabe an geistige Ideale, und die große Ausdehnung verrät, daß die Dame sich Mühe gab, diese Ideale auch im täglichen Leben zu beherzigen. Der große grüne Bereich, der der rosafarbenen Fläche in der oberen Hemisphäre gegenübersteht, bezeugt die mitfühlende Haltung zu anderen, aber auch ihren Sinn für die der Welt innewohnende Schönheit und Harmonie.

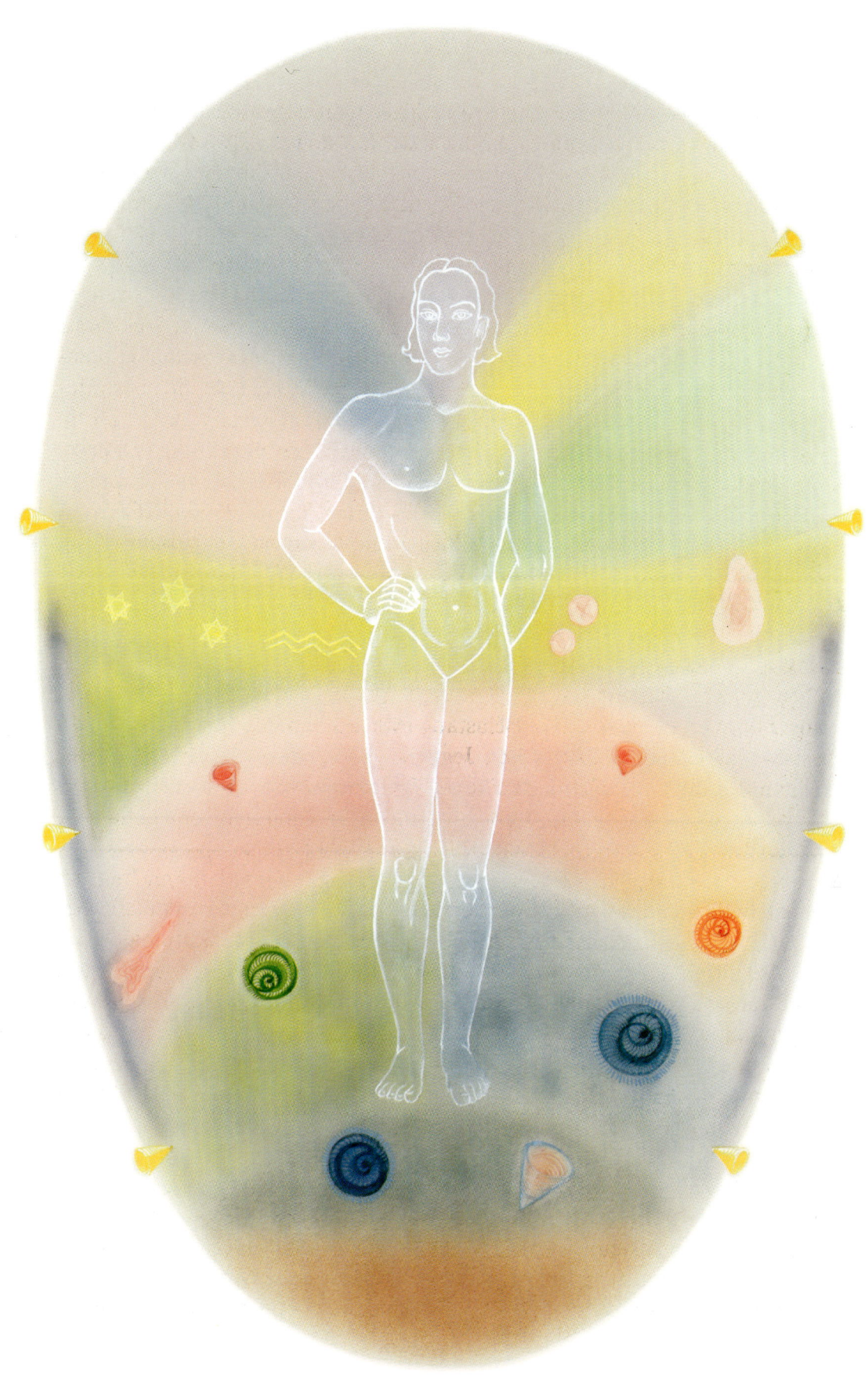

18. Die Auswirkungen der Meditation
bei einem chronischen Herzleiden

Die Lage des gelben Bereichs in der oberen Hemisphäre, aber auch seine Tönung zeigen, daß die Frau gerne von ihrem Denken Gebrauch machte und keineswegs unintelligent war; doch ihre mentale Aktivität widmete sich eher abstrakten Ideen als der Lösung praktischer Probleme. Dies entsprach ihrer natürlichen Neigung und wurde durch die Krankheit noch verstärkt, denn sie führte ein behütetes Leben, in dem alle ihre gewöhnlichen Bedürfnisse sorgsam erfüllt wurden und deshalb von ihr selbst gar nicht bedacht zu werden brauchten.

Wie ich bereits sagte, sind an der grünen Zone der Mangel körperlicher Kraft und die Unfähigkeit zur aktiven Arbeit zu erkennen. Die rosarote Flamme in der grünen Zone rührt von den Bemühungen her, Zuneigung in das tägliche Leben einfließen zu lassen, und von der unbewußten Wahrnehmung, daß die eigentliche Lebensaufgabe anderen Menschen galt und erforderte, diesen durch Freundlichkeit und Mitgefühl zu helfen. Die gelben Sterne beziehen sich auf das Interesse an symbolhaftem Denken, das ihren Verstand regelmäßig beschäftigte.

Der untere Teil der Aura bestätigt, daß die innere Ruhe durch bewußtes Bemühen errungen wurde und gewiß nicht die Folge der äußeren Umstände war. Das Blaugrau am Grunde der Aura, gleich oberhalb des üblichen Egoismus-Brauns, zeigt, daß die Kindheit von Unsicherheit und Angst erfüllt gewesen sein mußte. Zwei große, schmerzhafte Narben zeichnen sich vor dem blaugrauen Hintergrund ab: Als sie etwa fünfundzwanzig bis dreißig Jahre alt war, mußte die Frau durch eine sehr leidvolle Phase gegangen sein, in der sie eine gewaltige Bürde zu tragen hatte. Die beiden Narben wirken auf zweierlei Weise: Zum einen zeigen sie, daß die Frau versucht hatte standzuhalten, weil sie spürte, daß alles von ihr abhing, und zugleich war sie verzweifelt, weil sie nicht wußte, was sie tun sollte.

Das Grau, das sich über das Grün legt, verrät, daß die Frau zwar etwas unternahm, jedoch aus Angst und unter Druck. Jene Erlebnisse waren so traumatisch, daß sie ihr Leben auch noch weiter beeinflussen könnten. Interessanterweise ermöglichte dieser Frau jedoch ihre Meditationspraxis, jene Dinge in die Vergangenheit zu schieben, wo sie zwar noch in unbewußten Bereichen verweilen, aber keine aktive Auswirkung mehr haben.

Der orange Fleck mit einem Wirbel zeigt, daß die Ereignisse im Leben dazu führten, daß die Frau sich den Dingen nicht gewachsen und minderwertig empfand. Dies veranlaßte sie gelegentlich, etwas aggressiv zu reagieren, besonders wenn sie sich gegen Menschen verteidigte, die ihr am liebsten waren. Eine Reaktion dieser Art entsprach jedoch wirklich nicht ihrem Temperament, und die anhaltende Auswirkung ihrer Meditation brachte sie im Laufe der Zeit vermutlich zum Verschwinden. Sie nahm das Leben mehr durch eine Art mitfühlender Wahrnehmung auf als durch bewußtes Denken, so daß man sagen könnte, daß sie Probleme eher auflöste als löste.

In bemerkenswertem Grade ist die Aura dieser Frau eine Aufzeichnung der traumatischen Vergangenheit und der friedlichen, harmonischen Gegenwart. Nachdem sie im zaristischen Rußland aufgewachsen war, erlebte sie die Schrecken der Revolution; in jener Zeit verlor die Studentin Freunde und Familie. Mit knapper Not entkam sie in die Türkei, wurde dort ins Gefängnis gesperrt und erlebte viel Schlimmes. Am Ende gelangte sie in die Vereinigten Staaten, doch damit waren ihre Schwierigkeiten nicht vorbei, denn sie war mittellos, mußte ihren Lebensunterhalt selbst verdienen und sich einer ganz anderen Lebensweise anpassen.

Alle diese Probleme wurden durch ihre Krankheit noch erschwert, und doch hatte sie die Fülle der Widrigkeiten nicht nur überlebt, sondern auch einigermaßen unter Kontrolle. Ein Teil ihres Geheimnisses war ihre natürliche Gelassenheit. Sie ließ sich nicht überwältigen von den Problemen des Lebens, weil sie immer die Stärke einer geistigen Präsenz fühlte, die sie durch die Schwierigkeiten führen konnte. Ihre Gewißheit dieser geistigen Präsenz nahm zu und vertiefte sich durch die Praxis der Meditation.

Später im Leben hatte sie das große Glück, einen lieben und fähigen Mann zu heiraten, den sie verehrte. Sie bedeuteten einander alles. Er teilte nicht nur ihre Interessen, sondern war sehr praktisch und selbstsicher und hatte seine Freude daran, ihr die Bürde des Lebens zu erleichtern. Obwohl sie ständig unter Schmerzen litt, lebte sie nun ansonsten unter idealen Bedingungen. Sie mußte zwar einen großen Teil des Tages allein sein, doch sie war nie einsam, weil sie viele Bekannte in der russischen Bevölkerung hatte, die sie besuchten, wenn sie ans Bett gefesselt war. Die Freunde erzählten ihr alle ihre Nöte und suchten ihren Rat, so daß ihr liebevolles Mitgefühl immer wieder Möglichkeiten fand, sich Ausdruck zu geben. Somit führte die Dame trotz ihrer körperlichen Invalidität ein erstaunlich erfülltes Leben.

Ihrer physischen Grenzen war sie sich sehr bewußt, und sie lernte, mit ihrer Energie und deren Einsatz sorgfältig hauszuhalten. Wenn sie sich krank fühlte, ging sie zu Bett, manchmal lag sie wochenlang. Durch die Meditation lernte sie, sich zu entspannen und ruhig zu bleiben, auch während sie unter Schmerzen litt. Auf die gleiche Weise öffnete sie sich dem Einfließen höherer Energien, die ihr halfen, ihren Körper unter Kontrolle zu bekommen, und sie bis zum Lebensende stützten. Sie war überzeugt, daß ihre Meditation sie weit über alle Erwartungen hinaus am Leben und aktiv erhalten hatte. Ich gewann immer den Eindruck, daß ihr Leben ein Beispiel war für die Möglichkeit, das eigene Karma aufzuarbeiten und sein Lebensziel trotz scheinbar unüberwindbaren Schwierigkeiten zu erreichen.

Teil III

Möglichkeiten für Veränderung und Wachstum

Kapitel 8

Heilen und die Übung der Visualisierung

Den größten Teil meines Lebens habe ich mich für das Phänomen des Heilens interessiert, heute ist es der Mittelpunkt meiner Arbeit. Im Laufe der Jahre hatte ich das Glück, eine Reihe wohlbekannter Praktiker bei der Ausübung ihrer Kunst zu beobachten und damit verschiedene Aspekte des gerade stattfindenden Heilungsvorganges zu verfolgen. Aufgrund dieser Erfahrung entwickelten vor etwa achtzehn Jahren Dr. Dolores Krieger, Professorin für Krankenpflege an der New Yorker Universität, und ich eine Technik namens Therapeutic Touch. Diese Methode wird heute von Tausenden von Krankenschwestern und -pflegern und Angehörigen anderen heilender Berufe in Krankenhäusern in den Vereinigten Staaten und Übersee eingesetzt und wurde bereits ausführlich beschrieben.

Heilungstechniken sind jedoch nicht Gegenstand dieses Buches. Da aber das Wort »Heilen« bedeutet, heil und ganz zu machen, bezieht es sich auf die Probleme emotionaler Funktionsstörungen ebenso wie auf körperliche Krankheit. Sie alle betreffen die Aura auf ihre Weise. Wenn wir vom Heilen im allgemeinen Sinne als der Wiederherstellung des Heilseins sprechen, müssen wir neben den Eingriffen durch nichtmedizinische oder medizinische Methoden auch die Möglichkeit der Selbstheilung in Betracht ziehen.

Wie ich aufzuzeigen versucht habe, spielen Denken und Fühlen eine bestimmende Rolle in Gesundheit und Krankheit. Deshalb scheint es angebracht, kurz auf die Interaktion einzugehen, die stattfindet, wenn ein Mensch versucht, einem anderen zu helfen, der krank oder sonstwie in Not ist. Bei einem Kranken ist der Austausch zwischen materiellem Körper und ätherischem Energiesystem beeinträchtigt. Zugleich gibt es eine Reflexion der körperlichen Schmerzen in den Gefühlen, weil sich die Erinnerung an Schmerz und die Angst vor seiner Wiederkehr auf dieser Ebene abspielen. Wer Heilweisen wie Therapeutic Touch bereits seit langem ausübt, bekommt vielleicht einen Eindruck, wo der Patient Schmerzen empfindet, und dies ist auch ein Hinweis darauf, welche Störung auf der emotionalen Ebene vorliegen könnte. Um also etwas von der Natur des Heilungsvorganges zu verstehen, ist es notwendig, die Beziehung zwischen den Gefühlen und dem ätherischen Energiefeld zu erkennen.

Ätherische Energie

In Kapitel II habe ich kurz erwähnt, daß der Ätherleib so etwas wie der Energie-Prototyp des materiellen Körpers ist. Das bedeutet zugleich, daß es ätherische Entsprechungen oder Doppel der verschiedenen Organe des Körpers gibt. Die ätherische Energie fließt normalerweise durch diese Organe nach einem festen Muster, und jede Störung dieses Strömungsmusters ist ein Krankheitszeichen. Wenn jemand bei guter Gesundheit ist, geschieht der Energiefluß zwischen allen Organen (und zwischen den Chakren des Ätherleibes) rhythmisch; hat jedoch ein Krankheitsprozeß eingesetzt, kommt es zu einer Unterbrechung des Musters in dem Bereich, in dem das Problem liegt.

Nach meiner Erfahrung ist auch eine allgemeine Verringerung oder Verengung des Energieflusses ein Anzeichen von Krankheit; eine Analogie wäre ein Fluß, dessen Bett durch Ablagerungen teilweise blockiert ist, so daß das Wasser nicht mehr normal fließen kann. So stellt man häufig fest, wo ein Krankheitsprozeß stattfindet, indem man die Verminderung des Energieflusses durch die verschiedenen Körperorgane wahrnimmt. Aufgrund des ständigen emotional/ätherischen Austausches hat die Reaktion auf emotionaler Ebene eine ähnliche Wirkung.

So kann zum Beispiel Furcht eine überwältigende Emotion sein, die vorübergehend alle anderen Gefühle verdeckt. Selbst wenn wir erkennen, daß das Ausmaß der Furcht in keinem Verhältnis zu ihrer Ursache steht, vermögen wir uns oft nicht von der irrationalen Angst zu befreien. Angst ist immer ein behindernder Faktor, denn die Konzentration von Gefühlen und Gedanken auf ein einziges Ziel erzeugt einen emotionalen Wirbel, der wiederum den freien Energiefluß in der Aura reduziert. (Solche Wirbel sind in etlichen Aura-Bildern dieses Buches zu finden.) Ein Gefühlsmuster dieser Art raubt Energie vom ganzen Körper. Darüber hinaus beeinträchtigt die durch Angst verursachte Spannung direkt das Solarplexus-Chakra und wirkt auf diesem Wege auf die Nebennieren und das Pankreas ein. Somit ist ein wichtiger Aspekt des Heilens die Reduzierung von behindernden Auswirkungen der Angst des Patienten.

Die Einstellung des Heilers

Bei allen heilenden Kontakten ist die Entwicklung des Einfühlungsvermögens oder der Sensitivität am wichtigsten, denn die Verbindung mit der Person, der wir zu helfen versuchen, findet hauptsächlich auf der Gefühlsebene statt. Deshalb ist die erste Voraussetzung eines Heilers ein echtes Mitgefühl und das Verlangen, dem unter Krankheit oder Schmerzen Leidenden zu helfen. Ohne diese Voraussetzung wäre es in der Tat sehr schwierig, sich in den Patienten einzufühlen. Was ich an anderer Stelle über zwischenmenschliche Beziehungen gesagt habe, gilt hier ganz besonders, denn in der Praxis des Heilens ist der Kontakt und Austausch zwischen Heiler und Patient ein wichtiger Faktor.

Das Heilen, wie es heute bei Angehörigen der Heilberufe ausgeübt wird, ist eine ernstzunehmende Kunst. Sie bedarf einiger Augenblicke der Vorbereitung, der inneren Sammlung, das heißt der bewußten Bemühung, sich freizumachen von eigener Unruhe und inneren Störungen und zu innerem Frieden zu finden.

Ich lehre immer diese Praxis des Sammelns als vorbereitende Maßnahme für die Heilbehandlung, aber auch für die Meditation; in diesem Zusammenhang werde ich erneut darüber sprechen. Wenn wir aufgeregt und innerlich durcheinander sind, können wir zwar versuchen, dem Patienten mit unserem Mitgefühl entgegenzugehen, aber unsere Anstrengung wird vielleicht durch eine unterschwellige, störende Emotion beeinträchtigt. Durch die innere Sammlung werden wir uns unserer eigenen, gestörten Emotionen gewahr und distanzieren uns bewußt von ihnen, indem wir alle unsere Energien im Herz-Chakra konzentrieren, im Sitz des Mitgefühls und des Heilseins. Dies fördert zwei Qualitäten, die beim Heilungsprozeß wichtig sind: Verwurzelung und innerer Abstand.

Die Sammlung bringt uns nicht nur inneren Frieden, sondern verbindet uns auch mit der inneren Ordnung; das verstehe ich unter Verwurzelung. Wir konzentrieren uns darauf, im inneren Frieden zu sein, und damit richten wir uns aus auf fundamentale Ordnung und Mitgefühl, die wiederum Ausdruck der geistigen Komponente der Welt sind. Heilung bedeutet die Wiederherstellung der Ordnung im Körper. Ich führe sie auf eine universale Energie zurück. Sie entspringt der Tendenz zur Ordnung, die im Herzen aller Lebensvorgänge verankert ist. Wenn es also möglich ist, daß kranke Menschen durch positive Gefühle das emotionale Gleichgewicht erlangen, so daß der Strom emotionaler Energie nicht (wie bei Nr. 17) behindert wird, sondern nach draußen geht (wie bei Nr. 18), so führt dies zwar nicht bereits zur Heilung, aber es trägt dazu bei, einen der Heilung förderlichen Zustand hervorzubringen.

Wenn wir versuchen, jemandem zu helfen (und dies kann innerhalb der Familie, aber auch zwischen Behandler und Patient geschehen), ist es immer wichtig, sich darüber im klaren zu sein, daß das Ergebnis nicht in unserer Hand liegt. Zur Heilung gehören Kräfte und Mittel, die wir nicht ganz verstehen, und gewiß nicht befehligen können. Vielmehr versuchen wir, Werkzeuge der Heilungskraft zu sein, die überall in der Natur vorhanden ist. Selbst im herkömmlichen Sinne sind es nicht die medizinischen Maßnahmen, die den Patienten gesund machen; sie beseitigen lediglich die Hindernisse, die dem Heilungsprozeß im Wege stehen, den wiederum der Körper selbst hervorbringen muß. Deshalb muß sich der Behandler gewissenhaft jeglichen persönlichen Interesses am Ausgang seiner Bemühungen um den Patienten enthalten. Das Ergebnis läßt sich nicht vorhersagen, und das Ziel heißt nicht »Erfolg«. Was auch immer das Resultat unserer Bemühungen sein mag, müssen wir ohne Schuld oder Stolz akzeptieren. Diese Erkenntnis fördert den inneren Abstand, das heißt: wir werden frei von der Abhängigkeit von den Ergebnissen unseres Handelns.

Da die heilende Energie eine gute Kraft ist, die allen Lebewesen zur Verfügung steht, hängt die Fähigkeit, sie zu empfangen, nicht von religiösem Glauben ab. Jede Person, die eine Heilbehandlung gibt, darf ihre eigenen Vorstellungen haben. Die meisten der bekannten Heiler haben ihre Kraft auf Gott zurückgeführt und sie mit einem bestimmten Glauben verknüpft. Das ist für den einzelnen wichtig, da es die Ausübung der Heilkunst zum Bestandteil seiner Religion und Kultur macht. Da diese Heilungskraft oder -energie jedoch jedermann zur Verfügung steht, meine ich persönlich, daß sie im Grunde dieselbe ist, gleichgültig, wie man sie beschreibt oder definiert. Deshalb sollte grundsätzlich Einheit und Kooperation zwischen den Ausübenden aller Heilungstechniken bestehen. Diese Situation wird wohl erleichtert dadurch, daß Wert und Berechtigung dieser Kunst unter den Angehörigen der Heilberufe mehr Anerkennung findet.

Qualifikationen für den Heiler

Ich wurde gefragt, ob bestimmte Voraussetzungen erforderlich sind, um Heiler zu werden, oder ob dies jedermann lernen könne. Darauf pflege ich zu antworten, daß das Heilen ein Lernprozeß ist. Bestimmt haben sehr viele Krankenschwestern und -pfleger, die keine besonderen Qualifikationen zu besitzen schienen, gelernt, Therapeutic Touch sehr geschickt auszuüben. Obwohl die großen Heiler eine überdurchschnittliche Sensitivität aufweisen, kann die Fähigkeit zu heilen doch mehr oder weniger von jedem erworben werden, der sich ernsthaft und aufrichtig bemüht, sie zu entwickeln. Somit ist den Voraussetzungen Mitgefühl und Sensitivität noch ein drittes hinzuzufügen: fortgesetztes Bemühen.

Gleichgültig, welche Technik eingesetzt wird, versucht ein Heiler gewöhnlich, Energie an den Ort zu senden, an dem ein destruktives Muster vorliegt. Dies hilft dem betreffenden Körperteil des Patienten, sich selbst zu heilen. Während er jedoch einen gestörten Bereich auf der materiellen/ ätherischen Ebene behandelt, sollte der Heiler sich auch der Gefühle ständig bewußt sein, denn der Patient ist als Ganzes zu betrachten. Man denke immer daran, daß die Behandlung zwar eine harmonische Beziehung zwischen Körper, Denken und Fühlen wiederherstellen soll, daß diese aber von unserem Zugang zu einer tieferen Ebene (als Denken oder Fühlen) abhängig ist: von unserer Verbindung zur geistigen Dimension, dem Ursprung der heilenden Energie.

Die Rolle der Chakren

Die Auswirkungen von Krankheit sind in der Aura zwar deutlich zu erkennen, wie die verschiedenen Bilder zeigen, doch sind auch die Chakren betroffen und spielen deshalb ebenfalls eine wichtige Rolle beim Heilen. Wie in Kapitel IV erwähnt, können gespannte Emotionen über das Solarplexus-Chakra den ganzen Verdauungstrakt, einschließlich Milz, Leber und Pankreas beeinträchtigen. Wenn diesem Chakra Heilungsenergie zugesendet wird, profitiert die ganze Region davon, gleichzeitig werden Unruhe und Angst des Patienten reduziert. Deshalb ist die Behandlung dieses Bereichs in der Regel ein fester Teil der Heilungspraxis.

Der Austausch auf emotionaler Ebene kann durch den Solarplexus eingeleitet werden, aber natürlich vollzieht er sich auch über die Aura und das Ätherfeld, denn man kann beide Aspekte unmöglich voneinander trennen. Tatsächlich strömt die Energie durch die Hände des Heilers in das Ätherfeld und durch die Chakren des Patienten, denn das Feld und die Chakren sind immer miteinander verbunden.

Bei nahezu allen Heilweisen wird mehr oder weniger mit den Händen gearbeitet. Zwischen Herz-Chakra und den kleinen Zentren in den Handflächen besteht ein Zusammenhang, ob man ihn nun bewußt visualisiert oder nicht. Wenn die Zentren in den Händen bei der Behandlung aktiviert – und dadurch empfänglicher und offener – werden, wird auch das Herz-Chakra angeregt. Je nach Einzelfall können auch andere Chakren einbezogen werden. Aber im Unterschied zu einigen anderen Heilern befürworte ich nicht die direkte Chakra-Behandlung – abgesehen davon, daß es immer hilfreich ist, dem Solarplexus Energie zuzusenden. Da das Herz-Chakra Zentrum höherer Energien und der Integration ist, kann es in eine Heilbehandlung einbezogen werden.

Die Übung der Visualisierung

Wenn Menschen lange Zeit krank gewesen sind, machen sie sich oft ein klares und festes gedankliches Bild von ihrem Zustand, besonders wenn sie durch die medizinische Diagnose eine gewisse Vorstellung haben. Sie stellen sich vor, wie krank sie sind und wie ihr Zustand sich immer weiter verschlechtert.

Wenn sie deshalb nach einigen Heilbehandlungen eine Verminderung ihrer Angst feststellen und sich auch kräftiger fühlen, besteht der nächste Schritt darin, ihnen zu helfen, ein anderes gedankliches Selbstbild aufzubauen. An diesem Punkt ist es oft hilfreich, den Patienten aufzufordern, sich vorzustellen, wie er/sie von Tag zu Tag kräftiger und energievoller wird. Auf diese Weise kann sich sein Denken allmählich dahingehend entwickeln und die Vorstellung nähren, daß er eine Veränderung in sich selbst herbeiführen kann. Natürlich kann ein solches neues Selbstbild nicht über Nacht hervorgebracht werden; es braucht Zeit und fortgesetztes Bemühen, denn ein negatives Selbstbild ist eine Denkhaltung, die der Patient nur sehr schwer ändern kann.

Gleichwohl wurden Visualisierungsmethoden sehr erfolgreich bei Krebs-Patienten eingesetzt, denn mit ihrer Hilfe ist es diesen möglich, die eigenen Energien zu mobilisieren, um die Krankheit zu bekämpfen. Wenn eine schwere Krankheit eintritt, kann sie eine sehr schädliche Wirkung entfalten, und wenn nur wenig Besserung erkennbar ist, beginnt der Patient vielleicht daran zu zweifeln, daß überhaupt etwas zu erreichen ist. Daraus wird ein Gefühl der Hilflosigkeit und Hoffnungslosigkeit, die das normale Selbstvertrauen unterminieren. Die gleiche Reaktion kann von einem traumatischen emotionalen Geschehen herrühren, denn auch die hieraus resultierende Angst und Depression können zu einer Schwächung des Selbstvertrauens führen.

Diese Situation ist schwer zu behandeln, weil der Patient sich oft nicht darüber im klaren ist, wie fest sein negatives Selbstbild bereits verwurzelt ist. Um ihm zu helfen, ist es wichtig, nicht nur das Vorhandensein eines solchen negativen Selbstbildes festzustellen, sondern diesen Befund auch dem Leidenden mitzuteilen. Man muß versuchen, im Patienten ein neues Selbstvertrauen aufzubauen. Dazu gehört auch, sich beim Gedanken an ihn vorzustellen, daß er gänzlich unbeeinträchtigt und heil ist. Der Patient wiederum muß lernen, sich selbst so zu visualisieren, wie es dem Gegenteil seines negativen Selbstbildes entspricht, das er sich im Laufe der Jahre angewöhnt hat. Wenn er sich als schwach vorgestellt hat, muß er sich stark sehen, statt krank gesund usw.

Wird diese Übung regelmäßig praktiziert, unterstützt sie den Heilungsprozeß beträchtlich. Der wichtigste Beitrag, den der Patient selbst leisten kann, ist sich vorzustellen (zu visualisieren), wie er Tag für Tag etwas mehr erreichen kann. Selbst wenn er sich krank und schwach fühlt, schenkt ihm eine solche positive Visualisierung mentale Energie und durchbricht das negative Muster, das ständig wiederholt: »Ich bin zu krank, ich kann das nicht schaffen.« Ein positives Selbstbild hilft, das Muster zu überwinden, das Krankheit als unausweichlich annimmt.

Die Visualisierung spielt sich auf der mentalen Ebene ab, aber da Denken und Fühlen immer zusammenarbeiten, regt die Übung das Stirn-Chakra an. Dies wiederum trägt zur Koordination des gesamten Chakra-Systems bei und integriert damit die verschiedenen Ebenen im Patienten, die durch den Krankheitsprozeß gestört sein können. Es richtet den Menschen aus, denn das Denken sammelt die Gefühle und läßt nicht zu, daß sie außer Kontrolle geraten.

Die vielleicht positivste Folge der Visualisierung ist jedoch, daß der Patient wieder Hoffnung schöpft, voranzukommen, und das Vertrauen zurückgewinnt, sein Leben selbst in der Hand zu haben. Bei meiner Tätigkeit als Heilerin habe ich festgestellt, daß negative Gedankenbilder ein noch größeres Hindernis für die Heilung sind als Gefühlsmuster. Indem wir den Patienten ermutigen, eine Visualisierungsübung zu praktizieren, die sich neue und andere Gegebenheiten und Handlungsweisen vorstellt, helfen wir ihm, seine eigenen Kräfte zu mobilisieren und zum Heilungsprozeß beizutragen.

Auswirkung der Heilbehandlung auf die Aura

Die Auswirkung der Heilbehandlung auf die Aura des Patienten kann recht dramatisch sein. Zunächst veranlaßt das Einströmen von Emotionalenergie die Aura zur Ausdehnung. Dabei setzt der Prozeß der Ausscheidung von Störungen und Blockaden aus der Aura ein, das heißt die Angst der Patienten wird vermindert. Dies ist eine der stärksten Wirkungen der Heilbehandlung, denn die Angst erzeugt erschreckende Gedankenbilder. Wenn neben der Heilbehandlung noch Visualisierungsübungen durchgeführt werden, erreichen wir einen weiteren Effekt: Das Immunsystem wird durch das Einströmen ätherischer Energie gestärkt, und da die schlimmen Gedankenbilder sich auflösen, kann die Aura allmählich ihre Integration und Gesundheit wiedergewinnen.

In den vergangenen Jahren habe ich bei meiner Arbeit mit Heilern aus dem Krankenpflegeberuf festgestellt, daß die Ausübung des Heilens sich sowohl beim Patienten als auch beim Behandler auswirkt. Die Praxis der inneren Sammlung und die bewußte Öffnung für höhere Energien erweitert und klärt die Aura. Ich werde in dem Kapitel über Meditation und Selbst-Transformation noch mehr darüber sprechen, möchte das Thema Heilen jedoch nicht abschließen, ohne zu erwähnen, daß die Krankenpflege-Heiler, die sich diesen Energien geöffnet haben, um Kranken Hilfe zu vermitteln, festgestellt haben, daß diese Praxis auch sie selbst zu verwandeln beginnt, auf subtile, aber bedeutsame Weise.

Kapitel 9

Verändern von Gefühlsmustern

Zu den größten Geheimnissen des Menschen gehört seine Fähigkeit, im Leben Veränderungen vorzunehmen und eine ganz neue Richtung einzuschlagen. Dramatische Wandlungen dieser Art finden zumeist statt, wenn das Leben äußerste Anstrengungen verlangt. Ob sie gelingen, hängt von dem echten Vertrauen ab, Erfolg haben zu können. In solchen Fällen beruht die Motivation zur Veränderung gewöhnlich auf einem Zustand – sei er durch Krankheit oder einen anderen Faktor verursacht –, der nicht länger zu ignorieren oder zu ertragen ist. Wenn wir uns der Notwendigkeit einer neuen Richtung für unser Leben bewußt werden und entschlossen sind, sie zu finden, dann wird Veränderung möglich.

Für viele von uns liegt das größte Hindernis für die Veränderung in dem Umstand, daß unsere emotionalen Gewohnheiten so sehr Teil unseres Wesens geworden sind, daß wir uns ihrer nicht bewußt sind. Ihre traurigen Auswirkungen spüren wir vielleicht schon viele Jahre, ehe wir begreifen, daß wir an ihnen etwas ändern können.

Wenn wir zu der Erkenntnis gelangt sind, daß es in uns selbst Probleme gibt, so heißt der erste Schritt, bereit zu sein zuzugeben, daß diese Probleme zumindest teilweise von uns selbst verursacht sind, und daß wir willens sein müssen, uns zu ändern, wenn wir die Probleme lösen wollen. Viele Menschen sagen: »Ich bin, wie ich bin, und ich kann mich nicht verändern.« Sie sind so festgefahren in ihrem emotionalen Gewohnheitsmuster, daß es nur sehr wenig Möglichkeit für eine wirkliche Veränderung in ihrem Leben zu geben scheint. Sie würden lieber an ihren Krankheiten festhalten – die ihnen eine gewisse Sicherheit bieten –, als sie loszulassen.

Andererseits sind viele Menschen unzufrieden mit sich und wollten wirklich gerne anders sein, doch fühlen sie sich unfähig, sich selbst zu helfen. Wenn unsere Gefühlsmuster sich verfestigt haben, weil die Umstände uns dazu brachten, meinen wir vielleicht, keine Kontrolle über unsere emotionalen Reaktionsweisen zu haben, auch wenn sie uns sehr unglücklich machen. Die Folgen einer solchen negativen Einstellung sind in Fall Nr. 17 sehr deutlich zu sehen – ein Beispiel für das, was passieren kann, wenn Gefühlsmuster sich so einprägen, daß sie uns beherrschen.

Aber wir brauchen nicht zu Opfern unserer eigenen Gefühle zu werden.

Wenn wir uns unserer emotionalen Gewohnheiten bewußter werden, beginnen wir zu verstehen, daß wir diese Gewohnheiten weitgehend selbst erschaffen haben. Die Umstände mögen sich zwar unserem Einfluß entziehen, aber unsere eigene Reaktion auf die Umstände braucht nie außerhalb unserer Kontrolle zu liegen. Wir müssen ihnen nicht nachgeben. Wir besitzen eine Stärke in uns, die noch mächtiger ist, und wir können sie freisetzen, wenn wir entschlossen sind, unsere Zukunft zu verändern.

Motivation ist die erste Voraussetzung. Die schwerkranken Menschen haben oft Erfolg, weil der Verzweifelte häufig alles zu unternehmen bereit ist, um Erleichterung zu erfahren. Bei manchen Menschen erwächst die Motivation also aus dem Bedürfnis, die Krankheit zu überwinden, bei anderen kommt der Impuls zu handeln aus der liebevollen Sorge für einen anderen Menschen, oder aus dem Bestreben, in sich selbst friedlicher und harmonischer zu werden. Auf jeden Fall ist die Erkenntnis, daß negative Gefühlsmuster durchbrochen werden müssen, eine Grundvoraussetzung.

In dem Bemühen, persönliche Veränderung herbeizuführen, erlegen religiöse Gruppen wie christliche oder zen-buddhistische klösterliche Gemeinschaften ihren Mitgliedern strenge Disziplin auf. Ich wurde einmal von einem kräftigen und gesunden jungen Mann aufgesucht. Er war als Katholik in einem konventionellen amerikanischen Haushalt aufgewachsen und hatte eine normale staatliche Schule besucht, wo er sich als guter Fußballspieler und Allround-Athlet hervorgetan hatte. Er war nicht besonders religiös eingestellt und kam mir vor wie ein typischer amerikanischer Bursche. Obwohl ihm noch kein Kontakt mit dem östlichen Denken widerfahren war, brachten ihn die Umstände nach Indien. Während seines Aufenthaltes dort besuchte er Dharamsala, den Sitz des Dalai Lama und Zentrum des tibetischen Buddhismus. Er war von den Lehren des Buddhismus und von der darauf beruhenden Lebensweise zutiefst beeindruckt und beschloß an Ort und Stelle, Mönch zu werden.

Zwei Jahre lang unterzog sich dieser junge Amerikaner einer sehr strengen Ausbildung, die seinem gewohnten kulturellen und religiösen Umfeld völlig fremd war. Der Mönch verfolgt im tibetischen Buddhismus das Ziel, sich von seinem Ego ganz zu befreien. Zur klösterlichen Praxis gehören das Singen von Mantras, aber auch das stundenlange bewegungslose Meditieren im Sitzen. Nach zwei Jahren dieser strengen Übung wurde der junge Mann eingeweiht und als Mönch angenommen. Eine solche Leistung bedarf echter Entschlossenheit, Selbstbeherrschung und der Fähigkeit, Disziplin anzunehmen. Der junge Mann hat seitdem eine Reihe von Aufgaben in Europa und im Westen übernommen. Nachdem er sich von der Herrschaft seines Ego befreit hat, widmet er sich ganz dem Dienst für den tibetischen

Buddhismus. Für einen selbständigen und individualistischen jungen Amerikaner ist das eine bemerkenswerte Leistung.

Ich erwähnte ihn als Beispiel für einen Menschen, der offensichtlich fest entschlossen ist, sein Leben zu verändern und sich bereitwillig einer rigorosen Disziplin zu unterwerfen, um sein Ziel zu erreichen. Durch die Übung, sein Ego loszulassen, veränderte er auch sein emotionales Wesen.

Dies ist vielleicht ein extremer Fall, aber er illustriert, was ich zeigen möchte: Um sich zu verändern, muß man sich mit ganzem Herzen bemühen und willens sein, alle früheren Denk- und Verhaltensgewohnheiten aufzugeben. Auch wenn es bei den meisten Menschen nicht notwendig ist, die Lebensweise so drastisch zu verändern wie jener junge Mann, muß doch die Bereitschaft dazu vorhanden sein.

Die Anstrengung, Gefühlsmuster zu durchbrechen, darf sich nicht auf sporadische oder halbherzige Versuche beschränken; sie muß ein anhaltendes Bemühen sein. Wenn Sie eine Veränderung für notwendig und wichtig halten, dann muß diese Notwendigkeit an erster Stelle stehen. Das ist nicht viel anders als die Art von Training, dem sich Athleten bereitwillig und eifrig unterziehen, um im Sport herausragende Leistungen zu vollbringen, oder als die Selbstdisziplin, die notwendig ist, um schlechte Gewohnheiten wie das Rauchen aufzugeben. Wenn Sie ein paar Tage »auslassen« oder in die alten Gewohnheitsmuster zurückfallen, ist die Mühe vergebens. Die Entschlossenheit zur Veränderung muß wichtiger sein als andere Interessen oder Wünsche.

Aus diesen Gründen sind die wichtigsten Faktoren für eine Veränderung: Motivation, Selbstvertrauen und Ausdauer. Wenn sie alle stark sind, kann die Praxis einer disziplinierten Anstrengung nicht nur akzeptabel, sondern sogar zum Vergnügen werden, denn sie wird ins tägliche Leben integriert als ein ordnendes oder stabilisierendes Prinzip.

Die Notwendigkeit der Disziplin

Eine Disziplin anzunehmen, ist eine natürliche Konsequenz, wenn Sie erst entschieden haben, daß es Ihrem Ziele dient. In mancher Hinsicht ist die Disziplin, die von einer akzeptierten Praxis wie dem Zen verlangt wird, am leichtesten zu befolgen, weil die Regeln bereits festgelegt sind. Doch ist diese Art von Training nicht für jedermann geeignet, und viele empfinden es als zu einengend. Selbstauferlegte Disziplin hat den Vorteil, daß sie Ihren individuellen Bedürfnissen angepaßt werden kann; doch sie erfordert das gleiche Maß an Struktur im täglichen Leben. Darüber hinaus müssen Sie diese Struktur selbst erschaffen, was sich als schwierig erweisen könnte. Auch hier ist die Disziplin nicht allzu verschieden von dem, was individuelle Fitness-Programme verlangen, die heutzutage so beliebt sind, denn auch sie erfordern ständige Beachtung des täglichen Schemas.

Einer der Gründe, warum Athleten so bewundert werden, ist vielleicht, daß sie so ganz für ihre jeweilige Kunst leben. Ich glaube, daß viele der Schwierigkeiten der jungen Menschen von heute auf den Mangel an Bestimmung, Ausrichtung und Ziel in ihrem Leben zurückzuführen sind; sie treiben dahin, ohne zu wissen, was sie tun oder sein wollen. Der Mangel an Führung wird bei ihnen zur Desorientierung. Was sie brauchen, ist nicht totale Freiheit − auch wenn dies häufig proklamiert wird −, sondern vielmehr das Gegenteil: die Entwicklung von Struktur und Ziel, um die herum sie ihr Leben organisieren können.

Ältere Menschen beklagen oft den Verlust von Werten und Moral in der modernen Gesellschaft. Ich beklage ihn auch. Aber jede Zeit hat ihre eigenen Werte und Maßstäbe, und heute schreit man nach Freiheit − Freiheit von der Einschränkung durch konventionelle Moral, Freiheit der Wahl, Freiheit des Handelns und vor allem Freiheit, man selbst zu sein. Ältere Werte wie Ehrlichkeit und Echtheit geraten durcheinander in dem Impuls des Augenblicks, der zum Kriterium der Freiheit geworden ist. So hat also dieses Verhalten etwas Idealistisches − auch wenn die Resultate alles andere als ideal sind.

Das Gefühl, ein absolutes Recht auf Freiheit und Äußerung derselben zu besitzen, ist oft so mächtig, daß das Leben ohne diese totale Freiheit nicht mehr lebenswert erscheint. Diese Überzeugung stand früher hinter der Flucht junger Leute von Ost- nach Westeuropa, bei der sie sich selbst und ihre Familien aufs Spiel setzten. Wir begrüßen dies. Aber bei einer großen Zahl junger Leute ist die Leidenschaft nach Freiheit verknüpft mit Sexualität, die wiederum zum Hauptanliegen wird, wichtiger als alles andere. Dann entwickeln sie ein Gefühlsmuster der Abhängigkeit von solchen Reizen. Sie erkennen nicht, daß sie auf ihrer Suche nach Freiheit lediglich die eine Bindung gegen eine andere Gebundenheit eingetauscht haben. Wenn ich Ihnen die Aura eines solchen Menschen zeigen könnte, würden Sie eine völlige Trennung zwischen dem von Idealismus erfüllten oberen Teil und der von Zwangsverhalten beeinträchtigten unteren Hemisphäre sehen.

Zielgerichtetheit

Jeder braucht Freiheit, seine Talente zu entfalten, man muß aber auch Ziel oder Zweck spüren, denn dies allein bietet die Grundlage, auf der man ein Selbstwertgefühl aufbauen kann. Alle Beispiele in Kapitel 6 hatten ein solches Gespür für ihre Aufgabe, auch wenn es sie in sehr unterschiedliche Richtungen führte. Wenn die Zuversicht fehlt, etwas Lohnendes aus dem Leben machen zu können, greifen viele Menschen nach Alkohol oder Drogen – vermutlich das schlechteste Gewohnheitsmuster, dem sie verfallen können.

Es ist heute allgemein bekannt, daß die Drogenabhängigkeit nur sehr schwer zu heilen ist, weil der Süchtige selbst eine starke Motivation zur Veränderung haben muß. Wenn jedoch das Verlangen, ein Ziel im Leben zu erreichen, die Motivation bietet, ist alles möglich. Ich kannte einen Mann, der viele Jahre lang drogenabhängig gewesen war, einige Jahre hatte er sogar im Gefängnis verbracht. Trotz aller seiner körperlichen und psychischen Probleme war er ein intelligenter Mensch, der sich sein Interesse für Neues bewahrt hatte – und so fügte es sich, daß er einen Vortrag meines Mannes über integrative Erziehung besuchte. Er war so fasziniert von den Möglichkeiten, die sich ihm zu bieten schienen, daß er auf der Stelle beschloß, sich selbst dieser Aufgabe zu widmen.

Ich meine, eine so plötzliche Entwicklung einer Aufgabe könnte man als Bekehrung bezeichnen – und in mancher Hinsicht ähnelte dieses Erlebnis dem des jungen tibetischen Mönches aus Amerika. Ganz plötzlich erkannte der Drogensüchtige, daß es da eine ganze Welt von Ideen gab, die er kennenlernen wollte, und daß ihm dies nie möglich wäre, solange er an seinen Drogen festhielt. Er erhielt einen Einblick in eine Welt reicherer Erfahrung, und auf einmal hatte das Leben für ihn einen neuen Sinn gewonnen.

Das Verlangen dieses Mannes, im Zentrum für Integrative Erziehung mit meinem Mann zusammenzuarbeiten, war so stark, daß ihm etwas gelang, was selbst Ärzte für fast unmöglich halten: Er schloß sich drei Tage und Nächte lang ein und führte den Entzug ohne fremde Hilfe durch – eine extrem schwierige und schmerzhafte Angelegenheit. Danach war er geheilt in dem Sinne, daß er nie wieder Drogen nahm, aber sein Nervensystem war natürlich so in Mitleidenschaft gezogen, daß er nie wieder ganz gesund wurde. Gleichwohl erreichte er sein Ziel und arbeitete mehrere Jahre für das Zentrum. Dies ist ein Beispiel dafür, was ein Mensch erreichen kann, wenn die Kraft des Willens durch die Hingabe an ein Ziel mobilisiert wird.

Die verwandelnde Macht solcher Zielsetzung kommt von einer Ebene in unserem Inneren, die jenseits von Denken und Fühlen liegt. Man kann den

Menschen nicht mit Vernunftargumenten von der Notwendigkeit zur Veränderung überzeugen; die Überzeugung muß von innen kommen. Wenn sie aber geboren ist, wird sie zur unversiegbaren Quelle der Kraft. Das heißt, es gibt etwas in uns allen, ein Zentrum der Kraft und der Bestimmung, auf das wir uns in Zeiten der Not beziehen können. Ich habe dieses Zentrum als zeitloses Selbst bezeichnet, weil es immer für uns da ist; wir brauchen uns ihm nur zuzuwenden.

Selbstgewahrsein

Um Veränderung zu bewirken, ist es zunächst notwendig, sich selbst zu beobachten, vor allem in Augenblicken, in denen wir von etwas sehr überzeugt sind – und solche Gefühlsregungen können oft von verhältnismäßig unwichtigen Dingen ausgelöst werden. Nur durch diese Wachsamkeit können wir der Stärke unserer Gefühle gewahr werden und ihr Ziel erkennen, das so große Reaktionen, wie wir sie zeigen, oft gar nicht rechtfertigt. Diese Erkenntnis ermöglicht uns, die Situation im Zusammenhang zu sehen, über uns selbst zu lachen und zu sagen: »Jetzt will ich wirklich loslassen, mich von meinem Gefühl distanzieren und abwarten, wie die Konsequenzen sind.«

Als erstes merken wir, daß wir eines Gefühls nur in dem Augenblick gewahr werden können, in dem wir es fühlen. Der Grund ist, daß Gefühle, die zur Gewohnheit geworden sind, sich in uns verankert haben – verbunden sind mit allem, was wir fühlen und tun –, und deshalb unbemerkt bleiben. Sie sind ebenso Teil von uns wie Hand oder Fuß – über die wir ebenfalls nie nachdenken. Wie im Fall Nr. 11 mit der orangen Wolke haben wir uns an die Gefühlsmuster so gewöhnt, daß wir uns ihrer gar nicht bewußt sind, bis irgend etwas unsere Aufmerksamkeit darauf lenkt.

Doch wenn wir eines Gefühls wie Wut oder Groll gewahr geworden sind und erkannt haben, daß wir es hegen, können wir den nächsten Schritt tun, das heißt im Innern stille und ruhig zu sein. Wir sollten uns wegen der Wut nicht schuldig fühlen oder Vorwürfe machen, weil Verurteilungen dieser Art nur eine andere Reaktion auslösen und zu allen möglichen negativen Komplikationen führen. Wichtig ist, einfach des Gefühls bewußt zu sein und dann einen Augenblick innezuhalten und still zu sein. In dieser Stille wird die automatische Aktion unseres emotionalen Gewohnheitsmusters für kurze Zeit unterbrochen. Die Stille ist der Zustand, der frei ist von Verbindungen zur Vergangenheit, und daher bietet er die Möglichkeit zu etwas neuem, anderen.

Viele Menschen sehnen sich heute wirklich nach der Fähigkeit zur Selbstveränderung. Auch wenn sie die Art ihrer Sehnsucht nicht genau zu definieren vermögen, ist es im Grunde eine Art geistiger Suche. Unzufriedenheit mit sich selbst regt sie dazu an, und sie trachten danach, besser zu sein, ohne genau zu wissen, wie sie sich auf die Suche nach geistigen Werten begeben sollen.

Solchen Menschen sage ich, daß wir alle unsere eigenen Begabungen haben, und wenn wir uns ihrer Art bewußt werden, sollten wir versuchen, sie zu fördern. Solche Talente sind nicht unbedingt künstlerischer oder schöpferischer Natur; sie liegen vielleicht auf dem Gebiet der zwischenmenschlichen Beziehungen. Viele Menschen sind heute überwältigt von der Größe der Probleme dieser Welt und frustriert, weil sie meinen, zu ihrer Lösung nichts beitragen zu können. Sie fühlen sich isoliert – gefangen in ihrem eigenen Leben.

Positiv mit dieser Enttäuschung umzugehen heißt, etwas zu finden, das man für einen anderen tun kann. Es braucht nichts Weltbewegendes zu sein – vielleicht nur das schlichte Angebot von Freundschaft und gutem Willen. Davon gibt es heute viel zu wenig. Aber wenn selbst dies zu schwierig erscheint, können Sie Ihre Zuneigung einem Tier schenken, einer Katze oder einem Hund. Wichtig ist, das Vertrauen zu gewinnen, daß Sie fürsorgliche Zuneigung für jemanden empfinden können und Ihrem Gefühl dann durch Ihr Handeln Ausdruck zu verleihen. Damit wird das Gewohnheitsmuster der emotionalen Isolierung unterbrochen.

Gewohnheitsmuster

In einigen Aura-Bildern haben Sie Beweise dafür gesehen, daß gewisse Erinnerungen oder Vorstellungen oder Gedankenverbindungen eine derart starke emotionale Komponente besitzen, daß sie Teil des inneren Lebens eines Menschen werden und in der Aura als halb-dauerhafte Symbole erscheinen. Ich nenne solche Zeichen gewöhnlich emotionale Strukturen, um sie zu unterscheiden von den eher vorübergehenden Mustern wie kleinen Wirbeln und Kegeln, die die Folge von Reizung, Kummer, Enttäuschung usw. sind. Jene tiefverwurzelten Strukturen können von einem schmerzlichen Erlebnis herrühren aber auch von einer Verbindung, die so inspirierend wirkte, daß sie noch lange Zeit frisch und lebendig bleibt. Die Bäume in der Aura von Nr.11 erschienen als Symbol für den Frieden und die tiefen, beschützenden Gefühle zur Natur, während die Figuren in Nr.12 für eine Verbindung in der Vergangenheit stehen, deren Erinnerung die Frau noch zeitlebens stärkte und beglückte. Die Gesichter, die in Nr. 8 und Nr. 14 erscheinen, stellen hingegen eine starke Sorge um Menschen und ihr Wohlbefinden dar.

Ich wurde gefragt, warum manche Erlebnisse als solche symbolische Figuren in die Aura eingehen, andere jedoch nicht. Unser Erleben zeigt sich natürlich auch in den Farben der Aura, die sich recht schnell verändern können. Ich denke, die Symbole beziehen sich auf die fundamentale Denkweise und Lebenseinstellung des Menschen. Nr. 7 ist beispielsweise ein Mann, der sich in einer unordentlichen Umgebung nicht wohl fühlte und immer bemüht war, Ordnung in seine Umgebung zu bringen. Für Fall Nr. 13 war Ordnung ebenfalls sehr wichtig, aber bei ihm war sie mehr ein abstraktes, intellektuelles Interesse.

Gewohnheitsmuster beginnen schon sehr früh im Leben. Aufgrund meiner Beobachtung von Menschen unterschiedlicher Altersgruppen bin ich zu dem Schluß gelangt, daß ihre Schwierigkeiten oft von einem Mangel an Selbstvertrauen herrühren. Diese Tendenz entwickelt sich schon in der frühen Kindheit. Ursachen mögen ständige Kritik durch die Eltern sein oder das Empfinden des Kindes, irgendwie anders zu sein als die anderen Kinder. Wie es auch dazu kam, entwickelt sich eine solche Tendenz nur zu leicht zu einem Gefühl der Unsicherheit. Ein grundsätzlicher Mangel an Selbstvertrauen sollte nicht mit Schüchternheit verwechselt werden, die bei kleinen Kindern normal ist, weil diese den Umgang mit Menschen, die nicht ihrem unmittelbaren Familienkreis angehören, noch nicht gelernt haben. Der Mangel an Selbstvertrauen dagegen zeigt sich in Beziehungen innerhalb der Familie ebenso wie gegenüber Fremden.

Wurzeln des Selbstvertrauens

Manchmal fällt es uns schwer zu erkennen, wie wichtig die Beziehungen in der frühen Kindheit sind. Oft erwächst eine Unsicherheit aus der Unfähigkeit des kleinen Kindes, die Gründe für das Verhalten der Eltern zu verstehen. Es ist natürlich wichtig, das Verhalten von Kindern zu korrigieren, aber man sollte keine Perfektion von den Kleinen erwarten. Eltern sollten ihr Kind niemals ständiger Kritik aussetzen, ohne diese nicht durch ebensoviel oder möglichst noch mehr Ermutigung auszugleichen. Leider haben viele Kinder einen grundlegenden Mangel an Selbstvertrauen, weil ihre Eltern ihnen nie zu erkennen halfen, daß sie manche Dinge sehr gut zu tun vermochten.

Wenn Kinder körperliche Behinderungen haben und lernen müssen, mit ihnen zu leben, ist es für sie besonders wichtig, zu erfahren, daß emotionale und mentale Fähigkeiten ebenso wichtig sind wie ein gesunder materieller Körper. Sie müssen lernen, sich auf jene Stärken verlassen und stützen zu können, die sie besitzen. Die Entwicklung des Selbstvertrauens beginnt sehr früh und kann einen Menschen zeitlebens tragen. Im Unterschied zum Egoismus, der ständig genährt werden will, schenkt Selbstvertrauen dem Menschen die Überzeugung, daß er die Kraft und Fähigkeit besitzt, gewisse Dinge zu leisten und seine Ziele im Leben zu erreichen.

Mangelndes Selbstvertrauen ist, wie ich meine, ein Grundproblem des Menschen. Es ist einer der Hauptgründe für chronische Depression, die sich sehr destruktiv auswirkt und mit der nur schwer zu leben ist, die aber auch allzu verbreitet ist in unserer Kultur von heute. Ein Mangel an Selbstvertrauen kann sich aber auch zu einer dauernden Furchtsamkeit entwickeln, denn wenn wir in unseren Beziehungen zu anderen unsicher sind, neigen wir zu ständigen Sorgen, wie sie wohl auf uns ansprechen werden. Ohne Selbstvertrauen glauben wir nie, daß unsere Leistungen wirklich etwas wert sind, gleichgültig was andere darüber sagen. Angst und Besorgnis sind sehr zersetzende Gefühle, denn sie nagen an unserem Ehrgeiz und machen uns an unserem eigenen Urteil zweifeln.

Mit der Wut umgehen

Es gab einmal eine Zeit, da forderten einige Therapeuten, Gefühle sollten immer offen geäußert werden: Wenn du eine Wut hast, dann sollst du das zeigen. Ich würde mit der Wut ganz anders umgehen. Wenn man spürt, wie die Wut in einem emporsteigt, sollte man sich wohl sagen: »Ich bin wütend«, weil es äußerst wichtig ist, das gerade aufwallende Gefühl zu erkennen und es nicht zu unterdrücken. Nur zu oft erklären die Menschen ihre Wut rational, leugnen sie oder geben ihr einen anderen Namen; sie sagen, schuld sei etwas oder jemand anderes. Mit anderen Worten: sie wollen die Verantwortung für ihre Wut nicht übernehmen. Wenn Sie sagen: »Ich habe das Recht, wütend zu sein, weil du mich verletzt hast«, dann gibt es nichts, was den Energiefluß Ihrer Wut stoppt. Sie verstärken ihn sogar, indem Sie ihr zustimmen.

Wenn Sie also wütend sind, so sollten Sie dies nie leugnen – aber es ist wichtig, daß Sie zu sich sagen: »Ich gebe zu, daß ich *in diesem Augenblick* wütend bin.« Es gibt Gelegenheiten, bei denen wir eine Wut nicht vermeiden können, und dann ist es wichtig, ehrlich dazu zu stehen. Wenn Sie aber die Wörter »in diesem Augenblick« hinzufügen, sagen Sie zugleich, daß Sie die Wut überwinden und loswerden wollen. Anders ausgedrückt: »Ich habe eine Wut, aber ich will ihr nicht nachgeben oder mich von ihr dominieren lassen.« Eine solche Aussage ist ein Signal an uns selbst, daß wir die Wut als Dauerzustand ablehnen. Sie hilft zu verhindern, daß sich ein Gefühl unterdrückten Grolls entwickelt, das Wochen, ja sogar Monate und Jahre anhalten und zu einer unversöhnlichen Ablehnung heranwachsen kann. Wenn Sie sich eingestehen, daß Sie aufbrausten und wütend wurden, werden Sie diese Gefühlsregung nicht unbewußt zum bleibenden Teil Ihres Wesens werden lassen. Andererseits sollten Sie ihr auch nicht zuviel Aufmerksamkeit schenken, darüber brüten oder sich in Schuldgefühlen wälzen, denn dadurch beleben Sie ihre Wut nur von neuem und verstärken sie.

Wenn sich im Laufe der Jahre ein Muster unterdrückter Wut aufgebaut hat, verwandelt es sich in Groll, einen der am schwierigsten zu überwindenden Gefühlszustände. Die Wut flackert plötzlich auf, und solange sie nicht zur Gewohnheit wird, kann man sie sehr rasch wieder loswerden. Groll dagegen ist die Folge von Wut, die unterdrückt wurde, im allgemeinen, weil man nicht in der Lage war, sie zu äußern. Deshalb ist er oft verknüpft mit einem Gefühl der Hilflosigkeit und Frustration und kann noch jahrelang weiter schwelen, am Selbstwertgefühl nagen und zwischenmenschliche Beziehungen vergiften. Der Groll ist viel subtiler als die Wut und auch schwerer loszuwerden, weil er so lange tief in uns verborgen bleiben kann.

Auch gewohnheitsmäßiger Groll und Besorgnis können schon früh im Leben beginnen. Wenn wir das Gefühl haben, ungerecht behandelt worden zu sein, sei es von unseren Eltern oder von einem Freund, ist es ganz natürlich, wenn wir einen Augenblick wütend sind und grollen. Wenn sich solcher Groll aber über Monate und sogar Jahre hin aufbaut, wird er sehr gefährlich. Wenn wir anfangen, bei anderen Menschen Züge wahrzunehmen, die wir ablehnen, kann dies alle unsere Beziehungen vergiften.

Durchbrechen negativer Muster

Einst suchte mich eine erfolgreiche Geschäftsfrau auf; sie war so unglücklich bei ihrer Arbeit, daß sie dachte, sie aufgeben zu müssen. Sie hatte in der Firma zwar eine wichtige und verantwortungsvolle Stellung inne, doch verabscheute sie den Mann, mit dem sie zusammenarbeiten mußte, derart, daß es ihr die Freude an der eigenen Karriere ganz verdarb. Sie meinte, seine Schroffheit und Unhöflichkeit seien die Folge einer unüberwindbaren Ablehnung, die er gegen sie hege und mit der er ihr Selbstvertrauen vernichte.

Ich empfahl ihr, den Spieß umzudrehen. Anstatt sich als das Opfer seiner negativen Gefühle zu betrachten, sollte sie sich bewußt bemühen, ihm Gedanken der Sympathie und des Mitgefühls zuzusenden – die er gewiß brauche, wenn er so unausstehlich sei. Die daraus resultierende Veränderung ihrer eigenen Gefühle machte es ihr viel leichter, auf ihn zuzugehen. So lösten sich die Barrieren zwischen den Kollegen auf, und der Mann gestand ihr alle die Schwierigkeiten, die ihn so schwierig erscheinen ließen. Da diese Probleme mit ihr persönlich überhaupt nichts zu tun hatten, konnte sie ihre Beziehung mit ganz anderen Augen sehen und einen neuen Anfang machen.

Ereignisse dieser Art zeigen, wie sehr Groll unsere Wahrnehmung anderer Menschen trüben kann und unsere Fähigkeit behindert, klare, unpersönliche Urteile über unsere Beziehungen zu fällen. Um ein solches destruktives Muster zu durchbrechen, müssen wir uns bewußt machen, worauf unser Groll oder mangelndes Selbstvertrauen beruhen. Wenn wir erkennen, daß wir der gleichen Art starker negativer Reaktionsmuster erliegen, die wir schon wiederholt feststellten, sollten wir innehalten, tief durchatmen und zu uns selbst sagen: »Hoppla, da wiederhole ich die gleiche alte Geschichte ja schon wieder!« Dann sollten wir unser Denkmuster bewußt ändern, indem wir uns eine angenehme Szene oder Erinnerung in den Sinn rufen. So wird der Brennpunkt unserer Aufmerksamkeit verlagert und der Kreislauf des automatischen Reaktionsmusters unterbrochen.

Depression ist ein weiteres »chronisches« Gefühlsmuster. Der Besorgnis verwandt, ist sie schwer in den Griff zu bekommen, weil sie nicht nur die Energie des Körpers schwächt, sondern auch die Energieaufnahme derartig verringert, daß Anstrengungen fast unmöglich scheinen und der Mensch sehr lethargisch wird. Deshalb ist körperliche Bewegung ein so wichtiger Teil der Therapie. Gehen ist eine gute Übung, die dem Menschen soviel Energie verschaffen kann, daß er zu einer anderen Stimmung findet. Ich empfehle oft den Volkstanz, weil die rhythmische Bewegung zur Musik an sich harmonisierend wirkt und weil die Gesellschaft der anderen Tänzer den hilfreichen menschlichen Austausch anregt. Beim Tanzen vollführt man eine geordnete Bewegung in einer Gruppe gleichgesinnter Menschen, die freundlich und offen sind. Das Tanzen selbst wirkt belebend, und wenn man merkt, daß man es mit Erfolg tun kann, ist man von der Leistung befriedigt.

Die Rolle des Idealismus

Wenn es in unserer Kultur etwas gäbe, das die spirituelle Dimension verstärkte, die ich als den Ursprung des wahren Selbst in einem jeden von uns bezeichnete, würden wir ermutigt, zu versuchen, jenes Selbst zu finden und zu erleben. Wir könnten seine Wirklichkeit als Teil des Menschenmöglichen annehmen – ein Ideal, das wir in unserem eigenen Leben verwirklichen können. Leider hat der Idealismus in unserer Kultur einen Niedergang erlitten. Es heißt, er sei nicht realistisch, besitze keine rationale Grundlage, sei unpraktisch und stehe im Widerspruch zur Lebenserfahrung und so weiter. Aber Idealismus und praktisches Denken sind alles andere als unvereinbar. Die Geschichte zeigt, daß jene Menschen, die die Welt veränderten, Idealisten waren, die mit beiden Füßen auf der Erde standen und ihre Ziele zu erreichen wußten.

Ich sagte, daß der Mensch ein Ziel braucht, um Motivation zu erhalten, und daß ein Ziel gewöhnlich auf einem Ideal beruht. Motivation wiederum erwächst aus dem Vertrauen in sich selbst – einem Gefühl des eigenes Wertes. Viele Menschen scheinen den großen Unterschied zwischen Selbstvertrauen und Egoismus nicht wahrzunehmen. Aus dem Selbstwertgefühl erwächst das Vertrauen, daß man seine Schwierigkeiten und Grenzen überwinden kann, und dies läßt die Energien frei nach außen fließen. In der Tat ist ein starkes Selbstgefühl ein wesentliches Element bei aller schöpferischen Tätigkeit.

Menschen, die egozentrisch sind, wenden ihre Energien in ihren Körper. Sie blockiert ihre normale Sensitivität gegenüber anderen. Sie interessieren sich übermäßig für ihr eigenes Befinden, und dieser Zug wird zu einem dominierenden Faktor in ihrem Leben und kann zu Krankheit und Depression führen.

Im Gegensatz hierzu haben Reformer wie Nr.11 ein starkes Selbstgefühl, sind zugleich aber Idealisten. Sie sind nicht die treibenden oder bewegenden Kräfte in der Welt. Reformer können sich irren oder bigott sein, aber ihre Motivation ist grundsätzlich das Wohl anderer. Sie spüren sehr stark, daß sie wissen, was zu tun ist und wie es zu tun ist, und die Macht ihrer Überzeugung mobilisiert viele in ihrer Umgebung. Nur wenn ihr Selbstvertrauen zu Selbstgerechtigkeit degeneriert und ihr Eifer sich in Fanatismus versteigt, werden sie gefährlich, denn dann können sie keine andere Meinung mehr tolerieren. (Nr.11 erkannte an der orangen Wolke in seiner Aura, daß dieser Zustand sich bei ihm anbahnte, und beschloß, sich von dieser Tendenz zu lösen.)

Altruismus

Man könnte sagen, daß alles, was der Mensch tut, im Grunde auf Eigeninteresse beruhe, und wenn man versuche, einem anderen zu helfen, sei es nur, um selbst Befriedigung zu finden. Natürlich ist die Hilfe befriedigend, aber das ist nicht der Grund, sie zu leisten. Andere meinen, daß man im Leben Gutes tue, um später dafür den Lohn zu empfangen – anstatt die guten Werke einfach deshalb zu tun, weil sie gebraucht werden. Chögyam Trungpa, ein tibetischer Lama, hatte einen treffenden Ausdruck für diese Einstellung. Er nannte sie spirituellen Materialismus, das heißt zu geben, um einen Lohn zu bekommen, eine Art spiritueller Gegenleistung. Aber alle Religionen lehren: Hilfe einfach anzubieten, weil jemand ihrer bedarf, ist die Grundlage rechten Handelns. Leider ist die Rolle des Altruismus als eines bestimmenden Grundsatzes im Leben aus unserem heutigen Erziehungssystem fast verschwunden.

Viele Menschen jedoch machen sich Gedanken über die Probleme unserer Welt. Sie wünschen von ganzem Herzen, etwas Positives tun zu können, um zu helfen; aber sie trauen ihren eigenen Fähigkeiten nicht. Es ist wichtig, zu erkennen, daß wir alle einen Beitrag leisten können gemäß unseren Fähigkeiten. In diesen Zeiten der Spannung können wir helfen, indem wir versuchen, auf die Spannung, die uns umgibt, nicht zu reagieren. Sammeln Sie sich zwei oder drei Mal am Tage und werden Sie zu einem Zentrum des Friedens, das Gedanken des Friedens aussendet. Diese Übung hat ganz gewiß positive Auswirkungen. Sie unterstützt unser altruistisches Bestreben, der Menschheit zu dienen, und zugleich stärkt sie unsere Beziehung zu den höheren Bereichen unseres Bewußtseins und die Verbindung mit dem, was ich als das zeitlose Selbst bezeichnete.

Ich sage nie, daß die Menschen nicht ein befriedigendes persönliches Leben haben sollten. Das Persönliche jedoch gewinnt an zusätzlicher Bedeutung, wenn wir uns des universellen Rahmens bewußt werden. Im Sinne des menschlichen Lebens als Ganzem bekommt unser Erleben einen Sinn und erweist sich als wertvoll. Wenn die Fesseln des engen Selbstinteresses zerrissen werden von der Macht des Altruismus, werden unsere Zuneigung und guter Wille frei, um ihre Energie in das größere Ganze der zwischenmenschlichen Beziehungen zu entlassen. Das hilft und nützt jedem.

Kapitel 10

Meditation und das Wachsen der Intuition

In den vorausgegangenen Kapiteln habe ich einige der Gedankengänge und Bemühungen skizziert, die notwendig sind, um Veränderungen in Gefühlsmustern zu bewirken. Nun möchte ich einen Schritt weiter gehen und über die Selbstfindung im tieferen Sinne sprechen.

Der Wunsch zu lernen, zu wachsen und unsere Grenzen zu überwinden, ist in jedem von uns angelegt. Wir studieren, lassen uns ausbilden und üben uns in verschiedenen Fertigkeiten, um unseren Verstand zu schulen; wir trainieren unseren Körper, achten auf die Ernährung und beteiligen uns an Spielen, um unsere körperliche Gesundheit zu festigen. Ich habe versucht darzulegen, daß wir auch unsere Gefühle pflegen und verbessern können, wenn wir es für richtig und wichtig halten, dies zu tun. Darüber hinaus streben viele an, liebevoller und altruistischer zu werden – sich freizumachen von Scheuklappen-Denken und egoistischer Motivation. Wir sind überzeugt, daß es eine spirituelle Wirklichkeit gibt, die tiefer, dauerhafter, freudiger, mitfühlender und vereinender ist als alles andere, was uns im Leben begegnen kann, und wollen uns nun auf diese Wirklichkeit einstellen. Dazu – das wissen wir instinktiv – müssen wir versuchen, uns von den Fesseln des persönlichen Egos zu befreien.

Dies sind einige der Gründe, warum Menschen sich einer Schulung in der Tradition des Zen-Buddhismus anvertrauen, Yoga üben, mit den Sufis tanzen oder sich mit dem tibetischen Buddhismus befassen. Alle diese Methoden können uns helfen, dem Ziel der Selbsttransformation näherzukommen. Sie alle enthalten eine Form der Meditation oder mentalen Disziplin, die den Übenden öffnen soll für die Möglichkeiten eines anderen, neuen, erweiterten Gewahrseins. Häufig wird Meditation als Technik zur Entspannung oder zur Streß-Reduzierung empfohlen, und sie kann in dieser Hinsicht auch eine gute Hilfe sein. Aber sie besitzt noch viel tiefere Aspekte. Ihr größter Vorteil liegt darin, daß sie die Möglichkeit bietet, Zugang zu Dimensionen des Bewußtseins zu erlangen, die über das persönliche Selbst hinausgehen.

Die Meditation verfolgt einen doppelten Zweck: Sie ist eine Methode zur Kontaktaufnahme mit den tieferen Aspekten des eigenen Wesens – und sie ist noch mehr: Sie ist auch ein Weg zur Kontaktaufnahme mit einer viel größeren Wirklichkeit, der wir unterschiedliche Namen geben können: die der Natur zugrundeliegende Einheit, die spirituelle Dimension, Gott, oder das „göttliche Milieu". Meditation ist also etwas ganz anderes als lediglich ein Rückzug in eine innere Passivität (wie so manche behaupten). Meditation ist ein dynamisches Erlebnis der Identität des inneren Selbst mit dem Ganzem – das buchstäblich alles umfaßt und praktisch grenzenlos ist.

Eine solche Erfahrung zeitigt Auswirkungen und Rückwirkungen. Unser Bedürfnis nach Ausrichtung bringt uns zum Meditieren, und die Meditationspraxis wiederum hilft uns, unsere Ausrichtung deutlicher wahrzunehmen. Denn die innere Stille gibt unserer Bestimmmung die Chance, ans Tageslicht zu kommen – und das ist nicht möglich, solange wir in dem Getriebe und Konflikt gefangen sind, die so sehr einen Teil des täglichen Lebens bilden.

Eine neue Perspektive

Ich sagte bereits, daß das Bewußtwerden unserer Bestimmung von dem wahren oder geistigen Selbst in uns ausgeht – unserer Quelle des Friedens und des Heilseins. Indem wir uns mit diesem zeitlosen Selbst identifizieren, erhalten wir die Macht und Kontrolle über unser Fühlen und Tun. Hier ist die Quelle der Intuition, der Kreativität und der Stärke, die Richtung unseres Lebens selbst zu bestimmen. Wird diese Kraft in uns freigesetzt, kann sie uns führen, ganz gleich, wie schwierig die Umstände sind.

Sobald wir uns dieses tieferen, zeitlosen Aspektes unserer selbst bewußt werden, können wir eine neue Perspektive wählen, wenn wir ein Problem haben, und dieses aus einem weiteren Blickwinkel betrachten. Auch unser »Ich«-Gefühl kann sich mit einer solchen veränderten Perspektive wandeln: Wir identifizieren uns nicht mehr mit den Umständen, in denen wir uns gefangen fühlen, sondern finden in die Freiheit einer universelleren, weniger zeitgebundenen Ordnung. Eine offenere Perspektive bietet uns immer die Möglichkeit für Bewegung und Veränderung, weil sie über das rein persönliche Element in unseren Gefühlen hinausgeht – denn das ist es, was unsere Beziehungen zu anderen oft verzerrt.

Eine solche neue Perspektive hilft uns auch festzustellen, was in unserem Denken und Fühlen vorgeht. Wir erkennen, auf welcher Ebene des Bewußtseins wir gerade operieren und können sie bei Bedarf korrigieren. Bei diesem Prozeß der Entfaltung unseres Selbstgewahrseins ist die Meditation von Nutzen, denn sie ist einer der Wege, die uns zu dem Punkt führen können, in dem wir unser »Ich« finden.

Bei der Besprechung von Gefühlsmustern betonte ich, daß Besorgnis destruktiv ist, denn unter ihrem Einfluß fühlen wir uns unfähig, mit den Situationen umzugehen, die uns begegnen. Die ängstliche Besorgnis nämlich blockiert vorübergehend das Einfließen jener höheren Energien, deren Quelle in der Dimension der Ganzheit liegt. Wenn unsere innere Verbindung zum Selbst blockiert ist, beginnen wir unseren Selbstwert in Frage zu stellen, unser Vertrauen wird untergraben, und wir selbst werden anfällig für Depression. Sogar wenn ein gewisses Maß an innerem Frieden erreicht ist, bleibt für viele noch das Problem, eine derart dauerhafte Beziehung mit ihrer grundlegenden Ganzheit herzustellen, daß sie auch angesichts der Belastungen des täglichen Lebens nicht ins Wanken gerät. Ich glaube, die Meditation ist einer der erfolgreichsten Wege zu diesem Ziel.

Die Angst vor der Selbsttäuschung

Leider zögern viele Menschen, die Praxis der Meditation aufzunehmen, weil sie Angst haben, einer Selbsttäuschung zu erliegen. So viele unserer traditionellen Werte wurden in der modernen Welt als irrelevant oder ungültig verworfen, daß wir schon aus Gewohnheit jede Behauptung in Frage stellen. Aber es besteht ein großer Unterschied zwischen jener Skepsis, zu der Buddha aufrief – nichts als selbstverständlich zu übernehmen, sondern alles selbst zu durchdenken –, und dem zersetzenden Krebs des Selbstzweifels, der jeden Wert und Maßstab untergräbt, selbst den Wert unserer eigenen Leistungen.

Da man unmöglich beweisen kann, daß irgend etwas absolut richtig und wahr ist, zerstört die Angst vor Täuschung unsere Fähigkeit, uns einer Sache hinzugeben, die weder gemessen noch demonstriert werden kann. Aber wir alle wissen: Keines der wirklich wichtigen Dinge kann man wiegen oder messen, und ihr Wert läßt sich nicht »beweisen«, da sie nicht faßbar sind.

Gewiß ist es möglich, in der Meditation einer Selbsttäuschung zu erliegen – wie bei jeder anderen Beschäftigung. Aber sollte uns dies davon abhalten zu meditieren? Wenn wir befürchteten, daß alles Wissen falsch sein könnte, müßten wir den Nutzen jeglichen Wissenserwerbs in Frage stellen. Jedenfalls besteht bei der Meditation keine große Gefahr der Selbsttäuschung, weil sie keine Methode der Innenschau oder Selbstbetrachtung ist, bei der man Wunsch und Wirklichkeit leicht verwechseln könnte. Wir meditieren, ohne Erfolg oder Versagen zu erwarten, und konzentrieren uns darauf, unser eigenes Zentrum des Friedens zu erreichen, ohne dabei zu versuchen, dessen Qualitäten zu definieren oder zu beschreiben. Dies kann zu einer Erfahrung führen, die real ist.

Wir sollten deshalb die Möglichkeit eines Zugangs zur geistigen Wirklichkeit als Arbeitshypothese annehmen, die es wert ist, geprüft zu werden, um sich dann als wahr zu erweisen oder nicht. Mit dieser Arbeitshypothese können wir experimentieren und selbst herausfinden, ob sie sich in der praktischen Erfahrung bewährt. Viele Menschen fangen an zu meditieren, ohne wirklich daran zu glauben. Sie sind bereit, den Versuch zu wagen, auch wenn sie nicht sicher sind, wie die Ergebnisse aussehen werden. Ich halte diese Einstellung für sehr natürlich. Ich akzeptiere auch die Tatsache, daß Meditation nicht für jedermann geeignet ist. Sie bedarf einiger Vorbereitung – und sei es nur, zu akzeptieren, daß es an der Zeit ist, etwas inneren Raum und Frieden zu finden. Unter solchen Umständen könnte man zum Zweifelnden sagen: Probiere es, und finde es selbst heraus.

Ich hoffe immer, daß Menschen die Meditation als eine Sache beginnen, die man wirklich genießen kann, die sogar Spaß macht – und sie nicht als eine todernste Pflicht auffassen, deren Erfüllung wir uns selbst schuldig sind. Die Meditation kann uns wirklich erquicken, uns neue Energie geben, wenn wir müde sind, und uns beruhigen und ausgleichen, wenn wir aufgeregt sind. Sie kann uns helfen, unsere Probleme loszulassen, den Überblick wiederherzustellen und die Dinge in der richtigen Proportion zu sehen. Im täglichen Leben findet ständig ein Energieaustausch zwischen unserer und anderen Auren statt, und unsere Aufmerksamkeit ist gewöhnlich mit dem beschäftigt, was um uns herum geschieht. Die Folge ist, daß wir unsere Aufmerksamkeit nach außen richten. In der Meditation richten wir sie bewußt nach innen, ins Herz-Zentrum, und führen dadurch einen konzentrischen Energiestrom herbei: genau das Gegenteil zu der zerstreuenden oder auflösenden Tendenz, die unsere täglichen Aktivitäten mit sich bringen.

Die Anregung höherer Energien

Aus diesem Grunde vermittelt uns die Praxis der Meditation nicht nur das Gefühl des Friedens, sondern schenkt uns auch Energie. Die Meditationserfahrung beschleunigt die Tätigkeit des Herz-Chakras, das allmählich beginnt, die Verbindung mit den anderen höheren Zentren zu beeinflussen. Sie öffnet uns den Einflüssen von einer höheren Dimension und richtet ein Gefühlsmuster ein, das integrierend wirkt im Gegensatz zu den widerstreitenden Mustern, die uns tagein, tagaus in die verschiedensten Richtungen ziehen. So wird ein Zustand des Heilseins und der inneren Gelassenheit hergestellt, der uns in Zeiten der Belastung und Spannung wohl zustatten kommt.

In der Aura zeigen sich gewöhnlich viele augenblickliche Gefühlszustände, die einer Ausdehnung des Bewußtseins im Wege stehen. Wenn die Meditation nicht nur einen Rückzug in die eigene Mitte bedeutet, sondern auch eine bewußte Anstrengung, Frieden und Liebe in die Welt zu senden, dann bewirkt die daraus erwachsende Ausdehnung der Aura unmittelbar eine Auflösung der Narben von traumatischen Ereignissen. Dies zeigt sich in der Aura als eine Aufhellung der Farben, als größere Klarheit und ein genereller Eindruck von Harmonie, Ausgeglichenheit und Integration. Es sind feine Unterschiede, aber sie können vielleicht in den Aura-Bildern Nr. 13, Nr. 14 und Nr. 18 nachvollzogen werden – den Bildern von Menschen, die lange meditieren –, und auch bei Nr. 7; in diesem Fall wurde die Meditation noch nicht so lange ausgeübt.

Die Meditation regt die höheren Energien an, und deren Freisetzung in uns verändert unsere Perspektive radikal. Das Gewahrsein, das sie mit sich bringt, hilft uns, Menschen in einem neuen Licht zu sehen, so daß wir zu überlegen beginnen, wie wir sie beeinflussen, anstatt nur die andere Richtung zu betrachten. Oft errichten wir Barrikaden zwischen uns und anderen; wenn wir uns aber regelmäßig bemühen, Liebe zu empfinden, beginnen die Schranken zu fallen, und wir werden viel offener. Auf diese Weise gewinnen wir ein neues Bewußtsein von der Bedeutung unserer zwischenmenschlichen Beziehungen. In dem Maße, in dem wir empfänglicher für andere werden, wächst auch unsere Fähigkeit zum positiven Umgang mit ihnen.

Meditations-Techniken

Wenn wir uns vorgenommen haben, Frieden im Innern zu finden, und entscheiden, daß Meditation der Weg zu diesem Frieden ist, dann ist es nicht wirklich von Bedeutung, welche spezifische Methode wir wählen. Manche Techniken empfehlen, einen Abschnitt aus einer heiligen Schrift zu lesen oder Mantren zu singen; beide Wege dienen der Beruhigung des Denkens. Zen, Satipatthana und andere buddhistische Formen der Meditation fordern auf, zu gehen und sich dabei auf das Atmen zu konzentrieren. Rhythmisches Atmen ist gewiß ein wichtiges Element.

Welche Methode wir auch wählen, gibt es einige Grunderfordernisse: Zunächst sollen Sie sich entspannen und wahrnehmen, daß Sie eine gewisse Stille in Ihrem Innern spüren. Hierzu ist es hilfreich, mehrere Male tief ein-

und auszuatmen, die Schultern zu entspannen und sich dann auf den Bereich des Herz-Chakras zu konzentrieren. Anfängern pflege ich zu raten, nur kurze Zeit zu üben, etwa drei bis fünf Minuten. Die Dauer der Meditation spielt keine Rolle, solange das Erlebnis real bleibt. Die Menschen versuchen oft und zu früh, zuviel zu leisten, und werden dann entmutigt. Sie stellen fest, daß sie nicht in der Lage sind, ihr Denken länger als wenige Minuten in der Stille zu halten, und dann üben sie weiter, weil sie sich dazu verpflichtet fühlen, doch dabei werden sie gelangweilt und unruhig.

Die ersten drei bis vier Monate sollte das Hauptaugenmerk darauf gerichtet sein, einen Punkt der Stille in sich zu finden. Wenn dies erreicht ist, können Sie sich allmählich an das Meditieren gewöhnen und lernen, daran Freude zu haben. Ich bin mir bewußt, daß ich der Meditation damit auch eine Gefühlskomponente zuspreche. Sie existiert wohl, aber die Bemühung, einen Zustand der Stille zu erreichen, geht über die gewöhnlichen Empfindungen von Freude und Schmerz, von Vorliebe und Abneigung hinaus.

Zu Beginn stellen Sie möglicherweise eine gewisse Ambivalenz fest: Sie denken vielleicht, ruhig zu sein, sind sich dabei aber eines Hintergrundes oder einer Umgebung bewußt, die eine Fülle von Ablenkungen bietet. Damit sind zwei Dinge zugleich in Ihrem Bewußtsein: der innere Frieden und Ihr mitteilungsfreudiges Denken. Sie können diese Situation akzeptieren, ohne sich von der Erkenntnis ablenken zu lassen, daß Sie auf einer bestimmten Ebene wirkliche Stille und Ruhe erlebt haben. Wenn Sie weiter üben, erreichen Sie eine noch tiefere Ebene dieser Stille, und dann beginnen Sie ein Gefühl der Ausdehnung zu erleben, ein Einssein mit dem Universum.

Schritt für Schritt wird sich bei fortgesetzter Übung die Stille vertiefen, das Geplapper von Verstand und Sinnen beruhigen. Auch wenn Ihre Gedanken dazwischenkommen und Sie eine Ablenkung wahrnehmen, werden Sie doch in der Stille gesammelt bleiben können. Die beste Analogie, die mir hierzu in den Sinn kommt, ist das Flugzeug, das durch die Wolken emporsteigt in den klaren, blauen Himmel darüber.

Im Herzen meditieren

Ich habe betont, wie wichtig es ist, sich im Bereich des Herz-Chakras zu konzentrieren – ich nenne es sammeln –, denn das Herz ist der Sitz des geistigen und des physischen Lebens. Wir denken gewöhnlich, daß zur Sammlung eine Einengung der Aufmerksamkeit oder Wahrnehmung gehört, aber das Gegenteil ist der Fall. Das Herz-Chakra ist zu fast grenzenloser Ausdehnung fähig; es ist wie ein Kreis, dessen Mittelpunkt überall und dessen Umfang nirgends ist. Auf diese Weise gesammelt, empfinden wir eine Einheit mit der Natur und mit dem Universum als ganzem. Dabei dehnt sich die Aura aus und alte, einengende Muster werden zerbrochen; das Empfinden der Einheit kann alle unsere Beziehungen präzisieren und ihnen eine neue Dimension schenken.

Wenn Menschen sich ihrer Fähigkeit zu meditieren nicht sicher sind, gebe ich ihnen in der Regel eine Visualisierungsübung, die ihnen den Anfang erleichtert. Eine solche Übung kann etwa folgendermaßen aussehen: Sammeln Sie ihre Energien im Herzen, und verbinden Sie damit ein Empfinden der Einheit mit dem zeitlosen Selbst. Stellen Sie sich dieses innere Selbst als ein Licht in Ihrem Herzen vor, in das Sie sich bewußt zurückziehen. Fühlen Sie Frieden, und stellen Sie sich vor, eins mit dem Licht zu sein. Wenn es eine leidvolle Erinnerung gibt, die Sie bedrückt, so rufen Sie sie sich in den Sinn. Stellen Sie sich bewußt vor, wie jene Szene mit etwas Abstand und losgelöst vor Ihnen steht. Versuchen Sie, die Angelegenheit als Zuschauer zu betrachten. Stellen Sie sich dann vor, wie Strahlen des Lichtes aus dem Lichtzentrum in ihrem Herzen ausgehen und diese leidvolle Erinnerung durchdringen und durchlichten, bis sie aufgelöst ist.

Viele Menschen haben festgestellt, daß diese Übung ihnen ein wunderbares Gefühl der Freiheit von ihren Ängsten vermittelt. Wenn Sie darüber hinaus jemandem helfen möchten, der krank oder in Not ist, so stellen Sie sich die Person vor, wie sie von diesem Licht im Herzen umgeben ist, und dann gehen Sie auf den Menschen zu, wie es ihm entspricht.

Innerer Abstand

Ich sagte, daß unsere Sicht der Welt und unserer Beziehungen sich zu wandeln beginnt, wenn wir den Frieden in unserem Innern empfinden. Zu den Unterschieden, die sich dabei einstellen, gehört ein größerer innerer Abstand. Dieser Begriff scheint sehr häufig falsch aufgefaßt oder mißverstanden zu werden, denn die Menschen verwechseln ihn mit einer Art kalter Unpersönlichkeit, die mit den Schmerzen und Schwierigkeiten anderer nichts zu tun haben will. Innerer Abstand heißt aber nicht, daß wir aufhören, mit anderen zu fühlen oder uns von ihrem Leid betreffen zu lassen. Es bedeutet vielmehr, daß wir uns auf emotionaler Ebene nicht mit ihren Problemen identifizieren – was uns daran hinderte, ihnen wirklich von Hilfe zu sein. Krankenschwestern wissen aus Erfahrung, daß sie einem unter

Schmerzen leidenden Patienten nicht helfen können, wenn sie nicht in der Lage sind, ihre eigene innere Kraft und Gelassenheit zu bewahren.

Wenn Sie sich in der Meditation sammeln, erleben Sie das Einssein bewußt, Ihr unteilbares Einssein mit allem, was existiert. Sie sehen sich selbst und die Menschen, mit denen Sie irgendwie verbunden sind, als Teil dieses unermeßlichen Einsseins. Auf dieser Basis ist unser Austausch, unsere Beziehung miteinander ganz echt. Auf der persönlichen Ebene sind wir voneinander immer durch die Schranken des Egos getrennt, aber diese Schranken existieren auf der tieferen Ebene nicht. Wenn wir Abstand von den persönlichen Interessen finden, können wir uns den Menschen auf viel dauerhaftere Weise öffnen.

Liebe aussenden

Die Meditation hilft bei diesem Prozeß, weil sie Energie aus einer universellen Dimension anzieht. Wenn wir dieses Potential ganz entfalten und nutzen wollen, sollten wir täglich versuchen, Liebe zu empfinden und sie zu jemandem zu senden, der ihrer wohl bedarf. Das ist aus verschiedenen Gründen wichtig. Nur zu oft meinen wir, Liebe sei nur erfüllt, wenn sie erwidert würde, und wenn dieser Austausch zwischen den Menschen nicht stattfindet, kommt es zu Schmerz und Leid. Wenn unsere Liebe persönlicher Natur ist, kann sie unbewußt fordernd sein, was unsere emotionalen Probleme noch vermehrt.

In der Meditation jedoch erleben wir eine andere Art der Liebe, ein Hinausverströmen und Geben des Selbst, das nichts erwartet und keine Erwiderung fordert. Wenn wir imstande sind, Liebe vorbehaltlos auszusenden, ohne Zweifel oder Angst vor Verlust und ohne egoistische Gedanken, dann wird diese Energie den anderen auf einer höheren Ebene erreichen und ihm helfen, seine Probleme zu lösen. Das verstehe ich unter innerem Abstand.

Wenn Sie sich in der Meditation sammeln, erleben Sie bewußt das Einssein auf der tieferen Ebene. Sie spüren sich selbst, aber auch die Menschen, mit denen Sie verbunden sind, als Teil eines größeren Ganzen. So beginnen Sie aus eigenem Erleben zu erkennen, daß die gleiche Möglichkeit zum Einssein und Frieden in jedem besteht. Indem Sie anderen Gedanken der Liebe zusenden, versuchen Sie diese auf der tieferen Ebene zu erreichen. Dabei öffnen Sie sich den viel größeren und machtvolleren Energien einer höheren Dimension. Wenn Sie also dieses Potential ganz entfalten und erschließen wollen, sollten Sie regelmäßig versuchen, soviel Liebe auszusenden wie möglich. Der Dalai Lama sagte: Wenn wir alle Frieden und Mitgefühl empfinden würden, wäre dies das Ende von Krieg und Gewalt. In Zeiten wie dieser, in der die Welt von Zweifeln und Angst geschüttelt wird, können wir dazu beitragen, die Atmosphäre der ganzen Erde aufzuhellen, indem wir die Energien von Frieden und Liebe aussenden.

Intuition

An verschiedenen Stellen habe ich bereits angedeutet, daß wir einen Bewußtseinsaspekt besitzen, den man Intuition nennt – jenes augenblickliche Verstehen, das über die gewöhnlichen Denkvorgänge hinausgeht und direkten Einblick schenkt. Diese Kraft ist nicht nur wenigen Genies vorbehalten, sondern als Möglichkeit in jedem von uns angelegt. Tatsächlich erleben viele im Laufe ihres Lebens diese Ebene des Bewußtseins. Wenn wir in Zeiten, in denen alles schiefzugehen scheint, einen Augenblick still werden, kann aus dieser Stille eine Gewißheit des richtigen Weges oder Vorgehens emporsteigen. Im Augenblick der Krise werden wir plötzlich von Kraft erfüllt und wissen, daß wir ruhig bleiben können. Das ist die Intuition, die uns ohne Worte sagt, was wir tun sollten.

Das Empfinden des Einsseins, das wir in der Meditation erleben können, erschließt uns die Fähigkeit der Intuition, einen Aspekt des zeitlosen Selbst. Intuition bedeutet, in das Herz der Dinge zu sehen. Sie gewährt uns einen kurzen Einblick in eine höhere Dimension des unmittelbaren Verstehens oder der klaren Sicht, die in dem Augenblicks-Erleben des Einsseins die Grenzen unseres gewöhnlichen Denkens hinter sich läßt.

Wenn wir also wirklich nach dem richtigen Kurs suchen – nach dem Geheimnis des rechten Handelns, wie es der Buddhist nennt –, und zur Stille in uns finden können, vermag die Intuition sich zu öffnen. Dann wird uns ein Blick auf die Richtung oder Vorgehensweise geschenkt, die wir verfolgen sollen, auf einen Plan, der nicht allein von den Fakten abhängig ist, mit denen wir zu tun haben, denn diese können für unsere Bestimmung auch unangemessen sein. Die Intuition kommt von einer viel tieferen Bewußtseinsdimension als das gewöhnliche Denken. Sie kann unsere Suche nach Verständnis erhellen durch die Vermittlung einer neuen Gesamtschau. Zahlreiche Wissenschaftler haben bezeugt, solche blitzartige Intuition erlebt zu haben, in der sich Wissensfragmente in einen vorher nicht zu ahnenden Zusammenhang fügten. Die Intuition hebt uns immer auf eine neue, höhere Sinn-Ebene, eine erweiterte Wahrnehmung der Wirklichkeit. Sie kann auf vielen Ebenen wirken, und da sie einen Einblick in die Einheit gewährt, die den Phänomenen des Lebens zugrundeliegt, sind ihre Erkenntnisse von Dauer und vertiefen sich im Laufe der Zeit.

Es gibt verschiedene Grade der Intuition, die nicht unbedingt alle mit großen, überpersönlichen Themen zusammenhängen. Intuition kann auch ganz einfachen Menschen begegnen, denn diese pflegen Einsichten von innen keine großen Barrikaden kritischen Denkens entgegenzustellen. Die Intuition vermittelt immer eine unerschütterliche Gewißheit und Echtheit; wir zögern nicht, die intuitiv gewonnene Erkenntnis anzunehmen und danach zu handeln. Im Augenblick der Intuition kommt es zu einer Einswerdung der verschiedenen Bewußtseinsdimensionen in uns, die zu einer Gewißheit führt, daß wir die Wahrheit in bezug auf das vorliegende Problem gefunden haben.

Solche intuitiven Einsichten geschehen nicht häufiger, weil unsere Gedanken zumeist ungeordnet sind. Wenn unser Denken in viele verschiedene Richtungen abgelenkt wird, geraten wir in die Gefahr, die so typisch ist für unsere Zeit: alles zu wissen und nichts zu verstehen. Die Intuition funktioniert nicht, wenn das Denken ihr nicht freien Zugang gewährt, denn es ist das Werkzeug, das den intuitiven Einblick in praktisches Handeln überträgt. Wenn das Denken offen ist für die geistige Einsicht, führt dies zu *prajna*, das heißt Weisheit. Jeder Mensch hat einen Punkt der Berührung mit jener Dimension des Bewußtseins, die Wahrheit birgt. Die Meditation vermag das Denken zu klären, so daß die Intuition hereinkommen kann.

Viele Menschen wünschen sich eine Technik zur Entfaltung der Intuition, um diese öfter erleben zu können. Ich glaube nicht, daß es möglich ist, ein Intuitions-Erlebnis zu planen, doch gewiß läßt sich der Boden dafür bereiten. Dazu müssen wir lernen, das Denken zur Stille zu bringen und keine lärmenden Gedanken ohne Erlaubnis eindringen zu lassen.

Das Erleben des Einsseins

Die Verwandlung durch die religiöse Bekehrung beginnt auf der gleichen Ebene, ist aber viel umfassender. Wie im Falle des heiligen Franziskus (und vieler anderer, zum Beispiel Mutter Theresas) kann sie plötzlich eintreten, doch das ganze vorausgegangene Leben war eine Vorbereitung auf diesen Augenblick, in dem alle Energien – nicht nur von Körper und Seele, sondern auch des Geistes – zu einem Ganzen verschmelzen. In einem blitzartigen Augenblick lösen die Wolken sich auf, die Schranken fallen, und ein Erwachen für die geistige Wirklichkeit tritt ein, das jede Ebene, bis hin zum materiellen Körper, durchdringt und verwandelt.

Aber es gibt auch kleinere Erlebnisse intuitiver Erkenntnis, die keine völlige Bekehrung bringen, uns aber Einblick in das Wesen der geistigen Wirklichkeit vermitteln. Wenn wir eine herrliche Landschaft betrachten, empfinden wir uns als einen Teil von ihr, wir spüren die Teilhabe an einem viel größeren Ganzen, als wir selbst es kennen. Viele erleben Ähnliches, wenn sie Musik lauschen. Das Erlebnis des Schönen berührt unser Herz, dehnt die Grenzen des Selbst so weit, daß man mit Recht von einem Erleben des Einsseins sprechen kann – denn man verliert das Gefühl, in sich selbst gefangen oder auf das bloße Ichbewußtsein beschränkt zu sein.

Die Meditation ist nicht für alle geeignet, aber sie ist einer der Wege zu diesem Erleben des Einsseins. Interessanterweise erlangen wir jenes Gefühl der Expansion, das die ganze Welt zu umfassen scheint, indem wir uns in die Stille im Inneren zurückziehen. Hier sind Außen und Innen keine Gegensätze mehr. Dies tritt ein, weil wir unser unruhiges Gedanken- und Gefühlsleben zur Ruhe bringen, die es uns gewöhnlich unmöglich machen, auf die Stille im Innern zu »lauschen«. So gewinnen wir das Empfinden wieder, Teil des universellen Ganzen zu sein, in dem nichts vergessen und nicht ausgelassen wird.

Wenn wir diese Ebene der Ganzheit erleben, empfangen wir eine andere Art von Energie, und diese Energie wird allmählich auch die übrigen Bewußtseinsebenen erfüllen. Wenn uns die Meditation zur regelmäßig geübten Gewohnheit wird, verlieren wir nie das Gefühl des Einsseins mit der Welt; es wird uns zur dauernden Gewißheit. Wenn wir uns dieser Ebene bewußt werden, erfüllen uns neue Energien, und dies kann zu einer Verwandlung führen. In der Meditation erleben wir sie auf unterschiedliche Weise: zum Beispiel als eine Woge von Liebe und Mitgefühl, als Klarheit im Denken, in visuellen Bildern oder Symbolen, als einen Strom schöpferischer Imagination oder als die Fähigkeit, nach unseren tiefsten Überzeugungen zu handeln.

Integration aller Ebenen

Die Praxis der Meditation kann also die Anlagen und Gaben stärken, die uns mitgegeben sind. Sie kann uns befähigen, auch in Schwierigkeiten ruhig und stabil zu bleiben. Sie kann so zum Teil unseres Lebens werden, daß ihre Wirkung alles beeinflußt, was wir sagen und tun. Haben wir diese Stufe erreicht, ist die Meditation nicht nur eine formelle Übung, für die wir uns hinsetzen. Sie wird eine Verbindung, die wir binnen eines Augenblicks wiederherstellen können. So können die höheren Energien, die erwacht sind, zu einem aktiven Bestandteil unseres täglichen Lebens werden.

Auf diese Weise werden allmählich Energien freigesetzt und in uns aktiviert, deren wir uns gar nicht bewußt waren. Haben Denken und Fühlen gelernt, für die höheren Dimensionen empfänglich zu sein, können wir uns auf jene Energien beziehen, wenn wir ihrer bedürfen. Je aufmerksamer wir uns ihnen öffnen, desto mehr Wirklichkeit gewinnen sie für uns als eine Quelle, die uns vielen praktischen Nutzen bringt. Indem wir eine Wahrnehmung der Einheit mit dem inneren, zeitlosen Selbst entwickeln, entfalten wir den Willen und die Motivation, um alte, einengende Muster zu durchbrechen und uns selbst neu aufzubauen – und wir selbst sind es, die diese Verwandlung herbeigeführt haben.

Wenn wir die feste Absicht haben, in Harmonie mit dem Ganzen zu leben, kann sich diese Absicht nicht auf einige wenige Minuten am Tag einschränken lassen, die wir der Meditation widmen. Sie muß in jede Dimension unseres Bewußtseins vordringen, auch im Äußeren. Selbst wenn wir die Meditation über lange Zeit hinweg regelmäßig üben, verwandelt sie uns nicht, solange sie nicht in unser Handeln einfließt. Dann jedoch wird unsere Absicht zum Werkzeug, das uns hilft, mit unseren Schwierigkeiten umzugehen, und zur Waffe, die uns hilft, unsere egoistischen Impulse abzuwehren – vor allem im Bereich der zwischenmenschlichen Beziehungen. Wenn das Gefühl des Einsseins, das wir in der Meditation erleben, durch den ganzen Tag anhält, beginnt unser Leben unser geistiges Streben widerzuspiegeln. Dann beschränkt sich unsere Sicht nicht mehr nur auf die engen Grenzen des persönlichen Selbst (des Egos), denn sie hat sich erweitert in die universelle Dimension des Selbst, die keine Grenzen kennt.

In dieser Welt ist alles mit allem verbunden. Wenn wir in der Meditation zu erkennen lernen, daß die materielle Welt im Grunde eins ist mit der geistigen Wirklichkeit, deren äußere Erscheinungsform sie darstellt, öffnet sich unserem Verstehen eine neue Dimension des Sinnes menschlichen Lebens. Sie kann uns zutiefst verwandeln, weil unsere Gedanken, unsere Taten und alles, was wir fühlen und tun, ganz natürlich aus diesem Verständnis fließen werden.

Wir brauchen keine Heiligen oder Asketen zu werden, um diesen Prozeß der Integration zu beginnen. Es bedarf nur der ehrlichen Absicht, der ernsthaften Hingabe. Dann wird – gleichgültig, wieviele Fehler wir machen – der Strom unseres täglichen Lebens eine Fortsetzung unserer Meditation sein, und unsere höchsten Ideale werden zum integralen Bestandteil unseres Tuns und Erlebens.

Das ist die Einswerdung des zeitlosen und des persönlichen Selbst, das Ziel – nicht nur für den Meditierenden, sondern für jeden, der nach dem wahren Sinn des menschlichen Lebens sucht.

Dora van Gelder-Kunz
Im Reich der Naturgeister

In einer Zeit, in der die Natur in ständig bedrohlicherem Ausmaße vom Menschen gefährdet wird, erheben immer mehr Menschen die Stimme, um über ihre Erlebnisse zu berichten, die Mahnung und Hoffnung zugleich beinhalten. Zu diesem Personenkreis gehört auch Dora van Gelder. Von Geburt an vertraut mit der Welt der Naturgeister und den Lichtreichen der Engel, beobachtete sie diese Scharen bei ihrem unermüdlichen Wirken. Sie schaute den Lichtwesen beim Ausgestalten und Verschönern von Gottes herrlichem Garten zu. Sei es in der Luft oder im Wasser, im Vorgarten oder im Gebirge, überall wirken intelligente Wesen, um im Einklang mit den göttlichen Gesetzen für den Aufbau der Natur zu arbeiten.

Dora van Gelder beobachtete nicht nur, sie gewinnt auch Freunde unter den leuchtenden Wesen. So gelingt es ihr, die Denk-, Empfindungs- und Lebensweise eines anderen Evolutionspfades menschlichem Begreifen näherzubringen. Auch wo sie selbst auf Verständnisschwierigkeiten stößt, wirkt gerade das Problem als solches erhellend. Der Leser erahnt, wie mannigfaltig und verschieden Gottes Geschöpfe sind. Ergänzt wird dieses Werk von Dora van Gelders hellsichtigen Wahrnehmungen über die Feiern des Weihnachtsfestes im Engelreich.

Tiefstes Mysterienwissen!

ISBN 3-922936-36-9

Dora van Gelder-Kunz/Shafica Karagulla

Die Chakras
und die feinstofflichen Körper des Menschen

Ein revolutionäres Buch!

Erstmals in der Geschichte der modernen Medizin wird die Zusammenarbeit einer Ärztin und einer hellsichtigen Heilerin umfassend dokumentiert. Anhand zahlreicher exakter Fallstudien werden die Zusammenhänge zwischen psychischen, hormonellen und genetischen Störungen und Veränderungen im Chakren-System und den verschiedenen Energiefeldern des Menschen erörtert. Auf der Grundlage von Blindversuchen werden die Patienten sowohl von Dora van Gelder-Kunz als auch von der Ärztin Dr. Shafica Karagulla untersucht. Diese Zusammenarbeit zeigt eine neue Dimension medizinischen Wirkens, deren Möglichkeiten sich noch gar nicht abschätzen lassen, und sie dokumentiert die medizinische Überprüfbarkeit von Aussagen, die aufgrund eines erweiterten Bewußtseins gewonnen werden.

Dora van Gelder-Kunz beobachtete, wie sich die Energiefelder der feinstofflichen Körper des Menschen auf den ätherischen, astralen und mentalen Ebenen verhalten und welche Anhaltspunkte für Krankheiten daraus zu gewinnen sind. Sie arbeitete die Beziehung zwischen Mikro- und Makrokosmos heraus und zeigt, inwiefern Gesundheit auf der harmonischen Beziehung zwischen dem Göttlichen in uns und dem Göttlichen um uns beruht. Ihre einzigartigen Einsichten ermöglichen es jedem Leser, durch Berücksichtigung kosmischer Gesetzmäßigkeiten zu gesunden.

Die Erkenntnis der außerordentlichen Bedeutung der Chakras und der Energiefelder für die Heilung kann die medizinische Diagnose und Therapie in ein neues Zeitalter führen. Die Zusammenarbeit von D.v.Gelder-Kunz und Dr. Karagulla setzt hierfür einen ersten Meilenstein.

Die vorliegende Publikation gehört zweifelsfrei zu den wesentlichen Büchern einer esoterischen Menschenkunde und holistischen Medizin!

Ein Buch, das über die Gruppe der Therapeuten und Mediziner hinaus jeden einzelnen Menschen anspricht und ihm Grundlegendes und Wegweisendes für den Prozeß der Heilung und Gesundung vermittelt.

ISBN 3-922936-86-5

Dora Kunz
Die verborgenen Quellen der Heilung

Ähnlich wie in der Physik am Anfang des 20. Jahrhunderts, bahnt sich in der Medizin seit einigen Jahren ein revolutionierender Umdenkungsprozeß an. Das Menschenbild einer materialistischen Epoche wandelt sich, um einer ganzheitlichen (holographischen) Anschauung Raum zu geben. Der Patient wird in seiner in sich verwobenen Dreiheit von Körper, Seele und Geist gewürdigt.

Vor dem Hintergrund dieses Paradigmenwechsels vollzieht sich die kreative Entfaltung neuer Diagnose- und Therapiemöglichkeiten. Bisher „verborgene Quellen" beginnen zu sprudeln, setzen vielfältige neue Heilungsströme frei. Der besondere Wert dieses wegweisenden Sachbuches besteht in seiner Vielfalt. Es zeigt dem einzelnen Wege zur Selbstheilung auf und gibt dem Therapeuten eine Fülle an Indikatoren in die Hand, die ihm eine erfolgreiche Behandlung, zum Heil des Patienten, ermöglichen.

Von herausragender Bedeutung ist eine detaillierte Analyse des Phänomens „Depression" aus esoterischer Sicht, wobei sowohl die innerseelischen Faktoren wie auch die Einflüsse der Umwelt (Energiefelder) analysiert und präzise Anweisungen zur Heilung gegeben werden.

Die Autorin und Herausgeberin, selbst seit Kindheit mit innerer Wahrnehmung begabt, erstellt erstmals ein vollständiges Mosaik eines neuen „Heilungskosmos", der das medizinische Weltbild bis ins nächste Jahrtausend bestimmen wird. Das mit großer Sorgfalt zusammengestellte Werk von Dora Kunz dürfte die „neuen Heilweisen" auf dem derzeit höchstmöglichen Niveau präsentieren.

ISBN 3-922936-62-8